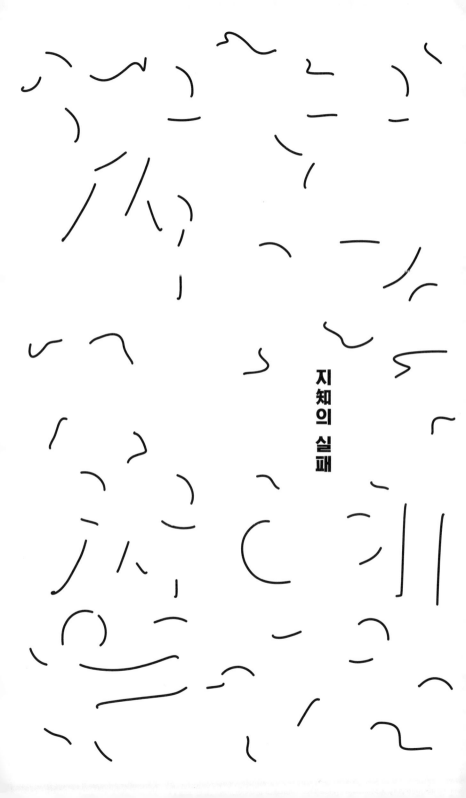

지치의 실패

지^知의 실패

과학기술의 발전은 왜 재앙을 막지 못하는가

초판 1쇄 발행	2018년 4월 25일
지은이	마쓰모토 미와오
옮긴이	김경원
감수	전방욱
편집	김영미
북디자인	정은경디자인
펴낸곳	이상북스
펴낸이	송성호
출판등록	제313-2009-7호(2009년 1월 13일)
주소	03970 서울특별시 마포구 성미산로 5길 72-2, 2층.
전화번호	02-6002-2562
팩스	02-3144-2562
이메일	beditor@hanmail.net

ISBN 978-89-93690-51-4 (93330)

이 도서의 국립중앙도서관 출판예정도서목록(CIP)은 서지정보유통지원시스템 홈페이지 (http://seoji.nl.go.kr)와 국가자료공동목록시스템(http://www.nl.go.kr/kolisnet)에서 이용하실 수 있습니다.(CIP제어번호: CIP2018005433)

지知의 실패

: 과학기술의 발전은 왜 재앙을 막지 못하는가

마쓰모토 미와오 지음 / 김경원 옮김 / 전방욱 감수

이상
북스

*일러두기: 본문의 각주([1]로 표기)는 모두 번역자의 주이고, 저자의 주([1]로 표기)는 책 뒤에 실었다.

로켓, 잠수함, 비행기, 헬리콥터, 인공위성, 무선전화, 팩스, 영화, 텔레비전, 라디오… 이것은 일본이 생산하는 공업 제품을 나열한 것이 아니다. 지금부터 100년도 전인 19세기 후반과 20세기에 걸친 세기 전환기에 SF 소설의 아버지라고 알려진 쥘 베른(Jules Verne, 1828-1905)이 예언한 과학기술의 성과물이다. 그로부터 100년 후 또다시 세기 전환기를 맞이한 오늘날¹ 그의 예언은 어마어마하게 적중했다. 일상생활에서 우리는 아주 당연하게 그것들을 볼 수 있다. 나아가 오늘날에는 말기 암의 치료, 유전병 치료, 핵융합, 우주 비행, 생각하는 로봇 등의 실현까지 이야기할 수 있다.

그런데 100년 전 세기 전환기와 현재의 세기 전환기 사이에는

---

1 이 책의 초판은 2002년에 출간되었다.

더욱 결정적인 차이가 있다. 그것은 지구온난화 문제, 성층권 오존층 파괴 문제, 환경호르몬 문제, 핵폐기물 처분 문제, 유전자변형작물(GMO)의 안전성 등 100년 전에는 예상하지 못했던 문제가 일반인들의 눈에도 엄연한 현실로 여겨지는 상황이다. 이런 상황이 과학기술의 사회문제와 필연적으로 연관되어 있다고 모두 어쩔 수 없이 받아들이고 있다는 것이 문제가 아니다. 무엇보다 과학기술의 사회문제에 대해 과학계든 인문학계든 유력한 해명이나 해결책을 내놓지 못하면서도 그것의 해명과 해결을 외치는 다양한 담론이 백가쟁명을 이루고, 결과적으로 사람들이 그 담론들을 미심쩍은 눈으로 바라보고 있다는 점이 문제다.

나는 헌혈을 하지 못한다. 소해면상뇌증(BSE, bovine spongiform encephalopathy, 이른바 광우병)과 인간의 연관성이 판명된 이래, 일정 기간 영국에 체류한 적이 있는 사람은 일본에서 헌혈을 할 수 없다. 처음에는 이 병이 인간과 무관하다고 이야기했다. 그러다가 언젠가(1996년 3월 영국 보건장관이 BSE에 걸린 소의 내장이나 고기를 통해 인간이 크로이츠펠트야콥병[2]에 감염될 가능성이 있다고 인정했을 때)부터 BSE 감염으로 사망한 이들의 존재가 명확하게 알려졌다. 현재 영국에만 감염자가 100명이 넘는다고 한다. 희다고 한 것이 갑자기 검은 것으로 바뀌었는데, 일본에서는 그러고 나서 5년이 넘도록 감염원(感染源)인 육골분의 전면 수입금지 조치를 취하지 않았다. 게다가 감염을 의심받아 소각 처분당했어야 할 소로도 육골분을

---

2 신경 및 신경근육계 이상이 빠르게 진행되는 매우 희귀한 퇴행성 뇌질환으로 혼돈, 우울증, 행동 변화, 시력 장애, 조화능력 장애가 나타난다.

만들었다고 한다. 그러나 설령 바람직한 대응이 취해졌다 해도 사태의 심각성이 알려질 때까지 우리가 어쩔 수 없이 짊어져야 할 리스크가 어느 정도인지는 아무도 알 수 없다.

예방약을 개발한 과학자가 스스로 인체실험을 시행했다는 에피소드가 상징하는 바와 같이, 일반인들에게 과학기술은 흑백을 뚜렷하게 구분해 주는 도구다. 앞에서 얘기했듯 현실에서는 흑인지 백인지 알지 못하거나 백이었던 것을 과학기술이 흑이라고 판명해 주는 경우가 드물지 않다. 과학자나 기술자의 위인전을 통해 보는 세계보다 실제 세계가 훨씬 더 불확실하고 복잡하다는 말을 하려는 것이 아니다. 생각지도 못한 사태에 직면했을 때 가장 적확하고 신속한 행동을 기대하는 사회의 대응으로 인해 불확실성은 더욱 복잡하게 증폭되고, 바로 이 점이 사회문제가 지닌 미묘한 사정이다.

과학기술이 결정할 수 없는 불확실성을 사회가 증폭시켜 버리는 상황이 벌어질 때, 누구든 확정적으로 무언가를 말할 수 없는 아주 커다란 빈틈이 생겨난다. 이 빈틈으로 인해 사람들은 누구에게든 무언가를 말할 자유를 주면서도 동시에 그 내용을 호락호락 통째로 믿을 수 없다는 태도를 보인다. 과학기술의 사회문제에 관해 해명과 해결을 외치는 다양한 담론이 무성하고, 결과적으로 사람들이 그러한 담론들에 신뢰를 잃었다고 말한 이유가 바로 여기에 있다.

BSE는 그나마 누구에게나 문제의 양상이 가시적인 친근한 일례에 지나지 않는다. 지구온난화 문제, 성층권 오존층 파괴 문제, 환경호르몬 문제, 핵폐기물 처리 문제, GMO의 안전성 문제 등은 우리 눈에도 보이지 않고 생활 속에서 느낄 기회도 훨씬 적다. 그 심각성은 BSE보다 더하면 더했지 덜하지 않은데도 말이다. 그런 문제 상황이 일상화되면 담론 전체에 대한 신뢰를 잃어버림으로써 개별 사건에 대해 일일이 태도를 정해야 한다는 부담은 가벼워지거나 세련된 형태를 띠게 된다. 다시 말해 알기 쉬운 정형적 틀에 의해 판단한다는 것이다. 이는 사실상 사고정지 상태를 가리킨다.

이를테면 과학기술에 관한 다양한 사회문제가 우리 시야에 드러난 반면, 과학기술에 대해서는 판에 박은 동일한 사고회로와 행동회로가 존재한다는 말이다. 이런 회로는 과학 · 기술 · 사회의 경계면에서 발생하는 다양한 어긋남(예를 들면 안전사고 등)을 단지 정보윤리, 환경윤리, 생명윤리, 의료윤리, 기술윤리 같은 개별 윤리 규정의 문제로 돌리거나 과학기술에 관한 문제는 이과 출신자에게 맡기는 것이 무난하다는 두 가지 답밖에 취하지 못하도록 한다.

어쨌든 인간의 다른 활동과 과학 및 기술을 동격으로 파악하고 그것이 사회와 일으키는 상호작용의 양상을 분석하는 것, 그다음 성형적이라 할 수 있는 것과 그렇지 못한 것을 제대로 판별하는 것, 그에 따라 한없이 달라지는 과학 · 기술 · 사회의 경계면에 대한 과거와 미래를 제대로 생각해 나가는 것, 이것은 매우 일반적인 지적 활동일 것이다. 그런데 문과와 이과를 막론하고 이런 활동을 간과하며, 특히 일본의 경우 이 경향이 두드러진다. 이 책은 이런 지(知)의 상황을 근본적으로 변화시키고자 한다.

다시 말해 과학 · 기술 · 사회의 경계면을 분석하고 그것의 상태를 판단하는 논리를 제시한다. 과학·기술·사회의 경계면에서 발생하는 사건에 대해 대략적인 감상을 말하려는 게 아니다. 그런 감상이라면 누구나 평등하게 개진할 권리가 있다. 나는 오히려 과학·기술·사회의 경계면에서 발생하는 다양한 사건을 일관되게 파악하는 시점, 동시에 그 시점에 따라 과학기술이 사회문제로 부상하는 새로운 지평을 꿰뚫어봄으로써 해명하고 해결하는 실마리를 제시하고 싶다. 서술의 재료는 되도록 친근하고 구체적인 예를 들고, 사실과 희망적 관측은 명료하게 구별해 서술할 것이다.

과학기술에 관한 사회문제의 대부분이 겉으로는 인간이나 사회와 동떨어진 일처럼 보인다. 그러나 사실 그것은 과학기술의 문제라기보다 인간의 내면 또는 인간관계, 사회 구조의 문제다. 그런 문제의 기본 양상을 해명할 때 문과 계열의 학문은 꽤 심오한 의미를 지니고, 그 의미는 모든 이가 마음만 먹으면 과학기술에 대해 이해할 수 있는 열린 판단의 기준이 된다. 거꾸로 말하면, 그런 열린 판단의 기준을 제공하는 방법이 마치 존재하지 않는다는 듯 과학기술 정책에 대한 일반인의 이해를 고려하지 않고 과학기술 정책을 추진하는 것은 과학·기술·사회의 경계면에서 발생하는 예측 불가능한 문제들을 정형적인 틀에 끼워 맞추어 버리는 결과를 초래할 수 있다. 나아가 민주주의(democracy)라는 명분을 걸친 기술관료주의(technocracy)를 적지 않게 조장할 가능성이 있다. 왜 그럴까? 자세한 것은 본문에서 기술하겠다.

이 책의 제목으로 내건 '지(知)의 실패'는 얄궂은 표현이다. 무엇보다 높은 곳에 떡하니 서서 타자의 '지(知)의 실패'에 대해 왈 가왈부한다는 오해를 불러일으킬 수 있다. 때문에 먼저 제1장에 서는 '지(知)의 실패'가 무엇을 의미하는지 밝히고, 책 전체의 과 제와 대강의 논지를 제시한다. 제2장에서는 과학기술 정책의 측 면에서 '지(知)의 실패'를 표현하고, 과학기술의 사회문제를 해명 하고 해법을 전망하는 새로운 틀을 드러낸다. 제3장은 사회가 과 학기술에 보내는 기대와 과학기술이 사회에 제공하는 현실의 성 과 사이에 거대한 간격이 존재하는 장면을 통해 '지(知)의 실패'를 해명하지 않으려는 것이 무엇을 의미하는지 특정해 드러낸다. 제 4장은 '지(知)의 실패'를 극복하리라는 기대를 받는 학제간 연구 의 통념이 지닌 환상을 부수고, '지(知)의 실패'를 극복하고자 하 는 데 필요한 원칙을 제시한다. 제5장은 전체의 결론을 정리하고 이 책을 통해 전망할 수 있는 '지(知)의 실패'를 피하거나 극복할 수 있는 제언들을 밝힌다.

부제로 내건 '과학기술의 발전은 왜 재앙을 막지 못하는가'라 는 질문에 대해 생각하려면 '지(知)의 실패'의 상태를 꼼꼼하게 고 찰할 수밖에 없다. 이 책을 차분히 읽어 나가며 왜 그러한지 이해 하기 바란다.

이 책의 초판은 2002년 이와나미서점에서 출간되었고, 그후 2012년에 '이와나미 인문서 셀렉션'으로 복간되었다. 10년이 흘렀지만 두 판본의 내용은 똑같다. 나중에 얻은 지식과 정보를 보태 내용을 수정하지 않았다.

초판 출산 후 발생안 일본 사회의 후구시마 원자력발전소 사고, 한국 사회의 세월호 사건 등을 떠올리면 차마 말할 수 없는 복잡한 심경을 금할 수 없다. 두 사건 다 초판을 출간한 2002년 시점에서는 아직 일어나지 않았지만, 이 책은 그런 사건이나 사고에 깊이 관여하는 사회 전체의 문제, 즉 사회의 어느 부분을 보더라도 비슷한 구조가 얼굴을 내밀고 있다는 문제를 지적하고 있다. 그러나 나는 그럴 줄 알았다고 큰소리를 칠 생각은 없다. 그러한 사실은 이 책과 같은 자기언급(self-reference)형의 지(知)가 제기하는 다양한 의미를 날카롭게 생각하도록 떠밀고 있기 때문이다. 여기에서는 그 의미 가운데 세 가지 메시지를 서술한다.

첫 번째 메시지는 과학기술을 사회학의 대상으로 삼는 의미에 관한 것이다. 사회학자는 모든 일을 사회현상으로 보라고 하지만 사실상 과학기술은 사회현상에 속하지 않는다고 여겨져 왔다. 과학기술은 소여(所與), 즉 주어진 여건이나 원리로 여겨지기 때문이다. 오귀스트 콩트(Auguste Comte)가 사회학을 구상한 이래, 사회현상으로서 과학기술의 중요성을 높이 외치는 반면 그것을 사회현상으로서 분석하는 시도는 오랫동안 유보돼 왔다. 즉 사회학에서 과학기술은 금기에 속하는 주제였다. 나는 이런 자가당착의 상태를 바꾸고 싶어 과학기술사회학(sociology of science and technology)에 뜻을 두게 되었다. 자가당착의 구조를 품고 있는 이상 과학기술은 설명하기 궁하면 등장하는 편리한 요인이 될 뿐이다. 그리고 편리한 요인을 허용하는 지적 행위는 과학기술이든 아니든 그다지 믿음직스럽지 못하다.

이것을 과학기술사회학 분야의 이해관계를 주장하는 것이라고 받아들일지도 모르지만, 그렇지 않다. 성층권 오존층 파괴에 의한 득정 프론[3] 규제, 지구온난화에 의한 생산활동 규제, 화학물질의 규제기준, 유전자 치료에 관한 가이드라인, 후쿠시마 사고에 의한 제염해제 구역 기준 등등 일반인도 과학기술과 사회의 관계를 직시해야 할 국면을 맞았다. 그렇기 때문에 과학기술과

---

3 메탄이나 에탄 등의 불소 치환체의 총칭. 많은 경우 불소 이외에 염소를 함유하고 있기 때문에 클로로플루오르카본(chlorofluorocarbon)이라고도 불린다. 이 책 3장 3절에 관련 내용이 보다 상세히 나온다.

사회의 연관성에 대해 일반인이 품는 의문 및 기대와 과학기술을 금기시하기 쉬운 사회학의 실태 사이에 거대한 공백이 존재하는 것이다.

다른 한편 과학자와 기술자에게도 다른 종류의 금기가 존재한다. '사회'에 괄호를 치고 '과학기술'의 활동에 힘쓰는 일이 항상적이 되었기 때문이다. 더 정확히 말하면, 자신의 일에 방해가 되지 않는 사회상을 상정해 과학기술을 사회로부터 분리하고, 그렇게 분리된 과학기술에 관심을 집중하는 사고양식과 행동양식이 지배적이다.

결국 사회학과 과학기술 각각에 상대 분야에 대한 시야가 막힌 사고양식과 행동양식이 있다는 말이다. 사회(과)학자는 과학기술을 옆으로 밀어놓고 사회로 시야를 한정하고, 과학자와 기술자는 사회를 옆으로 밀어놓고 과학기술로 시야를 한정한다. 한쪽은 마치 과학기술이 존재하지 않는 듯 행동하고, 다른 한쪽은 사회가 존재하지 않는 듯 행동한다. 둘 다 똑같이 상대에 대해 닫힌 계(closed system)를 상정하는 것이다. 그런 상태에서는 이 책이 말하는 (이과, 문과, 기초학, 실용학, 암묵지[4] 전부를 포함하는) 지(知)와 사회의 경계면에서 발생하는 문제들이 이질적 타자의 검증을 빠는 일 없이 해결되었다고 치부할 가능성이 높다.

이질적 타자란 예컨대 과학자와 기술자에게는 사회(과)학자, 사회(과)학자에게는 과학자와 기술자, 그리고 각 분야의 문제 당사자를 말한다. 문제 당사자의 예를 들자면 후쿠시마 사고의 피

---

4 暗默知, 개인이 학습과 체험을 통해 습득하지만, 공유하기 어려운 지식.

해자와 그 가족일 수 있다.

그런 상태를 변화시키려면 지(知)와 사회가 서로 상대를 열린 계(open system)로 상정하고 출발하는 수밖에 없다. 이 책이 그러한 새 출발의 시도로 여겨지면 좋겠다. 이것이 첫 번째 메시지다.

나와 같은 세대의 친구들은 대개 과학기술사회학 같은 지적 행위와는 거리가 멀어져 아마도 그런 일을 계속하는 사람은 나 혼자뿐일지도 모른다. 이렇게 세월아 네월아 하는 인간의 눈으로 보더라도 깨닫는 것이 하나 있다. 후쿠시마 원자력발전소 사고를 계기로 일본 사회에서 변해야 할 곳이 실상 거의 하나도 변하지 않았다는 사실이다. 즉 같은 잘못을 다른 형식으로 되풀이하기 십상이라는 말이다.

후쿠시마 원자력발전소 사고 이후 항간에서는 종종 원자력공학자가 안전신화를 방패 삼고 인접 분야 등의 최신 지식을 수용한 인공물의 점검 및 갱신을 게을리한 것이 사고의 배경이라고 지적한다. 알지 못하는 사이에 그런 사태가 벌어졌다면 전문가의 사회적 책임을 묻게 된다. 같은 논법에 의해 다른 분야의 전문가, 예를 들어 사회학자도 사회적 책임을 면할 수 없다. 후쿠시마 원자력발전소 사고가 일어나기까지 사회학자가 일본사회학회의 학회지에 발전용 원자로의 위험성에 대해 발표한 논문은 거의 없다. 유감스럽지만 과학기술을 주제로 발표한 논문도 거의 찾아볼 수 없다. 한마디로 과학기술이 사회에 미치는 무한책임을 상정하고 중대 사고를 막을 적절한 노력을 사전에 충분히 하지 않았다는 점에서 원자력공학자도 사회학자도 별반 다를 바 없다.

이런 문제의 구조를 묻지 않고 나중에 얻은 지식으로 이러쿵

저러쿵 쉽게 말하는 것은 장기적으로 문제 당사자인 피해자나 그 가족의 신뢰를 얻지 못할 것이다. 나아가 포스트후쿠시마 상황에서 적확한 대책을 세우는 것도 더욱 곤란해질 것이다. 왜냐하면 후쿠시마 사고의 배후에 도사린 구조적 문제를 빼놓고 임시응변의 반성과 대증요법을 반복하리라는 생각이 떠오르기 때문이다. 문제를 재생산하는 연쇄고리에 괄호를 치고서는 결코 피해자와 그 가족이 처한 상황을 떠올릴 수 없다.

사회학이든 원자력공학이든 사전에 쓴소리로 문제를 지적하며 부단히 궤도를 수정하지 않은 사고양식과 행동양식이 후쿠시마 원자력발전소 사고의 배후를 만들어 냈다고 나는 생각한다. 사전에 군이 쓴소리로 문제점을 지적하는 것과 무슨 일이 일어난 다음에 속 시원한 말을 하는 것은 언뜻 비슷해 보이지만 다른 일이다. 양자의 차이를 지속적으로 구분하는 작업이야말로 적어도 학(學) 부문의 현장에서 몇 사람이 다 책임질 수 없는 비참한 사고에 대한 무한책임을 한정하기 위해 필요하다고 생각한다. 그리고 안전하지 않은 상태에서 중대 사고를 일으키는 사회 상황을 두 번 다시 초래하지 않으려면, 무한책임이 뒤따르는 문제를 모든 사람들이 공공연히 공유하도록 제도를 재설계함으로써 구조를 창출해야 한다.

그런데도 사회학을 비롯해 일본의 학계에서는 자신의 학문 방식을 변혁하는 일과 연관해 그런 제도의 재설계를 시도하지 않고 있다(아쉽게도 현재의 일본학술회의도 예외가 아니다). 이 책이 제시하는 '지(知)의 실패'를 극복하려는 구상은 그 일을 위한 작은 시도일 따름이다. 나아가 차세대를 위한 공공재로서 다양한 시도를 축적하는 것이 무엇보다 그 사회의 튼튼함 아닐까?

세 번째 메시지는 과학기술을 대상으로 다루는 사회과학의 다른 분야와 이 책의 관계에 관한 것이다. 그중에서 여기에서는 STS(Science, Technology & Society / Science and Technology Studies)라고 불리는 분야를 언급하고 싶다. STS는 하나의 학문 분야라기보다는 1980년대부터 서구에서 과학기술의 사회연구자와 과학기술의 사회문제에 관한 운동가 및 실무자 등을 중심으로 사용하기 시작한 말이다. 사회 쪽에 발을 디딤으로써 이해할 수 있는 과학기술의 명암 양면을 다분야횡단적·문제지향적으로 제시하거나 통제하려는 시도의 총칭이다.

이것은 과학기술사회학의 다양한 조류와도 완만하게 연관되는데, 학문적 탐구라기보다는 과학기술에 관한 사회문제의 해결을 지향한다는 특징이 있다. 그때 문제 해결의 담당자로서 활동가와 실무자, 특히 정책 담당자를 포함해 상정하는 경우가 적지 않다.

사회문제의 해결에는 운동을 개재한 상향식(bottom up)이냐, 정책을 개재한 하향식(top down)이냐 등의 이분법을 상정하기가 쉬웠나. 반면에 운동과 정책이 역동적으로 연관되는 경우는 문제 해결에 필요한 복수의 자원이나 담당자를 동원할 수 있는 연대를 갖추고 있다. 한편 연대 양상에 따라서는 상향식을 가장하고 하향식으로 무언가를 추진하려는 약삭빠른 여론 조작이 될 가능성도 있다. 이 책의 주제인 '지(知)의 실패'에 비추어 보면, 포퓰리스트의 얼굴을 한 기술관료(또는 어쩌면 기술관료의 얼굴을 한 포퓰리스트)가 등장할 가능성 저편에 어떤 사회가 기다릴까 생각하는 것은 학문의 중요한 비판 기능이다.

적어도 내가 아는 한, 이 책의 초판이 나온 당시 일본의 STS에서는 비판적 기능을 구체화하려는 시도가 거의 없었고, 그런 점에서 STS와 이 책을 명확하게(또는 이렇다 할 이유도 없이) 식별할 필요가 느껴졌다. 그래서 이 책에서는 확대일로인 STS라는 술어에 입각하지 않고 이 책의 대상인 과학·기술·사회의 상호 교류를 지시하는 술어로만 STS 상호작용을 원용했다. 나아가 비판적 기능을 체현할 수 있는 학문 기반을 마련하는 데 뜻을 기울였다. 어쩌면 시대의 첨단에 반기를 드는 불협화음으로 비칠지도 모른다.

시대의 유행에 초점을 맞추고 잡다함을 최적화시키는 행동이 완전히 정착하면, 정치적 이해관계에 의해 학문적 비판을 읽어 내고 정치적 견해에 학문적 비판을 수렴시키는 사고양식과 행동양식으로 귀착할 것임에 틀림없다. 이를테면 전후 일본의 발전용 원자로의 도입 과정을 보면, 그런 사고양식과 행동양식이 문과계, 이과계, 연구자, 활동가, 실무자, 정책 담당자를 불문하고 일관되었다. 그들 아무도 시비를 꼼꼼히 따져 무언가를 결정하고 행동하지 않았을 가능성을 부정할 수 없다.

이 책과 같은 지적 활동에 의미가 있다면, 사회 전체로 볼 때 그러한 가능성이 중대하다는 것을 사전에 알아보고 사안에 따른 사회 변혁의 필요성과 단서를 제시한다는 점일지 모른다. 이것이 세 번째 메시지다.

이상의 메시지는 어떤 논거에서 나온 것일까? 상세한 것은 이 책을 읽어 주기 바란다. 한국어 번역을 위해 제2장의 만연체 표현을 걸러 내고 분량을 약간 줄였다. 이와나미서점에는 번역의 초기 단계에서 완성까지 신세를 졌다. 감사드린다. 한국의 독자에게 이 책을 안내해 줄 이상북스 출판사와 번역자에게 감사드린다.

도쿄에서

마쓰모토 미와오

지^知의 실패 — 차례

1

사고는 왜 없어지지 않을까

0

들어가는 말

하늘은 묵직하게 구름으로 뒤덮여 어둑어둑하다. 오후 4시가 벌써 지났다. 어쩐지 공기는 뿌연 것 같다. 고즈넉한 방. '서둘러 나가야겠다.' 트리니티 텀(trinity term)[1]의 연구세미나 전 티타임은 오후 4시 반에 시작한다.

대학 숙소에서 서둘러 계단을 뛰어 내려가 윈체스터 로드로 나간다. 곧 베닝턴 로드로 나가 왼쪽으로 돌면 벤비리 로드다. 여기에서 대학공원 옆을 지나 한숨다리가 가까이 보이는 학교 휴게실까지 급히 걸어가면 도착하는 데 20분도 안 걸린다. 휴게실에 가 보니 낯익은 얼굴이 보인다. 등불 아래에서 차를 마시고 함께 세미나실로 올라간다.

---

1 영국 대학에서 4월 중순부터 6월 말까지의 제3학기.

때는 1998년과 1999년. 장소는 옥스퍼드 대학. 연구세미나가 있는 겨울날 저녁에는 매주 이런 광경이 되풀이된다. 연구세미나를 마치고 세미나실에서 셰리주(sherry, 스페인의 헤레스 지역에서 자란 백포도로 만든 알코올 도수가 높은 포도주. '셰리'는 '헤레스jerez'의 영어식 이름이다.)를 죄다 마셔 버리고는 거리로 나가 함께 식사하며 잡다한 논의를 하다 돌아올 때 느끼는 해방감…. 굳이 찾아다니지 않아도 이곳에서는 매주 세계 각지에서 찾아오는 연구자들과 토론할 수 있다.

연구세미나 때 옆자리에 앉았던 별난 노인이 어마어마하게 고명한 연구자였다는 체험은 일일이 셀 수도 없다. 자신의 주장을 펼치는 데 조금도 거리낄 필요가 없다. 학문의 규칙만 지키면 된다. 어떤 장면에서도 상식과 약간의 용기만 있으면 찬찬히 사유하는 것에 대해 아무도 군소리를 않는다. 개인주의, 그리고 활달한 자유로움이 차고 넘치는 공간이다.

이 자유에는 엄청난 대가가 따른다. 금전의 대가가 아니다. 시간이라는 대가다. 옥스퍼드는 800년에 이르는 동안 타운(시민)과 가운(대학인) 사이에서 온갖 우여곡절(대립, 항쟁, 음모, 알력 등)을 경험한 끝에 이 자유를 획득했다. 매주 참석하는 연구세미나에 가는 길에는 베닝턴 로드와 밴버리 로드가 교차하는 부근에 위클리프 홀(Wycliffe Hall)이라는 건물이 있다. 14세기에 옥스퍼드 대학 신학 교수였던 존 위클리프(John Wycliffe)의 이름을 붙인 대학 소유의 건물이다.

존 위클리프는 당시 로마 교황의 조세(租稅)에 반대해 '옥스퍼드의 꽃'이라 일컬어지던 인물이다. 반면 후세의 역사가들은 위클리프가 싹을 틔운 롤라드운동[2]이 옥스퍼드를 지배한 14세기부터 15세기까지 약 100년 동안 옥스퍼드의 학문이 후퇴했다고도 말한다.[1)]

지(知)를 둘러싼 그때그때의 평가는 후세의 평가와 반드시 일치하지는 않는다. 이 책에서 말하는 지(scientia)란 문과와 이과, 기초학문과 실용학문, 나아가 암묵지까지 포함한다. 요컨대 시간을 들여 손에 넣을 수 있는 지(知)를 둘러싼 우여곡절의 경험을 통해 무엇을 어떻게 학습하느냐를 말한다. 인간과 사회의 성숙도는 그 학습한 내용의 축적에 의해 정해진다. 뒤집어 생각하면 일본이라는 나라에도 그리 멀지 않은 과거에 운 좋게도 둘도 없는 귀중한 학습의 기회가 찾아왔었다.

1945년 8월 15일 태평양전쟁이 끝났다. 화력발전 능력의 30퍼센트 이상, 석유정제 능력의 약 60퍼센트, 진공관 생산 능력의 50퍼센트 이상, 황산암모늄 생산 능력의 50퍼센트 이상, 고무 생산 능력의 40퍼센트 이상이 파괴되었고, 선박은 80퍼센트나 파괴됐다.[2)] 장거리 정밀 조준 폭격이나 레이더 탑재 잠수함을 사용한 선단(船團) 공격의 결과였다. 아니나 다를까 패전 후 민(民)과 관(官)에서는 과학전에서는 물론 기술선에서도 패했다는 말이 여러 번 등장했다. 20세기 후반 일본의 반세기 사회 변동은 분명 국부(國富)가 철저히 파괴당한 지점에서 출발했다. 과학기술을 비군사적으로 이용한 부흥과 성장이라는 깃발을 내걸었다.

---

2 롤라드파(Lollards) 또는 롤라드주의(Lollardy)에 의해 14세기 중엽부터 종교개혁시대에 걸쳐 로마 가톨릭교회의 개혁을 주장한 잉글랜드의 정치적 · 종교적 운동.

"밑바닥으로 굴러떨어진⋯우리가 나아갈 길은 오로지 무력을 갖지 않는 대신 교양의 힘으로 세계의 발전에 기여하도록 문화 일본의 새로운 건설을 기약하는 것이다." 당시 문부대신인 마에다 다몬(前田多門)이 한 말이다(1945년 9월 9일 라디오 방송).[3] 약 반세기 전에 결연한 마음을 담아 이렇게 이야기한 '문화 일본의 새로운 건설'은 21세기에 들어선 현재 과연 실현되었을까? 유감스럽게도 흔쾌히 그렇다고 대답하기는 어렵다. 반세기 전 '문화 일본의 새로운 건설'의 추진력이라 여겨지던 '교양의 힘'은 이제 과학기술 추진 이용 체제에 결정적으로 결핍된 요소라고 볼 수 있기 때문이다. 대체 어찌된 일일까? 과학기술이 가져온 거대한 혜택이 생각하지도 못한 불이익과 불가분한 관계에 놓여 있다는 경계(境界) 사례가 그 의미를 뚜렷하게 밝혀 줄 단서를 제공한다. 문제는 과학기술이 초래하는 생각지도 못한 불이익이 어디에서 발생하느냐에 달렸다.

운석이 떨어져 불이익을 당한다면, 사람들은 이 문제를 불가항력의 천재(天災)라고 생각할 것이다. 적당하지 않은 안전기준(부실한 조치)이나 업무상의 실수(잘못)에 의한 불이익이라면, 사람들은 이 문제를 손해배상을 청구해야 할 인재(人災)라고 생각할 것이다. 과학기술이 초래한 인재는 종종 크게 주목받는다. 그래서 사고에 관여했다고 상정되는 인적 인자의 연구는 물론 그런 인적 인자를 통제하기 위한 제언에 이르기까지 세상은 입을 모아 인재 방어책을 마련하느라 여념이 없다. 그런데 세상에는 불가항력의 천재인지 아니면 인위적 실수에 근거한 인재인지를 이분법으로 구분하기 곤란한 사례가 다수 존재한다. 그리고 그런 사례가 천재와 인재 사이에 있는 것이 무엇인가를 가르쳐 준다. 예를 하나 들어 보자.

"작업 종사자가 방사선 관리의 절차를 철저히 인지하지 못한 까닭에 사고 중에도 개인 피폭 선량 측정 기구를 장착하지 않고 보조 건물에 출입한 사람이 있는가 하면, 신체 오염을 제대로 제염(除染)[3]하지 않고 그대로 귀가하는 사람도 있었다."[4] 이것은 1999년 JOC 임계사고[4]가 일어났을 때 작업원이 기술한 것이 아니다. 그 20년 전인 1979년 3월 30일 미국의 스리마일 섬에서 발생한 사상 최초의 발전용 원자로 2호의 노심용융 사고(이하 TMI 사고라고 약칭) 당시 작업원의 행동을 일본 정부의 원자력안전위원회가 최종 보고서에 기술한 문장이다. 이 보고서는 TMI 사고를 강 건너 불구경으로 보지 않도록 신중하게 경고하고, 이 사고에서 읽어 내야 할 교훈으로서 다음과 같은 사항을 요구한다. "사고를 확대한 결정적 요인은 인적 인자였던 것이 확실하다. 이를 상세하게 살펴보면 설계, 운전 관리, 사고 시의 통보 연락 체계 등 여러 불충분한 인자가 복잡하게 얽혀 있다. 그 책임을 단순히 운전원의 판단 잘못이나 오작동으로 돌려 버릴 수는 없다고 생각한

---

3 방사성 물질로 오염된 의복, 기기, 시설에서 오염을 제거함.

4 1999년 핵연료 가공 회사 JOC에서 발생한 일본 최악의 방사능 누출 사고로, 439명의 피폭자와 2명의 사망자를 냈다. 도카이 촌 방사능 누출 사고(東海村放射能漏出事故)라고도 하는 이 사건은 일본 원자력사업 사상 첫 임계사고로 기록되었다. 이 사건의 방사선 누출 정도는 레벨 4로 1979년 미국 스리마일 원전사고의 레벨 5보다 불과 한 단계 낮았다. 일부 피해자의 방사선 피폭량은 1945년 히로시마 원폭 피폭자나 원전 사상 세계 최악의 방사선 누출사고였던 1986년 우크라이나 체르노빌 원전사고의 피폭자와 비슷한 수준인 것으로 알려졌다.

다."[5]

그렇다, 맞는 말이다. 인재의 배후에는 발전용 원자로를 설계 · 건설 · 운전 · 유지 · 이용 · 평가할 뿐 아니라 훈련의 배경도 다르고 이해와 관심도 이질적인 사람들로 이루어진 과학 · 기술 · 사회를 통틀어 작동하는 계(系)의 특성이 깔렸다는 것을 위의 말은 정확하게 지적하고 있다.[6]

그러면 그런 이질적인 사람들의 집단으로 이루어진 과학 · 기술 · 사회를 통틀어 작동하는 계의 특성이 천재와 인재 사이에 존재하는 요인으로서 모든 사람의 눈에 잘 보일까? 그렇지 않다. 구 과학기술청이 구 동력로핵연료개발사업단을 형사고발하거나 거꾸로 JCO의 감독 책임을 구 과학기술청에 묻는 사례가 상징하는 바와 같이, 어디까지나 행정기관의 권한 계통에 따라 오로지 책임 소재를 다툴 뿐이다.

형사 책임이나 행정 책임을 묻지 않아도 된다는 말이 아니다. 요컨대 문제는 행정기관의 공식적인 권한 계통을 뛰어넘어 이질적인 사람들이 발전용 원자로의 설계 · 건설 · 운전 · 유지 · 이용 · 평가에 관여하고 있고, 이들을 끌어들인 공식적 · 비공식적 집단들로 이루어진 계(系) 전체(이 경우 원자력 관계자 집단이라고 할 수 있다)의 행동회로와 사고회로를 전제한 정책이 계속 입안되어 왔다는 점이다. 그런 상태가 계속된다면, 그러한 계는 하늘에도 사람에게도 책임을 물을 수 없는, 사람들 눈에 보이지 않는 유사한 문제를 재생산할 가능성이 있다.

하늘과 사람 사이에 있으면서 일반적으로 과학 · 기술 · 사회를 통틀어 작동하는 그런 계의 움직임을 조명하고, 계의 조직과

작용을 파헤치는 것이 이 책의 목적이다. 그러한 계의 경계는 문제의 종류에 따라 유동적이다. 따라서 눈앞에 보이는 학교, 병원, 관청, 공장, 경찰, 방송국, 신문사를 관찰하는 것보다는 평상시 잘 보이지 않던 것이 잘 보이게 된다.

예컨대 구 과학기술청, JCO, 구 동력로핵연료개발사업단만 논한다고 될 일이 아니다. GMO나 환경 부하가 적은 에너지 개발, 토목사업의 공학적 필연성 유무 같은 다른 개별 문제에 대해서도 똑같이 말할 수 있다. 다양한 개별 문제를 염두에 두면서도 더욱 일반적인 수준에서 하늘과 사람 사이에 있는, 이른바 과학·기술·사회 계를 가로지르는 빛과 그늘의 연결고리에 주목해야 한다. 당연히 어떤 문제인가에 따라 여러 주체가 그런 계의 구성 요소가 된다.

이렇듯 특정 기관이 아니라 문제에 따라 유동적으로 모습을 바꾸는 과학·기술·사회 계(예를 들어 유전자변형 관계자 집단, 신에너지 관계자 집단, 치수와 토목 관계자 집단 등)의 존재를 누구에게나 보이게 하려면 가능한 만큼 다양한 발판을 설정하고, 각각의 발판에서 본 모습을 종합해 전체상을 그려 내는 것이 바람직하다. 교묘한 발판을 설정하면 상상력이 발동해 계의 전체상을 파악하기 쉬워질 수 있다. 각자 유착이나 이해 관계에 놓인 개인이나 소집단의 입장을 넘어 원대한 상상력을 발휘함으로써 전체상에 접근하는 교묘한 지적 발판의 설정을 가능하게 하는 것, 그것을 교양이라고 부를 수 있지 않을까?

그런 의미에서 이 책은 과학·기술·사회의 경계를 제대로 생각하는 교양을 위한 토대인 동시에 과학·기술·사회를 잇는 새로운 지(知)의 틀을 정하고자 하는 움직임이다. 아울러 기존의 지적 발판과 상이한 지적 발판을 될수록 주도면밀하게 제시하고, 그 근거가 어디에 있는지 파헤칠 것이다. 이 책은 기존의 지(知)의 경계, 이해집단, 담론 공간의 내부에 오롯이 담긴 종래의 방법과 뚜렷이 획을 긋고 문제의 지평과 해법을 제시하고자 한다. 이 장에서는 우선 책 전체의 목적을 여러 다른 발판 위에서 전망하고, 앞으로 다룰 문제의 윤곽과 초점을 드러낼 것이다.

1

과학기술은 선일까? 악일까?

일본이 미국에 선전포고하기 1년 반 전인 1940년 6월 25일로 시곗바늘을 돌려 보자. 당시 일본 정부는 과학기술을 전시 동원하는 중심축의 하나인 기술원의 설립(1942년 1월 31일)에 관해 최초의 극비 문서를 작성한다. 〈기술연구기관의 확충안〉이라는 제목의 문서 첫머리에는 이렇게 쓰여 있다. "동아(東亞) 신질서 건설의 민족적 사명을 완수하고⋯급격한 국제 정국의 변혁에 대치히는 방도는 오로지 국방력의 강화와 생산력의 확충에 있다.⋯이를 위해서는 우리나라 기술의 독립, 그 수준의 향상과 기술 동원 체제의 정비를 선결 문제로 삼는다. 그러나 우리나라 기술의 현상을 보면⋯외국 기술을 수입해 생산력 확충을 기획하기 때문에 일본, 만주, 중국 블록 안에서 자원과 기술 및 생산의 일본 고유의 성격을 확립하는 것이 불가능하다. 따라서 현재 조건에서 우리나라

기술의 낮은 수준은…국가 경제 및 국제적 불리함을 초래했다.…
이에 기술의 국제적 독립을 꾀하고, 우리나라 공업의 구미 식민
지적 지위를 벗어나며, 일본 기술의 세계적 수준을 향상시킴과
동시에…앞으로 국가 총력전의 비약적 단계를 대비하기 위해 정
부기관 및 연구기관의 정비를 이룩하고자 한다."[7]

여기에서는 기술을 국가 총력전을 위한 수단이라고 규정한다.
전시 동원이라는 당시의 생각이 무척 명료하게 나타나 있다. 그
리고 이 문서는 곧바로 아무도 반대할 수 없는 대의명분으로 일
본의 연구기관을 평가하고 평가 결과를 열 개 항목으로 정리한
다. 이를테면 다음과 같다. "회사의 연구기관 작업은 이익 본위의
연구로 추락하고 정부의 연구기관은 무책임한 연구논문의 작성
으로 전락한다. 오히려 이런 일을 숭상하는 분위기 때문에 공업
화의 연구에 이르지 못하고 있다." 또는 "연구자는 국가 및 실제
산업계가 요구하는 문제를 알지 못한다. 연구자와 실제 분야 사
이에 교류가 없다." 또는 "연구자의 대우가 현저하게 나빠 우수한
연구자를 얻지 못한다." "연구소의 인적 관리에 대해 이른바 파벌
만 있고 실력주의의 원리는 없다."[8]

이는 기술에 대한 이야기만이 아니라 과학과 기술을 붙어 놓
은 과학기술에 대한 이야기였다. 이 점은 그후 기술원의 설립에
이르기까지 집중적으로 작성된(1941년 10월 15일까지 대략 엿새에 한 번
으로 총 85편에 달함) 종합적 과학기술 신체제를 추구하는 행정문서
가 웅변하고 있다. "국력 증강을 배양하기 위한 과학 진흥은 국방
국가 완성의 기본 요체"(극비 〈종합적 과학연구기관 정비 대책안〉, 1940년
8월 8일자)이며, "근대 과학기술의 종합 활용에 의해 국방력 및 생

산력의 강화 확충을 꾀하고, 이를 위해 고도의 과학기술 체제를 정비 강화함과 동시에 과학기술 연구를 진흥시키고 그 성과를 적극 활용할 방도를 강구해야 한다. 한편 대동아 자급권 안에서 자원에 기초한 기술의 일본적 성격을 확립하고 기술 수준의 향상을 촉진함으로써 국방국가의 완성을 기하고자 한다"(극비 〈신과학기술 체제 확립 요강〉, 1940년 8월 23일자).[9]

한마디로 과학기술을 사회의 특정 목표(이 경우는 국가 총력전)를 달성하기 위한 수단으로 간주하고, 철두철미하게 목표의 달성도를 기준으로 삼아 과학기술을 평가하며, 사회의 특정 목표를 효율적으로 달성하려고 하는 사고회로와 행동회로는 전시 동원 체제 때 확립되었다[그 기원은 나아가 1918년 공표한 군수공업 동원법과 더불어 설립한 내각 군수국 및 1920년에 설립한 내각 국세원(國勢院) 제2부 등으로 거슬러 올라간다].[10]

이러한 사고회로와 행동회로는 전시 동원 체제에만 특징적인 것은 아니다. 사회의 목표를 다른 것으로 치환하면 전후 부흥과 경제성장 시대에도 그런 회로는 종종 관찰할 수 있다. "과밀 인구를 끌어안고 있는 나라가 실로 자립 재건을 이루기 위해서는 그 기초를 과학에 두어야 한다. 산업경세의 빌진도, 사회문화의 향상도, 과학기술의 진흥과 과학 지성의 배양에 의해 비로소 달성된다"(과학기술의 진흥에 관한 중의원 본회의 결의, 1950년 3월 11일자).[11] 또한 "현재의 경제 조건 속에서 우리나라 경제의 자립과 산업무역의 발전은 과학기술의 진흥과 이에 바탕을 둔 산업 체제의 확립에 의해서만 가능하다. 따라서 정부는 과학기술의 획기적 진흥을 기하기 위해 신속하게…조치를 강구해야 한다. ①과학기술의 행정기구 강화를 기하고, ②과학기술 연구에 관한 국가 예산을 대폭 증가시키고, ③과학기술에 관한 교육의 진흥을 꾀하고, ④과학기술자를 우대하고, ⑤과학기술 연구 성과의 실용화를 위해 국고의 보조 및 금융조치를 강구할 것을 결의한다"(과학기술의 진흥에 관한 중의원 본회의 결의, 1953년 8월 7일자).[12]

   이런 사고회로와 행동회로가 일본에만 특징적인 것은 아니다. 1940년 6월 미국 정부에 설치한 전시 동원 목적의 국방연구위원회(National Defence Research Committee) 위원장 배너바 부시(Vannevar Bush, 물리학자, 1890-1974)는 원자폭탄 제조 계획(맨해튼 계획)을 기초 연구부터 정초시키기 위해 정책의 틀을 마련한 인물로 알려져 있다. 전후 재빠르게 국방 연구를 기치로 내걸고 기초과학 추진을 위한 정책 틀[국가안전보장과학연구국(Research Board for National Security)이나 해군과학연구국(Office of Naval Research)]을 정립할 때 관여한 유력한 인물도 바로 부시였다. 물론 전시 동원 체제였기 때문에 힘이 있었던 그의 개인 영향력은 전후 급격하게 약화된다. 이를 테면 일본이 패한 지 2개월도 안 된 1945년 10월 의회에서는 원자폭탄 제조·설계의 경험을 바탕으로 원자력에너지를 이용하고자 하는 계획이 논의되었지만, 이에 대해 부시가 급들이 세출한 법안을 향해서는 비판의 화살이 쏟아졌다.[13] 그러나 과학의 기초 연구를 정립하고 특정한 목표를 달성하기 위해 그가 정초한 정책의 틀 자체는 전후에도 살아남았다. 20년 후 아폴로 계획이 등장했을 때 그는 이렇게 말했다. "현대의 과학자는 슈퍼맨으로 보인다. 충분한 자금만 주어지면 무엇이든 할 수 있다. 만약 지금 미국이 인간을 달에 보내고 싶다고 해도 그것은 기술적으로 곤란하다. 하지만 수천 명의 과학자와 자금을 쏟아붓는다면 인간은 달에도 갈 수 있다. 달에서 돌아오는 것도 가능하다."[14]

나아가 이런 사고회로와 행동회로는 특정한 사상적 입장에만 있는 것도 아니다. 전쟁 이전의 유물론연구회에서 마르크스주의 과학기술론의 선두에 섰던 아이카와 하루키(相川春喜)는 1942년 10월 26일에 설립한 대동아공영권[5] 과학기술체제연구회의 제2분과 위원회 및 제3분과 위원회에서 간사 보좌 직책을 역임했다. 그는 대동아공영권과 일본의 중공업, 대동아공영권과 일본의 경공업, 대동아공영권과 일본 기술의 사명, 대동아의 종합기술 체제, 대동아 건설을 위한 기술의 약진과 생산력 확충 등을 연구했다.[15] 이를 '전향'으로만 평가하는 것은[16] 무리가 있다. 대동아공영권 과학기술 체제에 관해 선봉에 서서 담론을 이끈 것을 가리켜 '전향'이라고 평가한다면, 그런 '전향'은 일일이 셀 수 없기 때문이다.[17] 게다가 과학기술의 전시 동원을 담당한 관료(상공성, 기술원, 체신성 등등) 중 전후 일본의 부흥과 성장을 위해 '역전향'을 해 고도성장기 이후 성과를 낸 예도 셀 수 없다.

과학기술을 사회의 특정 목표를 달성하기 위한 수단으로 규정하고, 철두철미하게 그 목표 달성을 기준으로 과학기술을 평가할 뿐 아니라 사회의 특정 목표를 효율적으로 달성하고자 한다는 사고회로와 행동회로는 동양과 서양, 사상적 입장, 전시와 평시 같

---

5 '대동아'란 동아시아에 동남아시아를 더한 지역을 가리키는 말인데, 대동아공영권은 제2차 세계대전 당시 일본이 대동아에 새로운 질서를 세우겠다는 기치를 걸고 아시아의 여러 나라를 침략하며 내세운 정치 슬로건이다. 그러나 실제 내용은 점령지와 식민지의 민족운동을 분열시키고 침략 전쟁과 가혹한 점령정책을 강행하는 것이었다.

은 시대 상황을 막론하고 등장할 만큼 엄청나게 뿌리 깊은 차원의 문제임을 알 수 있다. 따라서 다양한 문맥에 의존하지 않고 반복해 나타나는 사고회로와 행동회로는 다양한 문맥 속에서 거의 독립적이고 구조적인 불변의 요소라고 할 만하다. 더구나 과학기술이 수단으로서 공헌하는 사회의 목표는 앞에서 말한 바와 같이 어떤 때는 국가 총력전을 수행하지만 어떤 때는 국가 총력전의 수행에 의해 철저히 파괴당한 국부를 부흥시킨다는 식으로, 졸지에 논리적 양립이 어려운 경우도 성립한다. 다시 말해 과학기술은 서로 논리적으로 어울릴 수 없는 상이한 목표에도 똑같이 유용한 수단, 즉 요술방망이처럼 여겨진다. 이런 상정을 충족시키는 과학기술관은 오로지 한 종류밖에 없다. 바로 과학기술 선용론–악용론이라는 사고방식이다. 과학기술은 어떤 목표에도 중립적이고, 그것이 인간과 사회에 이익을 가져다주느냐 불이익을 가져다주느냐는 그 이용 방식에 달렸다는 사고방식이다.

과학기술 선용론–악용론의 근거 원리는 두 가지다. 하나는 보편주의 원리로, 이는 과학기술이 어떤 목표에 대해서도 중립이라는 논점에 대응한다. 과학기술의 성과는 본래 동양과 서양, 사상적 입장, 시대 상황을 불문하고 타당한 보편성을 지니기 때문에 특정 목표에만 유용한 편향성을 지니지 않는다는 사고방식이다. 이를테면 C60이라는 기하학적 대칭성을 지닌 신발견 물질은 의료 목적(예를 들어 암 치료)에도 유용한 동시에 군사 목적(예를 들어 초소형 고성능 화기관제 장치 개발)에도 유용한 가능성을 지닌다. 또는 수학의 확률미분 방정식은 원자 역학에 유용한 동시에 파생금융상품(derivatives) 거래에도 유용하다. 애초에 임의의 목표에 유용한 것이 아니라 유용한 가능성을 생각할 때 그 안에 포함된 여러 목표에 본래적 차별이 존재하지 않는다는 뜻이다. 이런 의미에서 보편주의 원리는 사회적 어려움에 처했을 때 과학기술에 의존한 다는 상식을 증폭시키는 역할을 맡는 경우가 적지 않다.

과학기술 선용론-악용론을 뒷받침하는 또 다른 원리는 사용자 책임의 원리다. 과학기술이 인간과 사회에 이익을 가져다주느냐 불이익을 가져다주느냐는 그 이용 방식에 달렸다는 것이다. 다시 말해 성과를 산출하는 과정에서는 과학자와 기술자가 성과의 내용에 전문가로서 책임을 지지만, 일단 성과를 내고 난 다음에는 그 성과를 이용하는 다양한 사람들이 이용 결과에 책임을 진다. 그러므로 이 사고방식은 선한 이용 방법을 취하면 인간과 사회에 이익을 가져다주는 반면, 악한 이용 방법을 취하면 불이익을 가져다준다고 본다. 또한 이익을 가져다주느냐 불이익을 가져다주느냐는 사용자의 책임에 속한다고 본다.

사회를 구성하는 다양한 영역 사이의 사정(예를 들어 과학기술과 사회 사이의 사정)을 파악하는 비교적 계통 있는 정리된 생각이라는 느슨한 의미로 사회이론이라는 용어를 빌린다면(앞으로 이 용법을 사용한다), 두 가지 원리의 과학기술 선용론-악용론은 실은 과학기술에 관한 고전적 사회이론이라는 위치를 점한다. 이를테면 1931년 런던에서 열린 국제과학사학회에서는 뉴턴(Isaac Newton)의 《프린키피아》[6]의 사회적 배경에 관한 보리스 헤센(Boris. M.

---

6 1687년 고대 이래의 힘과 운동에 대한 연구를 집대성하고 역학의 수학적 이론을 완성시킨 뉴턴의 저작. 원제는 《자연철학의 수학적 원리》(*Philosophiæ Naturalis Principia Mathematica*).

Hessen, 1938년 스탈린에 의해 숙청당했다)의 논문이 등장한다. 과학기술 선용론-악용론을 처음 명시적으로 정식화한 사회이론가들은《프린키피아》로 촉발된 이른바 '과학의 휴머니스트', 즉 일군의 마르크스주의 과학사가들[예를 들어 존 버넬(John Bernal), 랜슬롯 호그벤(Lancelot Hogben), 제임스 크라우더(James Crowther), 조셉 니담(Josep Needham) 등]이었다. 특히 1929년에 간행된 존 버넬(단백질의 X선 회절결정학으로 알려진 영국의 물리학자, 1901-1971)의 《과학의 사회적 기능》(*The Social Function of Science*, 1939)은 과학과 사회에 대한 계획의 청사진으로서 사회주의 사회를 건설하기 위한 과학기술 선용 프로그램을 포괄적으로 구체화한 것으로 일찍부터 알려졌다.[18]

이런 시도의 배경에는 과학자나 기술자 집단을 닫힌 계(系)로 생각하지 않고 과학과 기술의 특성을 사회 관계 속에서 파악하는 시각이 깔려 있다. 존 버넬의 경우 그 시각은 대략 다음과 같은 논리를 통해 과학과 사회의 계획으로 이어진다. 우선 자본주의 사회에서는 과학이 지닌 가능성이 충분히 인류의 복지를 위해 기여할 수 없고, 과학 자체도 충분히 발전할 수 없다고 여겨진다 (현상 분석). 그러면 과학이 충분히 발전하고 인류의 복지를 위해 그 본연의 힘을 발휘하려면 어떻게 해야 할까(설문)? 과학에도 사회에도 사회주의가 필요하다(해답). 왜냐하면 성과를 공개하고 공유한다는 점에서 과학은 본래적으로 사회주의에 적합하기 때문이다(해답의 근거). 그렇다면 사회주의를 실현하기 위해 무엇이 필요할까(더 구체화된 설문)? 과학적인 사회 변혁을 통해 사회의 상이한 분야들을 조정하고, 사회 전체의 효율을 높이며, 과학의 구체제를 타파하고, '과학의 과학'(과학을 계획적으로 추진하기 위한 과학)의

진흥을 추구해야 한다(더 구체화된 해답).[19]

　존 버넬이 설파하는 과학과 사회의 계획은 과학(경우에 따라 기술도 포함)의 발전이 그대로 인류의 복지 향상으로 이어진다는 예정조화적[7] 과학기술 선용 프로그램을 성실하게 체현한다. 한편 그가 제2차 세계대전 중에 육해공군 합동작전 본부장인 마운트버튼 경(Lord Mountbatten)의 과학고문으로서 독일과의 전투 승리에 최선을 다한 사실이 상징하듯, 이 책이 체현하는 과학기술 선용 프로그램은 사회주의 건설이 아닌 다른 목적으로 바뀌어도 성립하는 사통팔달의 성질을 갖추고 있다. 예컨대 전후 유네스코의 주선으로 창간된 《과학의 사회적 영향》(Impact of Science on Society) 창간호(1950년)는 과학의 사회적 영향으로서 무엇보다 "인간의 생활, 일, 생산에 관한 물질 조건의 개선"을 첫 번째로 내걸었다. 과연 존 버넬의 책은 인간의 물질적 복지를 위해 과학기술을 활용하는 문제에서도 "이제까지 나온 것 중 가장 완벽한 연구"라고 여겨진다.[20]

　물론 전후라고 해도 이러한 문맥에 등장하는 과학기술 선용론-악용론은 전전에 태어나 55년 체제[8] 성립 시기에 철이 든 세대를 비롯해 그보다 위 세대에게도 가장 친근한 것임에 틀림없다. 전후에 태어난 세대, 말하자면 1968년의 학생운동을 경험한

7　세계를 구성하고 있는 모든 단자들이 서로 조화를 이루고 있음으로써 세계가 질서정연하게 조화를 이룬다고 주장한 독일 철학자 라이프니츠(Gottfried Wilhelm Leibniz)의 예정조화설에서 비롯된 표현.

8　1955년 이후 일본에서 여당인 자유민주당과 야당인 일본사회당으로 양대 정당 구조가 형성되어 40년 가까이 지속된 정당정치 운영의 체제를 말한다.

세대(일본에서 말하는 이른바 전공투[9] 세대)라면 선용-악용이 아니라 사회의 존속을 위해 과학기술이 불가결해진 체제적 모순에 시선을 돌려야 한다는 주장에 더 친근감을 느낄 것이다. 나아가 1980년대 이후 포스트모던의 조류를 경험한 세대라면 선용-악용이 아니라 선용-악용이라는 이분법식 담론을 구성하는 전략이야말로 문제라는 이야기에 공감할 것이다.

이리하여 과학의 선용론-악용론, 특히 과학 · 기술 · 사회 사이의 예정조화를 상정하는 관점은 이미 숱한 비판을 통해 고색창연하게 색이 바랬지만, 사회적으로 그 영향력이 널리 퍼져 있다는 점에서는 아직도 예상을 뛰어넘는 강한 힘을 지니고 있다. 누구에게나 사용 방법에 따라 이익도 가져다주고 불이익도 가져다준다는 논리는 경험적으로 친근하기 때문이다. 이를테면 우리가 잘 아는 바로서 과학기술 창조입국을 지향한 의원들의 입법으로 1995년 11월 15일자로 제정한 과학기술기본법(법률 제130호)은 1995년부터 2000년에 이르는 5년 동안 "시책의 종합적이고 계획적인 추진을 위해"(제9조) 과학기술기본계획을 책정하고 17조 엔이라는 거액의 자금을 투하했다. 이제 와 돌아보니 기억이 새롭다(이미 2001년부터 2006년까지 다음 5년의 과학기술기본계획을 책정하고, 나아가 분야를 선정해 최고 24조 엔이라는 자금 투하를 결정했다).[21]

장기간에 걸친 공과의 평가는 후세 역사가들에게 맡길 수밖에

---

9 전국학생공동투쟁회의의 약어. 1960년대 일본 학생운동 시기에 전학련(전일본학생자치회총연합)이나 학생이 공동 투쟁한 조직이나 운동단체를 말한다. 일본공산당을 보수주의 정당으로 규정하고 도쿄 대학을 중심으로 새로운 학생운동을 시작했다.

없지만, 과학기술기본법이 내건 목적 자체는 일반 사람들에게 즉각 호소하는 선명한 과학기술 선용론으로 가득 차 있다. 말하자면 이런 식이다. "이 법률은 과학기술(인문과학에 관한 것은 제외한다. 이하 동일)의 진흥에 관한 시책의 기본이 되는 사항을 정하고, 과학기술의 진흥에 관한 시책을 종합적이고 계획적으로 추진함으로써 우리나라 과학기술의 수준을 향상시키고, 경제사회의 발전과 국민복지의 향상에 기여한다. 동시에 세계 과학기술의 진보와 인류 사회의 지속적 발전에 공헌할 것을 목적으로 삼는다"(제1조). '과학기술의 진흥'은 '과학기술 수준의 향상'으로 이어지고, '과학기술 수준의 향상'은 '경제사회의 발전'과 '국민복지의 향상' 등을 실현시킨다는 말이다. 한마디로 이 조문은 과학기술 → 사회의 특정 목표(이 경우 경제사회의 발전과 국민복지의 향상 등)라는 과학기술 선용론을 훌륭하게 드러내고 있다.

하나의 법조문 안에 특정한 사회이론을 표현한 예를 찾아보기란 지극히 어렵지만, 이 경우는 그 어려운 예를 잘 보여 준다. 뿐만 아니라 이 상태가 21세기에도 계승된다는 것을 분명히 밝히고 있다. 2000년 3월 24일 수상이 발의해 2001년 시작된 차기 과학기술기본계획에 관한 사문 제26호에 발맞추어, 과학기술회의 정책위원회는 같은 날 〈과학기술기본계획에 관한 논점 정리〉를 작성했다. 여기에서는 과학기술 창조입국이 지향해야 할 모습을 다음과 같이 말한다. 이는 동 의회의 총합 계획 부회의 논의에 앞서 논점을 미리 제시한 것이다. "'과학기술 창조입국'의 실현이란 과학기술을 살려 '지식을 창조하고 활용해 세계에서 존경받는 나라' '안심할 수 있고 안전하며 쾌적하게 생활할 수 있는 나라' '국제 경쟁력이 있고 지속적 발전이 가능한 나라'를 지향한다."[22] 과학기술→ 사회의 특정 목표(이 경우 세계로부터 존경받는 것, 안심할 수 있고 안전하며 쾌적하게 생활할 수 있는 나라, 국제 경쟁력 등)라는 과학기술 선용론이 또다시 적나라하게 표현되어 있음을 볼 수 있다.

이것은 국가 차원의 정책 논의에 머물지 않는다. 예전의 신산업 도시나 발전용 원자로 부지 유치, 사이언스 파크나 테크노폴리스 유치 등 각 지방자치체 차원의 과학기술 관련 시설 유치에 대한 추신-반대 논의, 〈고질라〉나 〈우주소년 아톰〉으로 상징되는 대중문화, 또는 냉전기의 핵 억제력 논의 등에서 과학기술 선용론-악용론은 가히 셀 수 없을 만큼 다양하게 얼굴을 내밀고 있다. 포스트냉전시대에도 세계과학아카데미의 선언 〈21세기 지속가능성으로의 이행·과학기술의 공헌〉(도쿄에서 2000년 5월 18일) 같은 국제적 논의를 보면, 과학기술 선용론-악용론은 21세기에도 틀림없이 답습될 듯하다. 이 선언은 다음과 같은 결론을 맺고 있다. "장기적으로 인류의 복지를 지키기 위해 인류는 지구의 생명 유지 시스템을 지속시키고, 미래 세대가 필요로 하는 자원을 촉신하는 소비와 생산 패턴을 채용함으로써 자신들의 요구를 채우는 새로운 방향으로 이행해 갈 필요가 있습니다. 그러나 인구 증가, 에너지와 물질의 소비, 환경 파괴라는 현재의 추세가 계속된다면 인류의 요구는 채워질 수 없고 기아와 빈곤은 증가할 것입니다. 이런 비관적 예측을 실현시켜서는 안 됩니다. 과학, 기술 및 보건 의료는…지속적인 인류의 미래를 향해…진보를 달성할 수 있을 것입니다.…우리 과학아카데미는 여기에 대처하기 위해 서로 협력할 것을 맹세합니다."[23]

과학기술 정책의 입안자, 실행자, 과학자, 기술자, 과학기술에 의해 이익을 얻거나 불이익을 당하는 일반인들 사이에서 이렇게 광범위하게 공유되는 과학기술 선용론-악용론에 맞서 과학기술에 관한 사회이론으로서 타당성 여부를 운운하는 것은 투박해 보일지도 모른다. 사회이론적 타당성과 사회적 영향력이 비례하지 않는 것은 그다지 드문 일이 아니기 때문이다.[24]

다만 이 단계에 예외가 하나 있다. 사회적으로 강력한 생각을 믿는 일이 돌고 돌아 결국에는 과학기술 정책의 입안자나 실행자도 아니고 과학자나 기술자도 아닌 일반인들에게 불이익을 주거나 불이익의 원인이 불분명한 부자유를 가져다주는 경우가 그것이다. 그럴 때는 그런 사고가 지닌 사회이론적 타당성을 엄격하게 비판적으로 살펴보고, 그것이 일반인들에게 어떤 불이익과 부자유를 가져다주는지 철저히 해명해야 한다. 지(知)의 사회적 기능은 정당하지 않은 불이익이나 부자유를 초래할 때 발휘되어야 한다. 일반인들의 이익이나 자유를 최대한 증대시키는 것, 불이익이나 부자유를 최소한 감소시키는 것은 동전의 양면과 같기 때문이다.

특히 과학·기술·사회의 경계에서 발생한 예측 못한 사건을 파악할 때, 동전의 양면 관계에 놓인 두 사안에 똑같이 주의를 기울이는 일은 결정적으로 중요하다. 불확실성을 띠는 사건과 맞닥뜨렸을 때 동전의 한 면만 보는 것은 결과를 우연에 내맡기는 것과 거의 다를 바 없고, 의도한 결과로 인해 애초에 내건 목적 달성이 뒤집어지는 일도 적지 않기 때문이다. 앞에서 말한 대로 이제까지는 상황에 관계없이 대체로 과학기술이 사회에 초래하는 이익이나 자유의 측면이 압도적으로 주목을 받았다.

그렇기 때문에 과학 · 기술 · 사회를 잇는 새로운 지(知)는 무엇보다 과학 · 기술 · 사회의 경계에 정당하지 않은 불이익이나 부자유가 집중적으로 나타나는 특정 장면에서 과학기술이 초래한 한쪽의 이익과 자유가 다른 한쪽의 불이익과 부자유와 서로 연관된 문제의 전체 구조를 명백하게 드러내는 것을 원칙으로 삼아야한다. 사회 상태를 확정하고서 상명하달이 통상적 업무 방식이라면, 이것은 결국 역전달의 원칙이라 부를 수 있을 것이다. 왜 그럴까? 다음 절에서는 과학기술 선용론-악용론의 이분법으로는 잘 보이지 않는 경계인 사고에 주목해 이 원칙의 함의를 더 구체적으로 살펴보고, 이 책이 내건 '지(知)의 실패'가 무엇을 의미하는지 설명한다.

2

'지^체의 실패'란 무엇인가

1912년 4월 14일 오후 11시 40분, 영국 사우샘프턴을 출발해 뉴욕을 향하던 당시 최신형의 최대(4만 6328톤) 여객선 타이태닉호는 시속 22노트로 뉴펀들랜드 해안 40마일 지점을 항해하던 중 전방 450미터 지점에서 거대한 빙산을 발견한다. 곧바로 키를 꺾었지만 관성이 붙은 거대 여객선은 빙산을 피하지 못하고 충돌했고, 다음 날 15일 오전 2시 20분에 침몰했다. 다 아는 바와 같이 이 사고로 승객 2207명과 승무원 1490명이 사망했다(영국 상무청 통계). 이 사고의 전말은 해난 사고의 장르를 넘어 숱한 사람들의 상상력을 자극함으로써 여러 소설과 영화, 일화를 낳았다.

여기에서 굳이 잘 알려진 해난 사고 이야기를 꺼낸 데는 두 가지 상징적인 이유가 있다. 하나는 타이태닉호가 제임스 와트 (James Watt, 1736-1819)의 발명(1769년 특허 취득) 이래 선용(船用) 동력으로서 당시 최고 단계에 도달한 실용 증기기관(고온고압의 다단 팽창 기관)과 찰스 파슨스(Sir Charles A. Parsons, 1854-1931)의 발명(1894년 특허 취득) 이래 선용 동력으로서 새롭게 등장한 실용 증기 터빈을 탑재했는데, 이는 타이태닉호가 신구(新舊) 기술의 분수령에 올라 있었음을 말해 준다는 사실이다. 다시 말해 열효율만 생각하면 증기 터빈을 주 기관으로 삼아야 했지만 새로 등장한 증기 터빈의 신뢰성과 경제성 등의 이유로 1908년부터 구 기술의 증기기관과 조합해 사용하는 절충안을 시행한 것이다. 그런데 대서양 항로를 달리는 거대 선박에 이 절충안을 최초로 시도한 것이 바로 타이태닉호였다. 이때 타이태닉호에 사용한 증기기관과 증기 터빈의 조합 기관은 결국 정착하지 못했고, 신구 기술의 과도기에 등장한 이 기술은 오늘날 그 존재조차 망각의 강 저편으로 사라졌다. 이 과도기의 기술이야말로 타이태닉호 사고의 직접적 원인이라고 말할 생각은 없다(해양 관계 사고라면 역사상 더 중요한 사회적 의미를 지닌 사고가 수없이 많다).[25]

요컨대 사회에는 신구 기술의 과도기에 등장한 기술이 존재한다(골치 아프게도 대부분의 경우 과도기의 기술이었다는 것은 후세에야 알 수 있다). 다만 타이태닉호는 사람들이 알기 쉬운 극적 양상으로 과도기에 발생한 대형 사고를 드러내 주었을 따름이다.

잘 알려진 이 해난 사고를 예로 든 또 하나의 이유는 사고가 일어난 방식이 다른 대형 사고를 이해하는 중요한 실마리를 제공한다는 점이다. 타이태닉호는 빙산과 충돌할 때까지 다른 배로부터 당일 오전 9시부터 오후 11시까지 약 열네 시간 동안 적어도 여섯 번이나 경고를 받았다. 그럼에도 무슨 이유에서인지 경고를 무시했고 결국 빙산과 충돌하고 말았다. 나아가 충돌 직전에 회피 운동을 했음에도 당시 최대의 거대 선박이라는 점이 화근이 되었다. 관성의 힘이 강해서 미처 진로 변경을 하지 못하고 충돌했기 때문이다.[26] 한마디로 대형 사고에는 반드시 전조가 있는데 그것을 결코 가볍게 보아서는 안 된다는 것, 그리고 거대한 기술 시스템은 일단 한 방향으로 내달리기 시작하면 엄청난 관성이 붙어 진로 변경이 힘들어진다는 것, 따라서 때로는 치명적 사고를 당한다는 것을 타이태닉호는 알기 쉽고 극적인 모습으로 보여 주었다.

이 두 가지 점에 주목해 이 절과 다음 절에서는 천재와 인재 사이에서 발생하는 사고의 특성을 살펴보고, 앞 절에서 제시한 역전달 원칙의 함의에 대해 구체적으로 파고듦으로써 '지(知)의 실패'가 의미하는 바를 해명하려고 한다. 우선 신구 기술의 과도기라는 특성은 천재와 인재 사이에서 발생하는 사고의 특성에 대해 무엇을 말해 줄까? 실은 타이태닉호 사고가 일어나기 약 100년 전, 신구 기술의 과도기에 일반인들의 일상생활에 깊이 연관된 사고가 일어났다. 때는 바야흐로 1800년이다. 1769년에 와트가 취득한 분리응결기가 붙은 증기기관의 특히 기한이 만료되었다. 그러자 기다리고 있었다는 듯 많은 기업가와 발명가가 증기기관의 개량에 적극 나섰다. 그중에서도 산업화의 진전과 폭넓은 보급에 있어 중요한 인물은 고압 증기기관을 발명한 리처드 트레비식(Richard Trevithick, 1771-1833)이다(1802년 특허 취득). 그런데 고압 증기기관을 재빠르게 도입한 트레비식의 조국인 영국에서는 바로 사람들 눈앞에서 이해할 수 없는 사고가 빈발했다.

와트 시대의 증기기관은 대개 보일러 압력을 대기압(大氣壓) 정도로 억제해 운전했는데, 트레비식의 고압 증기기관이 등장하자 보일러의 압력이 약 4기압 정도로 한꺼번에 뛰어올랐다. 현재의 지식으로 반추해 보면 그때까지와 비슷한 요소기술(예를 들면 재료)의 개발 체제와 이용 체제로는 조만간 꾸려나갈 수 없는 상황이 된 것이다. 아나나 다를까 중공업 부문을 중심으로 고압 증기기관을 본격적으로 도입하기 시작한 1830년 이후 보일러의 폭발 사고가 자주 일어났다.

통계에 따르면 보일러 사고는 주 평균 약 14회 폭발이 일어나고 약 1.5명이 사망했다. 트레비식이 특허를 취득하고 나서 100여 년 동안 19세기는 보일러 폭발의 세기였음을 알 수 있다. 게다가 고압 증기기관을 생산 공정에 본격 도입하기 시작한 1830년대부터 사망자 수가 급증한다. 특히 그로부터 30년 동안 사망자수가 증가 일로였다가 1860년대에 정점을 찍었다는 사실에 주의를 기울여야 한다. 보일러 설계자로 이름을 날리고 당시 왕립협회(Royal Society) 회원이었던 윌리엄 페어베언(William Fairbairn)은 1864년에 다음과 같이 말하지 않을 수 없었다. "보일러의 건설과 관리를 무지하고 무능한 무리에게 맡겨 보라. 또는 절조가 없는 어리석은 자에게 맡겨 보라. 또는 안전성을 깨닫지 못하고 말로만 떠드는 낯 두꺼운 자에게 맡겨 보라. 죽음과 파괴로 점철될 것이다.···우리는 생명과 재산을 빼앗아 가는 전대미문의 사고 이야기를 얼마나 자주 접하는 것일까? 그리고 두려운 파국이 닥치고 나서야 그 원인에 대해 왈가왈부하며 행차 후 나팔 부는 일이 얼마나 많은가!"[27] 이렇게 사고에 의한 사망자 수가 극적으로 증대하고 있었다. 그런데 왜 이런 상태가 30년 동안이나 계속되었을까? 천재와 인재 사이에서 발생하는 사고의 고전적 특성을 엿볼 수 있는 열쇠가 바로 여기에 있다.

사고 방지책으로 우선 머리에 떠오르는 것은 1844년에 제정한 공장법이다. 공장법에는 공장의 안전규정이 들어 있었지만 보일러의 안전에 대해서는 아무 규정도 없었다. 게다가 법의 적용 범위가 경공업(예를 들어 직물 공장)에 국한될 뿐 고압 증기기관을 본격 도입한 중공업과는 무관했다. 영국의 법 제도 중 검시관제도는 가장 오랜 역사를 자랑한다. 보일러 폭발 사고로 사망자가 나오면 당연히 검시관은 그 원인을 조사하는 권한을 가진다. 하지만 검시관제도를 전제로 한 조사의 실태에 대해 페어베언은 이렇게 기술한다. "사고가 나면 배심원을 임명한다. 배심원은 사고의 성질을 판단하는 데 적합한 인물은 아니다. 어쩌다 검시관이 찾아낼 수 있는 인물이다. 이럴 때 내려지는 판결은 대체로 뜻밖의 죽음, 즉 사고사(accidental death)가 된다." 또 이렇게도 기술한다. "사고사라는 것은 법률적으로는 이치에 맞는 말일지도 모르지만,…다음 사고의 경우에도 문제를 계속 무시해도 된다는 보증서이기도 하다."[28] 그러면 감독 관청은 어땠을까? 원래부터 고압 증기기관의 도입에 따른 보일러의 폭발 사고, 즉 이제까지 경험해 보지 못한 새로운 사건을 둘러싸고 감독 관청은 어떤 책임을 져야 할까? 이를 둘러싸고 1860년대에는 상무청과 내무성 사이에 논쟁이 있었다. 그러나 설명의 책임은 말할 것도 없고 유효한 대책도 나오지 못했다. 그러는 사이 10년 동안 보일러의 폭발 사고 건수는 더욱 늘어나 누계 사망자 수가 사상 최고인 71명(부상

자 926명)을 기록했다.[29]

의회에서도 1869년에야 겨우 초당파 의원단이 보일러 정기점검 법안을 하원에 제출했는데, 이 법안은 같은 해 10월 9일 폐기되었다. 기껏해야 민간 보험회사가 보험 서비스의 일환으로 검사를 실시했을 뿐이다. 예상한 대로 검사를 통해 혹 보일러에서 설계 결함이나 관리 결함을 발견해도 민간 회사에는 개선을 권고할 권한이 없었다. 그 결과 "보일러의 폭발 사고로 인해 다친 노동자를 제외하고는 누구도 불이익을 받지 않는"(보일러 폭발 사고에 관한 의회 특별위원회에서 어느 보일러 제조업자가 한 말, 1870년) 상태, 그러니까 불이익(앞에 쓴 대로 죽음은 그렇게 극단적으로 예외적인 경우가 아니었다)을 당한 당사자를 방치하는 무시무시한 상태가 되었다.[30] 1882년 7월 12일 보일러폭발법이 성립된 이후에야 겨우 이런 상태에 변화가 일어날 싹이 보였다.

이 사례가 천재가 아니라는 것은 명백하지만, 그렇다고 해서 단지 관계자가 의도적으로 방치한 인재라고 단언하기도 어렵다. 문제는 영국 사회가 그때까지 경험해 본 적이 없는 보일러 폭발 사고라는 대량 현상과 맞닥뜨렸을 때, 새로운 사건을 충분히 파악하고 제대로 대책을 마련할 수 있는 구조가 당시 영국 사회에 전혀 존재하지 않았다는 점이다. 과도기의 기술을 낳은 사회 안에는 과도기의 기술이 초래한 사고를 수습해 낼 구조가 아직 마련되지 않았다는 것이다. 앞으로는 천재와 인재의 사이에서 사고를 심각한 사회문제로 증폭시키는 상태를 가리켜 구조재(構造災)가 발생했다고 표현하려 한다(이하 구조재로 약칭). 구조재의 두드러진 특징은 두 가지다. 하나는 눈앞에서 발생한 사고의 책임을 도

대체 어디에 물어야 좋을지 아무도 짐작하지 못한다. 구조재는 천재도 아니고, 금방 식별할 수 있는 인재도 아니다. 과연 구조재란 어떤 것일까? 어디에서도 구조재를 감당할 곳을 찾을 수 없다. 앞에서도 논했듯 법 제도, 전문가, 관료기구, 의회, 민간사회 같은 기존의 여러 관계 주체의 틈으로 사고의 책임 문제가 끼어들어온다는 불명료성이 존재한다. 동시에 책임의 소재를 확정하는 데 실로 80년이나 걸릴 만큼 방대한 시간을 다 써 버려야 한다.

구조재의 또 다른 특징이 있다. 귀책의 소재를 확정하기 위해 방대한 시간이 경과하는 사이에 불이익을 당하는 당사자는 귀책의 소재 확정에 관여하는 주체가 아니라 고압 증기기관을 도입한 생산 공정에서 일하는 일반 노동자들이었다는 점이다. 책임 문제를 잘 들여다볼 수 없는 것은 선례가 없는 불확실한 상황 때문이라고 할 수 있다. 또 불이익을 당한 당사자가 사회적 역학관계에서 불리한 입장에 놓인 일반인들이라는 사실에서 유래한다. 문제를 규정하는 자와 불이익의 당사자가 명확하게 분리된 상황, 다시 말해 현장의 실태를 경시하기 쉬운 상황이라고 할 수 있다. 구조재의 두 가시 특징은 시로 어울려 잘못된 선례를 답습하거나 적재적소의 처치를 자주 빗겨 나감으로써 좋든 싫든 기존의 정형적인 틀(예를 들어 '사고사')로 문제를 덮어 버리게 되는 경향이 강하다. 따라서 구조재는 문제의 해결은커녕 시야에서 문제의 소재를 가려 버린다. 또한 당사자에게는 계속해서 불이익을 안겨 줄 가능성이 높다.

그렇다면 이유야 어떻든 구조재가 하나의 계기가 되어 과학·

기술·사회 계에서 이와 같은 가능성을 실현시킨 상태야말로 이 책이 주장하는 '지(知)의 실패'일 것이다. 문제는 단순한 사고나 재해가 아니다. '지(知)의 실패'는 구조재에서 유래하는 뿌리 깊고 폭넓은 문제를 실시간으로 파악하고자 하는 당사자나 관찰자의 지(知)의 작용이 무척 곤란하기 때문에 발생한다. 그렇기에 본질을 벗어난 인식과 태도와 행동이 과학·기술·사회 계에 초래하는 부정적 결과는 잘못된 인식과 태도와 행동의 총량이 어느 임계점을 넘어갈 때 한꺼번에 증폭됨으로써 지(知) 및 인간과 사회와 환경에 돌이킬 수 없는 비가역적 변화를 산출할 가능성도 남긴다. 과학·기술·사회 계 같은 강한 불확실성을 지닌 복잡한 계(系)의 복원력은 자체적으로 한계가 있을 뿐 아니라 그 한계가 어디쯤인지 누구도 예측할 수 없다. 한마디로 '지(知)의 실패'란 눈에 보이지 않는 구조재에 의해 계속 불이익을 당하는 사람이 생겨나고, 아울러 눈에 보이지 않는 임계점에 이르러 스스로 붕괴할 가능성을 끊임없이 품고 있으며, 과학·기술·사회의 복잡한 상호작용이 섞여 있는 과학·기술·사회 계의 상태를 가리킨다.

'지(知)의 실패'를 이런 것으로 생각한다면, 앞 절에서 제시한 역전달 원칙의 의미는 단지 문제 규정자에게 문제 당사자의 실태를 역전달한다는 데 그치지 않는다. 문제의 소재를 누구의 눈에도 보이지 않게 하는 기존의 정형적인 틀(예를 들어 '사고사')을 뒤집는 데이터(예를 들어 '사고사'에 의해 수십 년 동안 단위기간당 사망자 수가 증가한다는 일관된 경향은 일어날 수 없다 등등)를 계속 축적한다는 것도 의미한다. 바꾸어 말하면, 선례가 존재하지 않는 불확실한 상황에서는 아무리 긍정적 데이터를 가져와도 문제의 소재를 확실하게 제시하기 어렵다. 이에 반해 역전달의 원칙은 부정적 데이터를 확실하게 제시함으로써 적어도 문제의 소재가 다른 데 있다는 점을 똑똑히 분별해 줄 수 있다.

이것은 과학·기술·사회의 경계에 있으면서 선례가 존재하지 않는 불확실한 상황이라면, 진상에 접근하기보다는 반대로 오류를 골라내려는 발상이 훨씬 더 신뢰할 수 있다는 사고방식이다. 과도기의 기술이 초래하는 사고를 구조재라고 파악함으로써 선례가 존재하지 않는 불확실한 상황에서, 역전달의 원칙은 기존의 정형에 들어맞지 않는 과학·기술·사회의 경계에 묻혀 버린 문제 당사자의 실태를 계통적으로 축적하고, 발생 가능한 '지(知)의 실패'를 회피하는 지혜라고도 할 수 있다.

그러면 타이태닉호의 해양 사고가 상징하는 또 하나의 지점을 살펴보자. 말하자면 사고의 조짐을 간과하지 않는 것, 그리고 거대한 과학기술계는 일단 한 방향으로 치닫기 시작하면 커다란 관성이 생겨 진로 변경이 곤란하다는 점은 '지(知)의 실패' 및 역전달의 원칙에 무엇을 시사할까? 이 점에 대해 생각하려면 19세기에 발생한 보일러 폭발 사고보나는 20세기 말에 발생한 현대의 거대 과학기술계를 상징하는 사고를 예로 드는 것이 좀 더 이해하기 쉽다. 19세기의 예는 지나치게 고전적이기 때문에 오늘날 활용하기 어렵다는 말이 아니다. 20세기 말의 사고야말로 어떻게 고전적인 문제가 형태를 바꾸어 계속 발생하고 있는가를 단적으로 제시해 줌으로써 '지(知)의 실패'와 역전달의 원칙이 의미하는 바를 더욱 부각시키는 최상의 예시이기 때문이다.

3
'지^체의 실패'를 계속 산출하는 시스템

1999년 11월 15일, 일본의 우주개발사업단은 자주적 기술 개발로 만든 첫 국산 로켓이라는 기대를 안겨 준 H-Ⅱ로켓 8호기를 다네가지마(種子島) 우주센터에서 쏘아 올렸다. 그러나 궤도 진입은 실패했고, 로켓에 탑재한 다목적 위성과 로켓은 바다로 추락했다. 그후 예정해 놓은 H-Ⅱ로켓 7호기 발사를 중지했고, 나아가 H-Ⅱ로켓의 후속인 H-ⅡA 로켓의 발사를 포함해 각종 발사 스케줄을 1년에서 2년쯤 연기하지 않을 수 없었다. 1982년에 개발을 시작한 이래 거액의 자금을 투하했지만, 1998년 5호기의 발사 실패에 이은 거듭된 발사 실패에 신문 등 매스컴은 오로지 거액의 자금을 낭비했다는 견해만을 전면에 내놓았다.

여기에서 짚어 보고자 하는 논점은 자금 투하의 효율성에 대한 것이 아니다. 확실히 H-Ⅱ로켓은 동등한 성능을 가진 서구의 로켓에 비해 운용 비용이 높다는 점에서 비용을 충분히 고려했는지 여부가 쟁점이 되기는 했다. 그러나 거대 과학기술계를 상징하는 사건으로서 이 사고에서 배워야 할 교훈은 세간의 화제를 몰고 온 비용 쟁점만으로 이야기할 수는 없다. 앞 절에서 언급한 사고의 조짐과 거대 과학기술계가 지닌 관성이라는 논점이야말로 이 문제에 접근하는 열쇠가 된다.

사고의 조짐이라는 측면부터 따져 보자. H-Ⅱ로켓 8호기의 발사가 실패하기까지 H-Ⅱ로켓은 크고 작은 여덟 번의 사고와 발사 스케줄에 영향을 미치는 고장을 일으켰다.

우선 위성의 덮개가 벗겨져 버리는 실수가 두 번이나 반복됐다. 나아가 부품의 설치 위치를 도면에 지시하지 않아 작업자도 그 의미를 인식하지 못했는데, 카운트다운까지 아무도 그 점을 이상하다고 생각하지 않았다. 한마디로 로켓 기술과 그다지 관계가 없는 단순한 실수가 발생한 것이다. 이렇게 볼 때 로켓 기술을 운운하기 전에 아주 기본적인 공정관리, 노무관리, 품질관리에 관한 윤리가 희박했음을 알 수 있다. 게다가 우주개발사업단의 〈H-Ⅱ로켓의 주요 사고/고장에 대한 정리〉(2000년 2월 10일자)에서는 단순 실수('이른바 인위적 실수')를 다음과 같이 정의한다. "① 주로 설계자(부문)의 점검 부족…에 의해 발생한 단순한 실수. 기술적 난이도는 낮은 것. ②주로 제조와 검사 담당의 확인 부족…에 의해 발생한 단순한 실수." 결국 H-Ⅱ로켓 8호기 사고 이전에 제정된 우주개발사업단의 경영 개혁에 대한 행동계획(action plan)은 사고 후 개정되고 개정판 보고서에서는 "신뢰성 향상과 품질 보증의 강화"를 외치고 있다.[31]

여기에는 더욱 중요한 사안이 있다. 사고가 어느 부분에서 발생했느냐는 것이다. 사고의 조짐이라는 관점에서 보면 총론적인 "신뢰성 향상과 품질 보증의 강화"보다는 사고 부위에 더 본질적 의미가 있다. 주지하는 바와 같이 1999년 11월 15일 H-Ⅱ로켓 8호기의 발사 실패 사고는 로켓 연료의 하나인 액체수소를 LE-7이라고 부르는 엔진에 넣는 액체수소 터보 펌프 부근에서 발생했다.

그런데 1994년 2월 2일에 발생한 1호기 최초의 사고로부터 5년이 넘는 기간 동안, 액체수소 터보 펌프 부근에서는 한 번도 사고가 발생하지 않았다. 그렇다면 5년 이상이나 예상하지 못했던 사태가 갑자기 8호기 때 발생한 것일까? 아니면 8호기에만 "신뢰성 향상과 품질 보증의 강화"에 저촉하는 커다란 결함이 갑자기 나타난 것일까?

대답은 둘 다 아니다. 2000년 4월 14일에 공표한 사고조사보고서에 따르면, 8호기의 특수한 조건(예를 들어 가공 오차나 가공 흔적이 최대응력부에 존재하는 우연)이 사고에 관여했다는 것을 알 수 있다. 그러나 8호기의 특수한 조건으로 설명할 수 있는 부분은 사고를 일으킨 파괴력이 27-37퍼센트일 뿐이니, 다시 말해 파괴력의 60-70퍼센트는 액체수소 터보 펌프 부근에서 발생한 어떤 이상으로 돌릴 수밖에 없다.[32] 따라서 커다란 사고에는 조짐이 존재한다는 관점에서 보면, H-Ⅱ로켓 1호기 발사 후 5년이 넘도록 액체수소 터보 펌프 부근의 이상 기록이 한 번도 남아 있지 않은 것은 지극히 부자연스러운 이력으로 보인다.

나아가 H-Ⅱ로켓의 개발 과정으로 거슬러 올라가면 다음과 같은 사실이 새롭게 표면으로 떠오른다. H-Ⅱ로켓은 1호기 발사 이전 개발 초기 단계에서 예기치 못한 불량 상태가 발생해 개발 스케줄이 1년 연장되었다. 8호기 사고보다 10년이나 앞선 1999년에 일어난 일이다. 예기치 못한 불량 상태 두 가지 모두 H-Ⅱ 로켓을 개발하는 데 최대 난점으로 여겨지던 LE-7 엔진과 관련이 있었다. 하나는 엔진의 밸브 여닫힘 시기(valve timing) 및 작동점의 통제 불량이고, 또 하나는 액체수소 터보 펌프의 파손이다. LE-7 엔진은 1987년 6월 출발한 원형예비엔진 단계(연구 단계)에서 개발이 시작되었고, 다음 해인 1988년 4월에 이 단계를 끝내고 같은 해 7월부터 새롭게 원형엔진 단계(개발기초시험 단계)로 들어갔다. 그런데 이 단계에서 LE-7 엔진 연소를 시험 중이던 1989년에 앞에서 말한 두 가지 불량 상태가 발생했다. H-Ⅱ로켓 8호기의 사고 부위였던 액체수소 터보 펌프의 불량은 사고가 일어나기 10년 전에도 똑같이 발생했던 것이다.

물론 액체수소 터보 펌프의 불량도 다양한 양상이 있고, 사고 부위가 10년 전 불량 부위와 똑같다고 해서 둘 사이에 관계가 있다고 판단히는 것은 지나치게 성급하다. 문제는 어떤 의미에서 10년 전 불량을 사고의 조짐으로 볼 수 있느냐 혹은 없느냐에 달렸다.

H-Ⅱ로켓 8호기의 사고는 액체수소 터보 펌프의 파손에 의해 액체수소가 외부로 흘러나오고, 이어 엔진 각 부분이 파손을 일으켜 발생했다. 그러면 액체수소 터보 펌프는 왜 파손되었을까? 아주 단순화해서 말하면 크게 두 가지 요인이 관련되어 있다. 2000년 4월 14일에 공표한 사고조사보고에 따르면, 하나는

순환 공동현상[cavitation, 유체(流體) 안에 진공이 생기는 현상][10]에 의한 터빈 날개의 강제 진동이고, 또 하나는 터빈 날개의 공진(共振)[11]이다. 둘 다 액체수소 터보 펌프의 터빈 날개가 진동에 의해 파손되는 결과로 이어진다. 원래 이 두 가지 요인이 실제로 터빈 날개를 파손시키려면 로켓 비행 중의 압력 변동이 더해져야 한다는 복잡한 양상을 띤다.

그런데 로버트 에드먼드 프루드(Robert Edmund Froude)가 명명한 공동현상은 무려 19세기부터 알려진 고전적 현상이다. 진동에 의한 터빈 날개의 파손도 오늘날에는 진단 소프트웨어가 상품화되었을 만큼(예를 들어 터빈 진동진단 엑스퍼트 시스템 등등) 일상적으로 이미 잘 알려진 현상이다. 게다가 21세기 우주 개발을 담당한 순 국산 로켓의 개발 및 발사 스케줄을 어쩔 수 없이 연기해야 할 만큼 중대한 사고를 일으킨 원인치고는 지나치게 고전적이다. 그러나 태산이 떠나갈 듯 요동쳤어도 결국 뛰쳐나온 것은 쥐 한 마리뿐이었다는 고사처럼, 기본 사안에 대한 생각지도 못한 실수가 대사고의 원인이 되는 법(예를 들어 모양이나 상태에 관한 너무나 기본적인 설계의 실수 및 날개 표면의 미세한 상처)이라고 상투적인 말로 마무리하기에는 아직 이르다. 왜냐하면 만약 공표한 사고조사보고에 나온 현상이 사고에 관여했다면, 현상으로서 이미 잘 알려진 고

---

10 배의 추진기 등의 뒷부분 정압(靜壓)이 물의 증기압보다 낮아져서 생기는 수증기의 거품 또는 그런 현상을 말한다. 추진기의 효율을 떨어뜨리거나 추진기 파괴의 원인이 된다.

11 특정 진동수를 가진 물체가 같은 진동수의 힘이 외부에서 가해질 때 진폭이 커지며 에너지가 증가하는 현상.

전적인 문제가 사고로 이어진다고 보는 시각은 현실적이지 않기 때문이다. 거꾸로 말하면 현상으로서 이미 잘 알려진 고전적인 문제가 사고로 이어지지 않도록 하는 필수적인 실증 데이터를 결여한 채 로켓의 개발과 운용이 이루어졌을 가능성이 있다는 말이다.

이를 증명하듯 2000년 4월 14일 공표한 사고조사보고는 다음과 같이 서술한다. "설계할 때는⋯변동 압력에 공진의 요인이 되는 성분이 있다고 상정하지 않고, 공동현상에서 기인하는 변동 압력은 토출(吐出) 압력의 일정 비율이라고 상정했다." 다시 말해 압력 변동으로 인해 터빈 날개의 공진이 일어날 것을 전혀 상정하지 않았을 뿐 아니라, 공동현상에 의해 일어나는 터빈 날개의 강제 진동의 힘도 그렇게 크지 않을 것이라고 상정했다는 말이다. 여기에서 실증 데이터에 근거하지 않고 상정에 근거해 설계하고 개발했을 가능성이 엿보인다. 그리고 그때의 상정은 사실에 의해 뒤집어졌다는 말이 된다.

물론 설계하고 개발할 시점에는 그러한 상정에 근거가 있다는 실을 붙인다. 이를테면 2000년 4월 14일 공표한 사고조사보고의 인용 부분에 나오는 공동현상에 의한 문제를 기술할 때 다음과 같은 주석을 붙여 놓는다. "LE-7 엔진의 개발 초기에 액체산소 터보 펌프에서는 순환 공동현상이 확실해 설계 변경 등의 대책을 실행했지만, 액체수소 터보 펌프에 대해서는 현재 명확한 점을 발견하지 못했다. 나아가 만일 사고가 발생한다고 해도 액체수소는 저밀도이기 때문에 발생 응력(應力)이 작고⋯축계에 미치는 영향 등은 약소하다고 생각해 특별히 대책을 세우지 않았다." 사고를 일으킨 LE-7 엔진의 연료는 액체산소와 액체수소인데, 액체산소 측의 터보 펌프에서는 개발 초기에 이미 사고 원인의 하나인 순환 공동현상이 발생해 대책을 시행했다는 말이다.

그러면 왜 액체수소 측의 터보 펌프에 대해서는 아무 대책도 시행하지 않았을까? 이유는 두 가지다. 첫째, 개발 단계에서 순환 공동현상이 일어나지 않았기 때문이다. 비록 개발 단계에서 현상이 일어나지 않았어도 감압한 조건에서는(포화 증기압과의 차이가 적어지고 그 차이의 대소는 공동현상 발생과 반비례하기 때문에) 공동현상이 일어나기 쉽다는 것을 충분히 상정할 수 있는데, 현실에서는 이것을 염두에 두지 않았다. 따라서 비행 중의 조건을 충실하게 상정한 순환 공동현상의 실증 데이터도 결여되었을 것이다. 둘째, 만일 순환 공동현상이 발생했다고 해도 그리 큰 문제로 발전하지 않을 것이라고 상정했기 때문이다. 물론 (공동현상은 저밀도에서 발생하기 어렵고, 더구나 앞에서 말한 대로 저밀도의 발생 응력이 작기 때문에 저밀도의 액체수소 측에서) 이런 상정은 합리적이다. 그러나 이런 상정은 오로지 '축계(軸系)에 미치는 영향'만 상정해 이끌어 낸 것이다. 터빈 날개에 미치는 영향은 이런 합리성을 넘어서는 요소였다. 따라서 비행 중의 조건 아래 순환 공동현상이 터빈 날개에 미치는 영향을 상정한 실증 데이터도 결여되었을 것이다.

원래 설계와 개발 시점의 상정이 모든 가능성을 다 점검한 것은 아니다. 하지만 그 상정에 의해 설계와 개발 시점에 얻은 실증 데이터의 범위가 정해진다. H-Ⅱ로켓 8호기 사고의 경우, 놀랍게도 19세기 이래 잘 알려진 공동현상이라는 고전적인 문제가 관련되어 있다. 따라서 설계와 개발 시점에 당연히 이 문제를 상정했음에도 현실에서는 이 문제 때문에 사고가 발생했다. 사고의 전조라는 관점에서 볼 때 이런 사실에서 도출할 수 있는 가능성은 단 하나뿐이다. 현상으로서 잘 알려진 고전적인 문제가 사고로 이어질 조건을 현실적으로 상정하지 않았거나, 아니면 그 상정을 뒷받침할 실증 데이터를 결여한 채 개발을 진행하다 사고가 일어난 다음 그것을 깨달았을 가능성이다. 만약 이것이 사실이라면 이 상태는 대개 일반적으로 기술을 완벽하게 습득하지 못한 것이라고 할 수 있다.

이보다 10년 전, 즉 1989년에 발생한 액체수소 터보 펌프의 파손 사고에 주목해 과연 사실이 어떠했는지 파고들어 살펴보자. 사고의 전조라는 관점에서 볼 때, 문제는 10년 전의 파손 사고가 H-Ⅱ로켓 8호기 사고를 일으킨 하나의 요인인 펌프 터빈 날개의 공진과 관련되어 있느냐 여부다. 10년 전의 파손 사고를 언급한 가장 근래의 문서 중 오늘날 확인할 수 있는 문건은 우주개발사업단이 작성한 〈LE-7 엔진 개발 계획의 재검토에 대해〉(1989년 7월)다. 앞에서 말한 대로 파손 사고에 의해 LE-7 엔진의 개발 스케줄은 1년 연장할 수밖에 없었는데, 그 원인과 대책을 언급한 것이 바로 이 문서다. 이에 따르면 파손의 상태는 매분 4만 3천 회전운동을 한다는 조건에서 액체수소 터보 펌프의 터빈 날개 58개 중 17개에 균열(crack)이 발생했다. 매분 4만 3천 회전운동 조건이란 실제 비행 조건(8호기의 경우 매분 약 4만 1천 회전)과 거의 비슷하다. 개발 과정에서 파손 사고가 아주 심각한 문제였다는 것이 엿보인다. 그러면 무엇이 원인이었을까? 이 문서는 이렇게 말한다. "균열의 발생 원인은 열응력 대책을 위해 중공화(中空

化)한 터빈 움직날개(動翼)의 두툼한 부분(肉厚)이 얇아…공진으로 피로(疲勞)균열이 발생했다." 액체수소는 극저온(마이너스 239.9℃ 이하)에서만 존재한다. 한편 엔진 본체의 운전에 의해 발생하는 고열은 연료 펌프에도 전해졌다. 1989년 7월 이 문서에 첨부된 참고자료에 따르면 액체수소 터보 펌프의 터빈 입구 온도는 700℃ 이상에 달했다.[33]

엔진 본체의 시동과 정지는 적어도 1000℃ 가까운 급격한 온도 변화를 동반하는데, 이것은 커다란 열응력을 낳기 때문에 액체수소 터보 펌프의 정상 작동에 바람직하지 않다. 그래서 이를 회피하기 위해 터빈 날개를 중공화시키고 열응력을 피할 방책을 구했다. 그런데 그것이 터빈 날개의 특성(예를 들어 고유 진동수)을 바꾸어 공진을 낳을 뿐 아니라 중공화에 의해 강도가 내려간 터빈 날개를 파손시켰다. 하나의 문제 해결(이 경우 열응력의 처리)이 생각지도 못한 다른 문제(이 경우 공진)를 낳은 셈이다. 이는 개발 과정에서 종종 관찰할 수 있는 현상이다. 다만 통상적인 현상과 크게 다른 점이 하나 존재한다. 생각지도 못하게 새롭게 직면한 터빈 날개의 공진 문제 자체가 이미 일상적으로 잘 알려진 고전적 현상이라는 점이다. H-Ⅱ로켓 8호기의 사고를 일으킨 요인의 하나인 터빈 날개의 공진이라는 고전적 문제는 이미 10년 전에도 발생했고, 그 때문에 엔진 개발 스케줄이 1년이나 늘어진 바 있다.

물론 공진 문제에도 다양한 양태가 있다. 1989년 7월 상태 불량에 관한 위의 문서 및 참고자료, 나아가 1992년 11월까지 3회에 걸쳐 작성한 상태 불량에 관한 문서와 참고자료를 보는 것만으로는 10년이라는 시간적 격차를 둔 상태 불량과 사고가 동일한 양태의 문제인지 단정할 수 없다.[34] 그런데 이 상태 불량에 대응한 대책을 보면 상태 불량이 H-Ⅱ로켓 8호기 사고의 전조였을 가능성이 높다는 것을 알 수 있다. 그 대책은 터빈 날개를 '중실익(中実翼) 및 중공(中空) 플러스 보강 받침대 이중 구조'라는 다른 형태의 설계로 고치는 것이었다.[35] 이는 형태를 바꿈으로써 공진이 발생하기 쉬운 터빈 날개의 특성을 바꾸고, 나아가 강도도 향상시킨 것을 의미한다. 합리적이고도 견실한 대증요법이다.

그러나 원래의 상태 불량이 발생한 경과를 돌이켜보면, 급격한 온도 변화라는 로켓의 특수한 운전 조건 때문에 일어나는 열의 문제를 회피하고자 진동이라는 고전적 문제가 현실화되는 조건을 만들어 냈다. 다시 말해 진동이라는 고전적 문제가 이미 현상으로 알려져 있었음에도, 로켓의 특수한 운전 조건 아래에서 그것이 문제로 나타날 조건을 상정하는 것이 현실성을 잃었고(또는 전혀 상정하지 않았고), 실증 데이터도 부재한 채 상태 불량이 발생하고 나서야 비로소 문제를 알아챘다. 이는 앞의 H-Ⅱ로켓 8호기 사고에서 읽어 낼 수 있는 문제 발생과 똑같은 형태를 띤다. 결국 동일한 문제냐 아니냐가 아니라 동일한 형태의 문제라는 짐에서 10년 전의 상태 불량은 10년 후의 사고를 암시하는 중요한 전조였다. 만약 상태 불량이 이런 형태로 발생한다는 것을 구조적으로 이해하고 있었다면 어땠을까? 로켓의 특수한 다른 여러 운전 조건(예를 들어 압력 변동 등등)을 종합적으로 살핌으로써 다양한 운전 조건일 경우에 잘 알려진 일련의 현상(예를 들어 공진과 공동 현상 등등)이 문제를 일으킬 조건을 상정했을 것이고, 그에 그치지 않고 이후 10년 동안 실증적인 기초 데이터를 축적해야 한다는 과제를 지속적으로 제기했을 것이다.

그러나 유감스럽게도 현실은 그 반대였다. 우주개발사업단이 공표한 문서와 자료를 통해 확인할 수 있는 한, 10년 전 발생한 액체수소 터보 펌프의 상태 불량이 의미하는 바에 대해 동 사업단이 언급한 것은 H-Ⅱ 로켓 8호기 사고 발생 후 3개월쯤 지난 2000년 2월 1일이었다. 그리고 그 시점에서 10년 전 상태 불량에서 얻은 '교훈'이란 "작동 환경이 힘든 부위는 설계에 여유를 갖고 엔진을 개발하는 것이 중요하다"는 것이었다. 실로 흠잡을 곳 없는 내용이지만, 대증요법을 넘어서서 기초적인 실증 데이터를 축적해야 한다는 과제에 대해서는 아무 언급이 없었다.[36]

결국 문제 발생의 틀을 구조적으로 이해하고 잘 알려진 현상이 문제를 일으킬 조건을 상정하는 것뿐 아니라 기초적 실증 데이터를 계통적으로 축적한다는 사고회로와 행동회로가 아주 희박했던 것이다. 이런 점에서는 10년 전과 별반 변한 바가 없다. 이런 상태가 지속되면 잘 알려진 현상이 문제를 일으킨 뒤에야 대증요법을 차례로 갖다 붙이는 뒤처리형 조치가 재생산될 가능성이 있다. 그럴 가능성을 차단하려면 뒤처리에 급급한 사고회로와 행동회로를 바꾸는 수밖에 없다. 로켓이나 위성의 1회 발사가 우연히 성공(실패)하느냐 마느냐가 문제가 될 수 없다.

'지(知)의 실패' 및 역전달 원칙의 내용을 교정할 실마리는 여기에 있다. 20세기의 추락 사고는 문제와 대증요법의 쳇바퀴 돌기를 재생산하는 뒤처리형의 사고회로와 행동회로로는 '지(知)의 실패'가 풀리지 않는다는 것을 가르쳐 준다. 또한 역전달의 원칙은 문제와 대중요법의 쳇바퀴 돌기를 재생산하는 뒤처리형의 사고회로와 행동회로를 다른 사고회로와 행동회로로 바꾸어야 한다는 것도 가르쳐 준다. 이때 다른 사고회로와 행동회로란 잘 알려진 현상이 문제를 일으킬 조건을 직시하는 기초적 실증 데이터를 계통적으로 축적할 것을 무엇보다 우선시해야 한다는 사고회로와 행동회로를 말한다. 그러면 그런 사고회로와 행동회로로 어떻게 교체가 가능(또는 어떤 의미에서 곤란)할까? 거대 과학기술계는 일단 한 방향으로 내달리기 시작하면 커다란 관성이 붙어 진로 변경이 어려워지는데, 먼저 지적하고 싶었던 하나의 논점이 이 질문에 접근할 창구를 열어 놓는다.

주지하다시피 일본은 구 과학기술청과 구 문부성을 쌍두 지원 기관으로 삼아 우주 개발에 줄곧 거액의 국가 예산을 투입해 왔다. 우주 개발은 원자력이나 해양 개발과 나란히 국책으로 진행하는 전형적인 거대 과학기술이다. 투입 예산만 거액이라는 뜻이 아니다. 국책으로 결정된 각 개발 단계마다 개발 목표와 달성 연도가 처음부터 명확하게 정해져 있다. 그래서 예산 투입이라는 목표 지향 연구의 특징이 강하다. 국제적으로는 군사적인 목표가 압도적 비중을 차지하지만, 일본은 국제지구관측년[12]부터 시작된 과학 관측 또는 통신과 방송을 위한 상업 이용 등의 목표가 중심을 이룬다. 패전 후 군사적인 목적으로 이용할 가능성이 있다는 이유로 연합군 총사령부가 방사성동위원소(우라늄 235)의 분리, 전파기기(예를 들어 레이더)의 개발 등과 더불어 항공우주 분야에 대

---

12 1957년 7월 1일부터 1958년 12월 31일까지 태양의 흑점 활동이 최고였던 시기에 전 세계가 협동해 수행한 지구 물리현상 관측 계획을 말한다.

한 연구도 모조리 금지했다(연합군 총사령부 지령 제47호, 1945년 9월 22일자). 이 때문에 항공우주 개발이 늦어졌고, 오랫동안 어쩔 수 없이 남을 따라잡는 노선을 취해 왔던 것이다.[37]

그 결과 현재 비군사적 목적의 항공우주 개발은 아틀라스, 타이탄, 아리안 로켓을 통해 얼마나 효과적으로 서구를 따라잡느냐, 또 국제 경쟁의 압력과 국제 프로젝트를 비롯한 다양한 수요에 얼마나 재빠르게 부응하느냐를 지상 목표로 삼는 상황선행형 개발계획을 산출해 왔다는 측면을 부정할 수 없다. 이를테면 H-Ⅱ로켓의 액체수소 터보 펌프의 상태 불량이 일으킨 1989년 시점의 우주개발 정책 개요(1989년 6월 28일 개정)는 "자주 기술의 유지, 개발, 효율적인 우주 수송 시스템의 확립을 전제로" 책정되었고, H-Ⅱ로켓의 개발 목표 및 개발 스케줄의 세부까지 요구를 지정했다. 말하자면 "정지(靜止) 궤도 위로 2톤 정도의 발사 및 복수 인공위성 동시 발사"라거나 "1990년대의 물자 발사 수요에 대응함"이라는 식이었다. H-Ⅱ로켓의 개발은 이런 목표와 스케줄을 충실하게 지켜 이루어졌고, 원형엔진 단계에서 발생한 상태 불량 직후 수정한 개발 스케줄에서도 상태 불량 대책을 미처 확정하지 않고 동시 병행으로 엔진만 실기형(實機型) 엔진 시험으로 돌입해 버렸다. 매우 마구잡이로 엉킨 상황이다.

어떤 종류의 공공사업을 방불케 하는 공사 강행형 개발 양상은, 거대 과학기술계가 일단 국책에 따라 개발 목표와 스케줄을 명시하고 내달리기 시작하면, 비록 개발 스케줄을 1년 연장해야 할 만큼의 불량 상태가 발생해도, 당초의 목표와 스케줄을 충실하게 이행하려는 강한 관성이 작용한다는 것을 여실하게 보여 준다. 이런 상황에서 특정의 과학 · 기술 · 사회 계(이 경우 구 과학기술청, 구 문부성, 구 우주개발사업단, 제조회사, 대학 등이 걸쳐 있는 우주개발 관계자 집단) 내부에 있는 당사자에게만 관성의 힘에 저항하라고 요구하고, 사고회로와 행동회로의 교체를 기대하는 것은 사회학적으로 무리일 것이다. 그러한 계의 내부에 몸을 두고 있는 한, 관성의 힘으로 다들 함께 계속 달리는 것이야말로 계의 내부에 있는 당사자가 감당해야 할 직무상 능력이기 때문이다.

거대 과학기술계와 관계를 맺고 있는 이상, 기존의 사고회로와 행동회로를 교체하라고 밀어붙이는 최초의 입력은 적어도 계의 외부, 즉 당사자가 아닌 사람들의 작용을 논리적으로 음미함으로써 이루어질 수밖에 없다. 문제의 당사자인 과학자와 기술자는 보일러 폭발 사고의 경우와 같이 문제의 규정자인 사람들이다. 한마디로 '지(知)의 실패'와 역전달의 원칙에서 볼 때 문제의 당사자와 규정자는 문제의 종류에 따라 서로 바뀔 수 있다.

그렇다면 거대 과학기술계의 과학자와 기술자가 문제의 당사자가 된 경우, 당사자 이외에 문제의 규정자란 대체 어떤 사람들일까? 리스크를 둘러싼 '지(知)의 실패'를 통해 다음 절에서 이 문제에 접근해 보고자 한다.

4

리스크론 비판

'휘그(Whig) 사관'이라는 말을 들어 본 적이 있는지? 이는 과학사 기술에 '과학 혁명'이라는 술어를 도입한 허버트 버터필드(Herbert Butterfield, 1900-1979)가 1931년에 사용한 말로, 후세에 임의로 역사를 서술하는 것은 승리자 사관으로 이어질 수 있는 경향이 있음을 야유한다.[38]

생각해 보면 이런 경향이 역사 서술에만 있는 것은 아니다. 대개 사회에서 사람과 사람의 관계가 생기는 상황에는 늘 이런 경향이 존재한다. 속담에도 '이기면 충신' '뒷북'같이 비슷한 경향을 야유하는 말이 즐비하다. 예컨대 앞에서 규정한 '지(知)의 실패'를 일으킨 상황에서 사안의 와중에 몸을 둔 당사자(예를 들어 과학자, 기술자, 생산 공정의 노동자 등)가 보기에는 일(예를 들어 사고)이 터지고 나서야 뒷전에서 수군대며 마음대로 말할 수 있다고 느낄지도 모른다. 그렇게 느끼는 종류의 비판은 어디에나 적지 않다. 그런 당사자의 느낌이 어떤 임계량을 넘었을 때, 당사자가 과학자이든 기술자이든 생산 공정의 노동자이든 의례적 관심과 무관심, 머릿수 맞추기 등 구조재의 특성을 바꾸는 일 없이 대책이라는 이름으로 일련의 체면 유지책이 나올 수 있다. 그후 이익을 위한 비당사자의 비판과 당사자의 체면 유지책을 재생산하기 위해 시간과 자원을 한없이 낭비할 수 있다는 것도 상상하기 어렵지 않다. 그런 상태가 실현되었을 때 당사자와 비당사자가 함께 속한 과학 · 기술 · 사회 계는 과거의 사건을 통해 학습하는 능력을 잃어버리고, 같은 형태의 '지(知)의 실패'를 계속 양산하리라는 점도 상상하기 어렵지 않다.

'휘그 사관' '이기면 충신' '뒷북' 같은 말이 상징하는 바와 같이, 결과가 좋으면 다 좋다는 사고회로와 행동회로는 과학 · 기술 · 사회의 경계에서 발생한 과거의 사고를 통해 학습한 것을 깡그리 덮어 버린다. 이것은 무시할 수 없는 '지(知)의 실패' 가능성을 암시한다. 이 절에서는 그러한 사고회로와 행동회로가 거꾸로 장래의 사고를 대비하는 장면을 깡그리 덮어 버리는 경우 상정할 수 있는 부시할 수 없는 '지(知)의 실패'를 고찰해 보려 한다. 이를 통해 과학자와 기술자가 문제의 당사자일 경우 문제의 규정자는 도대체 누구일까라는 물음에 접근하고자 한다.

미래를 알기 위해 과거를 알아야 한다는 말을 자주 듣는다. 미래를 알기 위해 현재를 알아야 한다는 말도 자주 듣는다. 둘 다 장래를 예견하기 위한 상투 수단이라 해도 무방하다. 그런데 그렇게 노력해도 실제로 미래를 예견하는 일은 실로 쉽지 않다. 적중하지 못한 예견이나 예상을 빗나간 지침 및 결정은 고금동서를 막론하고 얼마나 흔한가? 리스크도 예외가 아니다. 여기에서 리스크는 우선 과학·기술·사회의 경계에서 발생하는 미래적이고 집합적인 불이익이라고 생각해 주기 바란다.[39] 이 정의에서도 뚜렷하게 나타나듯 리스크에는 불가분하게 미래의 사건에 관한 예견 요소가 들어 있다. 지금부터 현실에서 이런 의미의 리스크에 대처하는 것이 얼마나 곤란한지 상징하는 예를 들어 보겠다.

1996년 2월 미국 정부 환경보호청(Environmental Protection Agency)은 '태산명동서일필'(泰山鳴動鼠一匹, Panic at the Drop of a Rat)이라는 상을 받았다. 수상 대상은 다이옥신 소동에 대한 대처, 상을 준 주체는 기업경쟁협회(Competitiveness Enterprise Institute, 정부 규제에 철두철미 반대하는 원외 단체)였다. 수상 대상인 사건은 1983년으로 거슬러 올라간다. 이 해 인구 2200명의 작은 마을 미주리 주 타임스비치에서는 다이옥신 누출 소동이 일어났다. 사태를 파악한 환경보호청은 주민을 강제 퇴거시켰는데, 기업경쟁협회에 따르면 이때 환경보호청의 대처가 "빛 좋은 개살구처럼 불충분한 과학적 증거에 입각한 정책을 빈번하게 되풀이하는 현상의 뛰어난 상징"이었다는 것이다.[40]

한마디로 리스크에는 불가분하게 미래의 사고에 대한 예견 요소가 들어 있기 때문에 예견이 적중하지 않을 때는 예견에 입각한 리스크 회피 정책이나 행동이 도리어 혼란을 초래하는 수도 있다. 한편 다이옥신뿐 아니라 일반적으로 화학물질의 허용량을 둘러싼 정부 규제를 지지하는 사람들 사이에서는, 예견을 지지하는 충분한 과학적 증거를 찾고 나서 정책입안이나 행동에 나서면 이미 늦기 때문에 리스크에 대처하는 실효성을 거의 기대할 수 없다는 지적도 빈번하게 되풀이되어 왔다. 이런 입장에서는 예견을 지지하는 충분한 과학적 증거를 찾아내지 못한 단계라 해도 사전에 정책이나 행동을 취하는 것이 중요하다는 예방 원칙을 이끌어낸다. 과학적 증거가 먼저냐 규제가 먼저냐는 문제는 화학물질의 허용량뿐 아니라 일반적 환경 리스크를 둘러싼 다양한 쟁점에서 자주 나왔다. 멀게는 19세기 대류권 오존 파괴 문제부터 가까이에는 20세기 GMO 표시 문제에 이르기까지 다양한 쟁점을 드러낸 예가 한둘이 아니다.[41]

리스크를 둘러싼 다양한 쟁점을 관통하는 과학적 증거를 제시하고 예방 원칙에 의해 공적으로 규제하는 것 사이의 대칭적 관계는 과학·기술·사회의 경계에 존재하는 불확실성이 어떤 것인가에 크게 의존한다. 이를테면 과학·기술·사회의 경계에 어떤 불확실성도 존재하지 않는 경우, 두 가지 원칙 사이에 본질적인 대항 관계는 나타날 리 없다. 그럴 경우 문제에 대해 곧바로 과학적 증거를 제시해 흑백을 가리기 위해 공적 규제가 필요하다고 해도, 증거와 규제 사이에 중대한 시차가 발생할 가능성은 무시해도 좋을 만큼 낮을 것이기 때문이다. 반대로 과학·기술·사회의 경계에 커다란 불확실성이 존재하는 경우, 어떤 쟁점이든 의사결정 시점에 과학적 증거를 제시해 흑백을 가리는 일은 드물다.

증거가 먼저냐 규제가 먼저냐는 다툼은 과학·기술·사회의 경계에 있는 불확실성의 정도에 비례해 현실적인 의미가 커지는 리스크의 특수한 문제가 된다. 사실 발전용 원자로 및 폐기물 처리장의 입지를 둘러싼 논쟁도 그렇고, 성층권 오존층의 파괴와 환경호르몬의 발현을 둘러싼 논쟁, 또 증거와 규제 사이의 우선권을 다투는 문제도 그렇다. 즉 과거(또는 현재 진행 중)의 커다란 쟁점은 모두 의사결정 시점에서 과학적 증거에 의해 흑백이 뚜렷이 가려지지 않는 상태, 즉 불확실한 상황에서 무언가를 정하지 않을 수 없을 때가 압도적으로 많다.

그런 상황에서는 불확실성을 얼마나 예상해야 할지 구체적으로 개개의 쟁점에 대해 리스크를 평가하는 것, 나아가 사람들이 얼마나 리스크를 인지하는지 알고 허용 가능한 리스크의 수준을 아는 것이 중요해진다. 사실 미국과학아카데미(National Academy of Sciences)가 1983년에 과거 10년이 넘도록 리스크론 문헌에 관한 유의(有意) 선택 표본조사(54표본)를 했을 때 전체적으로 가장 출현 빈도가 높았던 것이 리스크 평가, 리스크 인지, 허용 가능한 리스크 수준 등 세 가지 논점이었다.[42]

특히 정량적 리스크 평가의 문제는 불확실성의 예견에 직접 관련되는 가장 기본적인 논점으로서 평가 방법의 세련성을 가져왔다. 이를테면 비용-이익 분석의 유추에 입각해 차원을 달리하는 리스크와 이익(benefit)의 비용을 맞추는 조잡한 방법은 동일 기술의 상이한 형태 사이의 리스크를 각 차원마다 비교하는 더욱 세련된 방법으로 이행해 간다. 또 TMI 사고 이후 더 세련된 세부로 오늘날에도 대사고의 리스크를 평가할 때 사용하는 사건수(event tree)분석법이나 결함수(fault tree)분석법을 개발하고 개량하기도 한다. 이렇게 세련된 방법은 이용법에 따라 부분적으로 유용성을 발휘한다(예를 들어 발전용 원자로의 형태별 리스크의 비교를 가능하게 한 것, H-Ⅱ로켓의 8호기 사고에서는 결함수분석법으로 사고 원인을 추정한 것 등).

그러나 불확실성을 예상한다는 관점에서 보면, 비록 방법의 세련성과 부분적 유용성을 인정한다고 해도 정량적 리스크 평가에는 한계가 있다. 가장 본질적인 한계는 이런 평가 방법이 확률론을 전제로 삼는 데 비해 현실에서는 확률론의 전제가 충족되지 않기 때문이다. 예컨대 확률을 계산할 수 있는 것은 요소 현상의 집합에 의해 전체 현상을 전부 망라할 수 있다고 믿는 경우뿐이다. 리스크를 구성하는 경우의 수를 사전에 결정할 수 있을 때에만 리스크를 정량적으로 평가할 수 있는데, 현실에서는 리스크를 구성하는 경우의 수를 사전에 결정할 수 없다(사전에 결정할 수 있다면 그 순간 상정하지도 않았던 경우가 사고로 이어질 뿐 아니라 사후 그것을 처음 깨닫는 일이 종종 벌어진다). 이는 더 많은 경험을 축적함으로써 점진적으로 신뢰성을 개선한다는 사정(예를 들어 경험 데이터의 축적에 의해 통계적 추정이 정치해지는 것)과는 좀 결이 다르다. 오히려 확률론의 전제와 리스크 현상의 특성이 일정 한도 이상으로는 친화적이지 않다는 것을 암시한다(이때 확률 계산의 절대치에는 그다지 의미가 없고, 계산의 결과는 동일한 절차에 의해 목수의 다른 리스크를 비교하기 위한 눈금이라고 보는 것이 현명하다).

생각해 보면 인간의 상호행위가 관여하는 사회현상의 대부분은 이러한 특성을 지닌다(이런 의미에서 과학·기술·사회의 경계에 존재하는 불확실성은 인문사회계 학문과 친화성이 크다). 나아가 정량적 리스크 평가는 지극히 자의적인 가정과 대입에 의해 얻을 수 있는 여러 다양한 측정 결과에 의존하는 경우가 종종 있다(예를 들어 직접 관측할 수 없는 미래의 매개변수 실분포가 정규분포나 이항분포 같은 기존의 분포형에 의해 접근 가능하다는 가정 등등).[43] 덧붙여 만약 그러한 개개의 측정 오차에는 눈을 감는다고 해도 개개의 측정 오차가 서로 얽혀 증폭되어 전체적으로 무의미한 결과를 낳는 경우도 적지 않다 (예를 들어 측정 결과와 측정 오차가 동일한 자릿수를 갖는 경우).

이렇게 보면 정량적 리스크 평가가 과학 · 기술 · 사회의 경계에 존재하는 불확실성을 둘러싼 논점에 대해 과학적 증거로 매듭을 짓고 리스크에 대해 사전에 실효성 있는 의사결정이 이루어지는 상태는 현실과 거리가 멀다는 것을 알 수 있다. 리스크에 대한 사전의 실효성 있는 의사결정을 위해 과학 · 기술 · 사회의 경계에 존재하는 불확실성은 반드시 줄어들어야 하는데, 불확실성은 과학에 의해 충분히 줄어들지 않는다(미국과학아카데미가 1983년 리스크론의 선행 연구조사를 한 이래 20년 가까이 경과한 오늘날에도 이 상태는 조금도 변하지 않았다). 어떻게 하면 좋을까? 앞으로 이 상태가 점진적으로 개선되는 것이 아니라 도리어 리스크 현상의 특성에 내재하는 한계라고 보는 관점을 글자 그대로 엄격하게 받아들인다면, 여기에서 도출되는 의사결정을 위한 지침은 하나밖에 없다. 불확실성이 과학에 의해 충분히 줄어들기 않는 시점에 이떤 의사결정을 해야 한다면, 불확실성을 껴안은 채 의사결정의 실마리를 과학의 바깥에서 구한다는 방향이다.

이것은 가능한 만큼 과학에 의해 불확실성을 감소시키고, 그럼에도 남는 불확실성은 과학을 넘어선 다른 것을 통해 사전에 리스크에 관한 실효성 있는 의사를 결정한다는 사고방식이다. 원래 과학을 넘어선 분야는 반드시 일괄적이지 않다. 새로운 사고

방식에 입각한다면 적어도 두 가지 기준을 충족시킬 필요가 있다. 첫째, 과학적 증거나 계산 결과 이외의 조치를 통해 납득함으로써 의사결정을 가능하게 한다. 둘째, 의사를 결정할 때 과학자나 기술자가 아닌 다른 사람의 참여를 가능하게 한다. 첫째 기준은 의사결정의 근거를 제공하는 지적 절차로서, 둘째 기준은 의사 결정에 참가하는 인간 유형으로서, 둘 다 사회를 향해 과학기술을 개방하는 지침이라고 할 수 있다. 이것을 개방형 치침이라고 부르기로 하자. 아주 단순하게 말하면 전문가(집단)의 지식과 전문가(집단)를 넘어선 지혜 양쪽에 의한 리스크에 관한 사전 의사결정을 지향한다는 지침이다.

이런 식으로 개방형 지침을 정의하면 그 안에 포섭되는 예가 적지 않다. 미국국가연구위원회(National Research Council)의 위험성결정위원회는 1996년에 〈리스크의 이해〉라는 보고서를 발표했다. 이 보고서는 리스크론 가운데 커다란 위치를 점해 온 정량적 리스크 평가가 아니라 리스크의 특성을 묘사한다. 이것은 이 보고서가 개방형 지침을 따르고 있음을 상징한다. 리스크 특성 묘사란 다음과 같은 것을 의미하기 때문이다. "의사결정 주체 및 다른 관계 주체의 이해와 요구에 관한 사고의 종합적·요약적 정보. 리스크 특성 묘사, 즉 위험성 결정은 의사결정을 위한 준비 행위이며 그 내용은 반복해 시행하는 분석-검토 과정에 의존한다."[44)]

이때 개방형 지침을 성립시키는 앞의 두 가지 기준을 단적으로 엿볼 수 있다. 첫째 기준을 보면, 특정한 전문 분야에서 개발한 이론이나 방법을 적용해 얻을 수 있는 '분석'과 아울러 쟁점을 제기하고 집합적으로 토의하며 의견을 교환하는 모든 과정을 의미하는 '토의'(예를 들어 공청회, 시민 패널, 토론회, 시민회의, 배심, 여론조사 등을 활용)의 위상을 나란히 중시한다. 둘째 기준을 보면, 과학자, 기술자, 관료 등으로 이루어진 의사결정 주체와 함께 '사고, 리스크 특성 묘사, 리스크를 둘러싼 어떤 결정의 결과로 이익이나 불이익을 얻는 개인, 집단, 조직'을 포함한 과학자, 기술자, 관료 이외의 광범위한 관계 주체의 위상을 나란히 중시한다. 그리고 광범위한 관계 주체가 누구인가는 다음과 같은 질문의 대답을 통해 정의할 수 있다.[45)]

- 유용한 정보나 전문 지식을 누가 갖고 있나?
- 이전에 비슷한 리스크 상황에 휘말린 건 누구인가?
- 이전에 비슷한 의사결정에 참여하고 싶어 한 이는 누구인가?
- 리스크 특성 묘사에 의해 불이익을 당하는 것은 누구인가?
- 리스크 특성 묘사에 의해 불이익을 당하면서도 그것을 알지 못하는 이는 누구인가?
- 참여자가 되지 못한 것에 대해 화를 내도 무리가 아닌 이는 누구인가?

여기에는 리스크를 둘러싼 의사결정의 수단으로서 전문가(집단) 이외에 광범위한 사람들의 참여를 활용하는 태도가 잘 나타나 있다. 이제까지 전문가(집단) 이외의 사람들이 리스크를 둘러싼 쟁점에 등장하는 장면은 대부분 과거의 사고 원인을 규명하기 위해 사후 인적 인자를 논의하는 것이었다. 지금은 시간이 거꾸로 흘러 전문가(집단) 이외의 사람들이 미래의 리스크를 둘러싸고 사전 의사결정에 참여자로서 등장한다. 개방형 지침을 불확실성에 대처하는 방법으로 본다면, 이른바 비전문가가 등장하는 장면이 이렇게 사후에서 사전으로 극적 변화한 데는 암묵적으로 두가지 주의해야 할 문제가 깔려 있다. 하나는 개방형 지침 아래 추진하는 비전문가 참여형 프로그램의 리스크 특성 묘사는 전문가(집단)의 지식 생산이라는 기존의 의미로 볼 때 이미 과학이 아니다. 그것은 심원한 전문지식과 양식 있는 지혜의 훌륭한 결합이될 수도 있지만, 자잘한 것까지 간섭하는 편협한 마음과 약삭빠른 이미지 조작이 빚어낸 타협의 산물도 될 수 있다. 그러한 개개상황의 이질적 요소의 조합에 모든 것을 맡기는 유동적인 운영에대해 일률적으로 리스크 과학이라는 딱지를 붙여 버리는 것은 말뜻의 모순일 뿐 아니라 과학·기술·사회의 경계에 나타나는 불확실성에 충분하게 대처할 수 없다는 본질적 문제를 은폐해 버릴염려가 있다.

또 하나는 리스크를 둘러싼 의사결정의 단계부터 비전문가를참여시기는 방법이 의사결정의 결과에 대한 책임을 면할 인간을매우 감소시키는 효과를 낸다. 다시 말해 의사결정의 결과가 어떤 식으로 끝나든지 그 책임을 전문가(집단)에게만 돌리기는 어렵다. 의사결정에 참여한 전문가(집단) 이외의 광범위한 비전문가도응분의 책임을 져야 한다는 것은 틀림없는 사실이다.

대체로 의사결정의 참여자 폭을 넓히면 책임의 소재가 애매해진다. 그런데 이 현상은 입장에 따라 다른 의미를 띤다. 종래에오로지 의사결정을 맡아 온 전문가로서는 의사결정의 참여자 폭

을 넓힐수록 결과에 대한 책임 부담이 줄어든다. 다른 한편 새로
의사결정에 참여하는 비전문가는 경우에 따라 참여와 논쟁에 의
한 결과에 응분의 책임을 진다는 것을 의미한다. 개방형 지침 아
래 추진한 비전문가 참여형 프로그램의 의사결정으로 불확실성
에 미처 대처할 수 없는 부분이 남을 경우 정보의 공개 등 절차에
하자가 없다면, 전문가(집단) 이외의 광범위한 사람들은 그 결과
발생하는 리스크를 사실상 자신의 책임으로 받아들인다는 것을
의미한다.

　이렇듯 리스크를 둘러싼 의사결정은 리스크에 포함된 불확실
성이 크면 클수록 전문가(집단)의 전결(專決) 사항에서 과학·기술
·사회 계의 집합적 의사결정에 맡겨지는 경향으로 변화한다. 그
렇기 때문에 거대 과학기술계에서 전형적으로 볼 수 있듯 과학자
와 기술자가 당사자가 되어 커다란 불확실성을 떠안고 있을 때,
문제의 규정자는 앞으로 점점 다양화되고 익명화될 것이다. 집합
적 의사결정에 등장하는 문제의 규정자는 특정 분야의 전문지식
이나 관심으로 식별할 수 있는 특정한 누군가보다는 거꾸로 다
양한 입장과 관심, 이해관계를 상징하는 다수의 일원이어야 집합
적 의사결정의 참여자로서 바람직하기 때문이다. 나아가 일반적
으로 집합적 의사결정에 참여하는 구성원이 늘어나면 늘어날수
록 결정은 합성과 집계라는 조작을 거쳐 얻어지기 때문에 결과를
내다보는 책임을 특정 개인이나 특정 집단으로 돌리기가 점점 더
어려워지기 때문이기도 하다.[46]

　이리하여 다양한 익명의 누군가가 리스크를 둘러싼 의사결정
에 참여하는 상황에서는 불확실성 때문에 의사결정의 결과가 애

초 예상을 훨씬 벗어나 몇 세대 이후까지 미치는 경우(예를 들어 유전 정보 차원의 영향), 그 결과에 누가 책임을 져야 하느냐는 문제는 의사결정자가 오직 전문가(집단)였던 고전적인 상황과는 비교할 바 없이 대답하기 곤란해진다. 물론 리스크를 둘러싼 의사결정의 모든 참여자가 동등한 영향력을 행사하는 것은 아니다. 행사한 영향력에 따라 책임을 배분하는 방법을 생각할 수 있을지도 모른다. 그러나 문제는 책임 배분의 방법을 넘어선다. 의사결정이나 책임 분배를 위한 방법이라는 차원을 뛰어넘어 이 새로운 상황에서는 폐쇄적인 전문가(집단)의 술수(예를 들어 음모, 책략, 정치적 아전인수)에만 모든 것을 귀착시키는 고전적 화법이 진부해진다[그에 따라 전문가(집단)-비전문가라는 이분법적 대립을 전제한 문제 설정도 현실적으로는 거의 의미를 잃을 것이다]. 어디에 속한 누구라고 하든 사실상 인간이 무한 책임을 지는 것이 가능할까? 또는 무한 책임을 져야 할까? 이제까지 이 질문은 제대로 던져지지 않았다. 그러나 이것은 리스크를 둘러싼 '지(知)의 실패'로 이어지는 가장 본질적인 문제 중 하나다.

이 장에서 논의한 내용을 다음 세 가지로 정리할 수 있다.

①과학기술 선용론-악용론은 과학·기술·사회의 경계를 덮어 버리는 가장 고전적이고 대중적인 동시에 직관에도 합치하는 사고방식이다. 그런데 과학기술 선용론-악용론의 이분법으로는 파악할 수 없지만 과학·기술·사회의 경계가 지닌 성질을 알기 위해 가장 중요한 경우가 존재한다. 그것은 비교 친재도 인세노 아닌 구조재가 발생하는 경우다. 구조재는 선례가 존재하지 않는 불확실한 상황에서 발생하고, 문제를 수용할 기반이 존재하지 않으며, 문제의 당사자와 규정자가 현저하게 분리된 사고나 재해를 가리킨다. 구조재가 당사자에게 불이익을 계속 가져다주는데도 문제의 해결은커녕 문제의 소재가 누구에게도 보이지 않도록 만들어 버리는 경우를 '지(知)의 실패'라고 정의한다.

②'지(知)의 실패'가 발생할 경우 역전달의 원칙에 따라야 한다. 역전달의 원칙이란 과학·기술·사회의 경계에서 부당한 불이익과 부자유가 집중적으로 나타나는 특정 장면에서 한편의 불이익과 부자유, 다른 한편의 불이익과 부자유가 표리를 이루는 과학·기술·사회 계의 상태를 모든 사람 앞에 명백하게 드러내는 원칙을 가리킨다. 역전달의 원칙에는 세 가지 함의가 있다. 첫째, 불확실성이 존재하는 상황에서는 긍정적 데이터에 의해 문제의 소재를 입증하기보다 과학기술과 사회에 대한 고정관념을 뒤집어엎는 부정적 데이터를 축적함으로써 고정관념이 규정하는 문제의 오류를 선별하는 쪽이 신뢰성이 높다. 둘째, 불확실성이 존재하는 상황에서는 문제와 대증요법의 반복을 재생산하는 뒤처리형의 사고회로와 행동회로를 끊어 내고 다른 사고회로와 행동회로로 이행하는 것이 불가결하다. 셋째, 사고회로와 행동회로의 교체에 관여하는 문제의 당사자와 규정자는 문제의 종류에 따라 바뀔 수 있다.

③리스크가 강한 불확실성을 동반할 경우, 리스크에 대처하는 외사결정의 장면에서는 개방형 지침을 채용할 가능성이 높다. 개방형 지침이란 전문가(집단)에 의해 최대한 불확실성을 줄이고, 그럼에도 불확실성이 남는 리스크에 대해서는 전문가(집단)를 뛰어넘는 광범위한 비전문가의 참여에 의해 사전에 의사결정을 한다는 지침을 가리킨다. 개방형 지침은 전문가(집단)를 넘어서는 광범위한 사람들이 다양화하고 익명화하는 경향을 띤다. 이 지침에 의한 의사결정에서 '지(知)의 실패'에 관련된 가장 본질적인 문제는 전문가(집단)이든, 다양화되고 익명화된 비전문가이든, 불확

실한 리스크에 대한 여러 주체의 집합적 의사결정이 결과적으로 무한 책임을 발생시킬 수 있다는 것이다.

이런 결론은 이 책 전체가 다루는 문제의 윤곽을 뚜렷하게 부각시키기 위해 일부러 여러 입장(과학기술 선용론-악용론, 리스크론)이나 재료(19세기에 발생한 고전적 폭발 사고, 20세기 말에 발생한 현대의 거대 과학기술을 상징하는 추락사고)를 음미해 얻은 잠정적 의견이다. 또한 다양한 사고나 리스크의 문제를 파고들어 '지(知)의 실패'를 언급해 온 것에서 알 수 있듯, 이 책은 과학기술 선용론-악용론이라는 이분법으로는 규명하기 힘든 부분, 즉 과학·기술·사회의 경계에 깃든 그림자 부분에 주목해 문제의 윤곽을 그려 내고 있다. 과학·기술·사회의 경계에 빛의 부분이 없다는 말이 아니다. 과학기술 선용론-악용론에서는 경계 사례에 해당하는, 또 통상적으로 우리의 눈에 보이는 과학·기술·사회의 경계에서는 그림자에 해당하는 극단적인 부분의 특성을 자세히 살펴 접근하는 것이 도리어 과학·기술·사회 계의 빛과 그림자가 표리를 이루는 구조를 훨씬 알기 쉽게 해 준다고 생각한다.[47]

과학·기술·사회의 경계에 있는 빛과 그림자는 표리일체를 이룬다는 이른바 수사(修辭)의 영역을 넘어, 과학·기술·사회의 경계에 존재하는 빛의 부분과 그림자의 부분이 서로 어떻게 구조적으로 이어짐으로써 과학·기술·사회 계를 존속, 변화, 쇠퇴시키고 있는가? 이것이 '지(知)의 실패'와 사회를 둘러싼 앞으로의 기술, 분석, 제언, 전망의 초점이 될 것이다. '지(知)의 실패'를 정식화하기 위해 이 장에서 새롭게 도입한 구조재, 역전달의 원칙, 개방형 지침은 그러한 초점을 위해 짜 놓은 세 개의 키워드다. 과연 이런 키워드에 의해 '지(知)의 실패'를 표현한다면, 과학기술이 사회의 문제가 된 까닭에 대해 어떻게 대답할 수 있고 또 어떤 문제의 지평과 해법을 전망할 수 있을까?

제2장에서는 '지(知)의 실패'를 과학기술 정책에 의해 다시 파악하고, 과학기술기본법 이후 과학기술 정책을 둘러싼 담론을 통해 문제의 전체 구조를 구체적으로 표현하고자 한다. 과학기술 정책은 재정 적자의 개선과 경기 대책의 관계와 닮은 순환론에 빠진 채 정책의 정당성과 실효성을 묻는 꽉 막힌 상태에 처해 있다. 이 책은 그 상태를 벗어나 과학기술의 사회문제를 해명하고 해법을 전망하는 새로운 틀을 제시한다. 어찌 해 볼 도리가 없는 단일한 과학기술 정책의 사건을 다룰 경우 빈번하게 고정관념을 활용한다. 새로운 틀의 실마리는 바로 그 고정관념의 종류에서 찾을 수 있다.

2

과학기술 정책의 딜레마

0

들어가는 말

과학기술에 관한 정책은 누가 만들까? 과학기술을 진흥하는 것이 국가 과제로 설정된 19세기 이후부터는 국가가 만든다고 되어 있다. 그러나 과학기술에 관한 정책이라고 해도 과학이나 기술 분야는 세분화의 일로를 걷고, 세분된 각각의 영역은 하루가 다르게 변화해 제1장에서 살펴본 바와 같이 사회와 복잡한 상호작용을 일으킨다. 따라서 정책을 세우고 실행하려면 특히 전문 감식안이 필요한데, 여기에는 크게 두 가지 요소가 있다. 하나는 과학이나 기술의 각 영역에서 매일 새로워지는 방향을 알아보는 판단력이고, 또 하나는 과학이나 기술의 변화와 사회의 복잡한 상호작용을 알아보는 판단력이다.

과학과 기술이 새로워지는 방향을 알아보는 적임자로는 현실적으로 각 영역의 새로움을 체현하는 과학자와 기술자를 들 수 있다. 그러나 현역 과학자와 기술자는 주어진 일거리 외의 것에 시간을 할애할 여유가 별로 없다. 또한 1장에서 서술했듯 과학과 기술의 변화와 사회의 복잡한 상호작용을 알아보는 시도는 이제 막 궤도에 올랐을 뿐이다. 금방 알아볼 만한 적임자를 찾아내기도 어렵다는 말이다. 따라서 공적인 자리에서 사회적 발언을 할 기회가 많은 이른바 학식 경험자(또는 유식자)라 불리는 이들이 그런 책무를 맡는 일이 많다. 한마디로 과학기술 정책을 세우는 임무에는 비교적 직무에 시달리지 않는 여유로운 과학자와 기술자를 포함해 학식 경험자(또는 유식자)가 많이 관여한다.

이때 정반대의 두 가지 효과가 나타난다. 한편으로 과학과 기술 영역의 변화에 관심을 기울이는 학식 경험자는 주로 각 영역에 투입한 자금이 충분하지 않다거나 자금의 효율적 운영을 방해하는 규제를 철폐하라고 주장한다(예산 총액의 증액과 규제 철폐). 다른 한편으로 과학과 기술의 변화와 사회의 복잡한 상호작용에 관심을 기울이는 학식 경험자는 주로 과학과 기술의 각 영역을 지원하는 자금의 중점 투입을 주장하거나 사회가 과학과 기술의 변화를 통제하는 규제를 설정해야 한다고 역설한다(재정 부담을 경감하는 것으로 이어지는 예산의 중점 분배와 규제 도입). 그 결과 과학기술에 관한 현실 정책은 이 두 가지 효과를 합성한 애매모호한 내용이 되기 쉽다. 결국 정반대의 효과를 지닌 두 가지 목소리(총액 증액과 규제 철폐를 외치는 목소리, 중점 분배와 규제 도입을 외치는 목소리) 사이의 이해 조정, 즉 목소리가 큰 쪽의 이익을 실현하는 것으로 정책을 완료하는 경우가 많다.

과학·기술·사회가 예정조화의 관계에 있다면, 여기에는 관계자의 고통 분담이라는 고전적 의미의 정당성이 있을지도 모른다. 그러나 1장에서 제시했듯 과학 · 기술 · 사회가 반드시 예정조화의 관계가 아닐 때, 특히 이 책이 조준하는 '지(知)의 실패'가 잠재되어 있을 때, 그러한 경과를 통해 과학기술에 관한 정책 입안과 실행 과정의 정당성을 찾아내기는 곤란하다. 왜냐하면 무엇을 정책의 목표로 삼고 또 무엇을 정책의 수단으로 삼았는지, 그 결과 어떤 상태를 실현했는지(또는 실현하지 못했는지) 사이의 일관성이 불투명해 정책 입안과 실행에 대한 책임 소재가 아주 불명료하기(아무리 해도 평가할 수 없는 여지를 남기기) 때문이다. 이를테면 각 현장에서는 연구에 몰두하는 핵심 과학자와 기술자, 나아가 인문사회계의 연구자에게 한편으로는 강한 규제를 강요하고 다른 한편으로는 극심한 생존경쟁을 강요하는 식으로 인적 자원을 낭비한다. 그 결과 과학기술과 무관한 곳에서 묵묵히 자기 일에 종사하는 사람들은 과학기술에 대한 소중한 신뢰를 잃어버릴지도 모른다.

무엇보다 문제는 과학기술에 관한 정책을 입안하고 실행하는 데 실제로 고도의 전문적 판단이 요구됨에도 그 판단을 체현할 감식안이 제대로 활용되지 않고, 정책의 입안과 실행의 과정이 오직 관계 주체의 이해관계를 조정하는 쪽으로 흘러가는 경향이다. '지(知)의 실패'가 상징하듯 과학 · 기술 · 사회가 예정조화의 관계가 아닌 경우, 과학 · 기술 · 사회라는 이질적인 것들이 공존하는 양상을 알지 못한 채 관계 주체의 이해관계 조정으로만 일관한다면 과학 · 기술 · 사회 계 자체의 존속이 위협받을 수도 있다.

이 장에서는 이런 인식을 바탕으로 과학, 기술 사회의 경계에 주목해 과학 · 기술 · 사회가 공존하는 양상을 고찰함으로써 과학기술 정책에 접근하고자 한다. 과학 · 기술 · 사회의 경계에 주목한다는 말은 경계를 초월한 이해를 바탕으로 과학 · 기술 · 사회가 공존한다는 뜻이 아니다. 일찍부터 오해를 바탕으로 공존이 가능해진 경우도 알려져 있다. 이를테면 형식주의에 의한 평가(예를 들어 논문을 '몇 편 썼다는 식으로 양적으로만 평가하고 질이나 기타 요인은 주먹구구식으로 평가하는' 기관 평가 내지 거의 읽히지도 않는 논문을 써 내는, 평가만을 위한 개인 평가 등등)는 오해를 바탕으로 공존의 가능성을 상징하는 예로 떠올릴 만하다.[1] 따라서 아주 자연스럽게 사회의 구성원이 과학자와 기술자의 성과를 일률적으로 형식주의에 의해 평가하는 것은 결국 양적으로만 가치를 평가하는 것이라는 아름다운 오해에 이를 수 있다. 다소 품을 들인 양적 평가(예를 들면 인용 횟수 등등)를 비롯해 양적 가치평가에 따라다니는 오해를 풀고자 하는 목소리는 끊이지 않는다. 그럼에도 과문한 탓인지 형식주의적 평가가 불합리하다는 소리도, 오해에 의해 과학 · 기술 · 사회의 공존이 위태로워진다는 이야기도 듣지 못했다.

과학 · 기술 · 사회의 경계는 일면 오해도 시를 차 있고, 오해에 근거해서만 서로 공존한다는 말을 하려는 것이 아니다. 요컨대 과학 · 기술 · 사회의 경계를 초월한 상호 이해와 마찬가지로 상호 오해에 의해서도 과학 · 기술 · 사회의 공존이 성립한다는 것은 사실에 비추어 보더라도 무리가 없다. 이것이 이 장에서 과학 · 기술 · 사회의 경계를 생각할 때 취하는 시각이다. 그러면 이 시각에 의해 과학 · 기술 · 사회의 경계를 어떻게 파악할 수 있을까? 그것에 의해 과학 · 기술 · 사회가 공존하는 양상을 어떻게 이해하고, 과학기술 정책에 관한 어떤 과제를 전망할 수 있을까?

이들 문제에 대해서는 다음과 같은 순서로 답하고자 한다. 우선 과학 · 기술 · 사회의 경계에 걸친 사건을 파악하고자 할 때 기존의 지(知)의 빈틈에 빠져 버리는 상황을 제시하고, 과학 · 기술 · 사회의 경계에서 발생하는 수많은 사건을 이해할 때 상정할 수 있는 전형적인 입장을 제시한다(1절). 현실에서는 놀랍게도 입장이나 쟁점을 불문하고 지(知)의 빈틈을 메우는 과학기술결정론과 사회결정론이라는 한 쌍의 판단이 자유자재로 구사되는 상황을 제시한다. 이를 위해 독자적으로 개발한 방법(STS 매트릭스)으로 과학기술 정책에 관여하는 담론을 시험적으로 행함으로써 분석한다(2절). 그런 상황이 과학기술결정론과 사회결정론 사이의 순환론 구조를 내부에 떠안음으로써 정책의 유효성과 정당성을 훼손시킬 수 있음을 제시한다(3절). 그러한 순환론을 떠안은 상태에서 탈출하려면 과학기술 복합체와 사회의 상호작용을 파악하는 새로운 틀이 불가결함을 주장하고, 새로운 틀의 함의를 서술한다(4절). 전체의 논의를 통해 '지(知)의 실패'를 피할 실마리를 제시한다(맺음말).

1

지^知의 빈틈을 어떻게 볼까

'지(知)의 빈틈'이라고 하면 이과와 문과라는 이분법을 떠올리는 경향이 적지 않다. 학교 교육에서도 사람들은 대부분 고등학교(빠르면 중학교)에서 이과와 문과 중 진로를 선택하고, 그 후에는 서로의 세계를 모른 채 지내는 경우가 많다(연구자의 삶이라고 해서 다른 선택이 있는 것은 아니다). 그래서 우선은 이과와 문과라는 이분법을 실마리로 지(知)의 빈틈에 접근해 보려고 한다.

비근한 예로 연구자가 문부과학성 과학연구비를 신청하는 경우를 떠올려 보자. 우선 이과와 문과로 나누고, 그다음 법학·경제학·이학·공학·농학·의학 등 저 옛날 제국대학의 학부 편성을 방불케 하는 학부로 나누고, 그 속에서 각 부(部) 안의 분과, 또 각 분과 안의 세부 항목을 정하는 방식이 이어진다. 물론 복합 영역이 존재하지만 다른 부와 통일하지 못해 결국 이과와 문

과로 나눠 신청하는 일이 비일비재하다[예로서 내가 몸담은 과학기술
사회학의 경우 문과 출신자는 문학부의 심리학·사회학·교육학·문화인류학으
로, 이과 출신자는 복합영역 학부인 과학기술사(과학기술사회학·과학기술기초
론)로 신청할 때가 많다]. 그 결과 같은 주제인데도 이과와 문과의 상
이한 기준으로 심사가 이루어진다. 학회 연합체인 일본학술회의
에서도 제1부(문학), 제2부(법학), 제3부(경제학), 제4부(이학), 제5부
(공학), 제6부(농학), 제7부(의학) 등 각 부마다 연구연락위원회 등
을 가동한다. 그래서 주제가 밀접하게 연관되어 있어도 이과 연
구자가 문과위원회에, 문과 연구자가 이과위원회에 일상적으로
참가하는 기회는 제한적이고, 적임자를 활용하지 못하는 경우도
많다.

이과와 문과의 이분법은 학술 행정의 가장 기본 분류다. 이 분
류를 별 의문 없이 받아들이는 이유는 1960년대 초 찰스 스노
(Charles Percy Snow)의 '두 문화'론 때문일 것이다.[2] 이후 종적·관
계적 학문의 폐해가 나오며 주로 이과와 문과 각각의 내부에서
다양한 학제간 연구를 시도하기 시작했다. 그럼에도 이과와 문과
라는 이분법은 그 폐해의 가장 기본 기둥으로 남아 있다. 대개 문
학에 조예가 깊은 과학자나 기술자 또는 과학기술에 일가견이 있
는 인문사회계의 연구자 등이 본업에서 벗어난 발언으로 개인기
를 발휘하는 경우는 있지만, 이과와 문과의 경계에 놓인 영역을
본격적이고 계통적으로 연구하는 제도적 시스템이나 연구자 양
성 프로그램은 오랫동안 부재했다. 이과와 문과라는 이분법으로
보면, 일본의 학술 행정은 문명과 문화의 이분법에 입각한 자연
과학과 문화과학의 이분법 논리를 주장한 신칸트파와 서남독일

학파가 등장한 20세기 초부터 현재까지 이어 온 논리를 그대로 답습하고 있는 듯하다.[3]

이렇게 커다란 영향력을 지닌 이과와 문과의 이분법과는 독립적으로 별종의 지(知)의 틈새가 존재한다. 지(知)의 사회적 의의를 판단할 때 나오는 비실학적 기준과 실학적 기준 사이의 틈새가 그것이다. 비실학적 기준이란 어떤 사안에 실제적인 도움이 되는지 여부가 아니라 대상이 어떠한지를 밝혀내는 일을 통해 지(知)의 사회적 의의를 판단하는 기준을 말한다. 반대로 실학적 기준이란 대상이 어떠한지를 밝혀내는 것이 아니라 무엇보다 어떤 사안에 실제적 도움이 되느냐 마느냐를 통해 지(知)의 사회적 의의를 판단하는 기준을 말한다. 전자는 지적 호기심을 동기로 삼는 기준, 후자는 유용성을 동기로 삼는 기준이라고 할 수 있다. 이 두 가지 기준이 이과와 문과의 이분법에서 독립적이라는 사실은 의외로 많은 과학자와 기술자들에 의해 다양하게 드러나고 있다.

고체물리학의 연구자로 알려진 존 자이먼(John Ziman)은 그런 사정을 이렇게 표현한다. "기술자는 누구에게 책임이 있을까? 그것은 우선 그의 고용자, 고객, 환자이지 그의 동료는 아니다. 그가 하는 일은 당장 다친 문제를 해결하는 것이지, 그의 동료에게 사신의 견해를 제시하는 것이 아니다. 만약 그가 능숙하게 현안 문제를 해결할 수 있다면…최종적으로 과학에 돌 하나를 얹을 수 있을지도 모른다. 그러나 원래 그의 머릿속에 있었던 것은 과학에 돌 하나를 얹겠다는 것이 아니다."[4] 한마디로 기술자는 고객에게 유용한 물건이나 서비스를 제공하고자 하는 반면, 과학자는 동료에게 새로운 견해를 보태 주려고 한다는 말이다. 적어도 19

세기 이후 일체화되었다고 말하는 과학기술의 내부는 한 덩어리가 아니라 비실학적·실학적 기준에 의해 과학과 기술로 분해할 수 있다. 바꾸어 말해 비실학적 기준과 실학적 기준은 이과라는 세계와 독립적으로 그 내부의 모습을 관찰하는 기준을 제시한다.

　문과의 세계도 이와 비슷하다는 사실을 보여 주는 예가 수없이 많다. 옛 문부성 초등중등교육국 교과서 조사관은 이렇게 말한다. "학교에서 배운 지식이 사회생활에 직접 도움이 되는 학문을 실학이라고 한다. 그런데 이렇게 말하면 문학과 철학 등의 연구는 일단 '허학'(虛學)이라는 말이 된다.…내가 학생일 때 오일쇼크가 일어나 일본 경제의 고도성장이 멈추었고…가치관이 전면 뒤집혔는데, 그렇다고 해서 문학부에 대한 평가가 변하는 일은 없었다. 특히 '허학'에 관해서는 사회적 평가가 꿈쩍하지 않았다. 낮은 평가 그대로!"[5] 인문사회계의 지(知)라는 식으로 한 덩어리로 언급하는 문과 세계 내부도 한 덩어리가 아니라 비실학적·실학적 기준에 의해 인문학과 사회과학으로 분해할 수 있다는 뜻이다. 바꾸어 말해, 비실학적 기준과 실학적 기준은 이과와 마찬가지로 문과 세계에서도 독립적으로 그 내부의 모습을 관찰하는 기준을 제시한다.

　결국 비실학적 기준과 실학적 기준, 이과와 문과라는 두 쌍의 축을 상호 독립적으로 이해하고 있었을 뿐이다. 따라서 두 쌍의 축을 조합함으로써 기존의 지(知)를 대국적으로 분류하는 틀을 다음과 같이 새롭게 구축할 수 있다.

표 2-1 지의 분류 구조

	이과	문과
비실학	이학	인문학
실학	공학	사회과학

* 상세한 예증은 번잡해 대표 분야만으로 분류했다.

앞에서 말한 대로 비실학적 기준과 실학적 기준은 지(知)의 인센티브에 주목한 분류이고, 이과와 문과는 지(知)의 대상에 관한 분류다(이과는 자연이 대상이고, 문과는 인간이나 인간 사회가 대상이다). 이렇게 서로 독립적인 두 쌍의 축에 입각해 지(知)를 분류하는 것은 지(知)의 틈새를 생각할 때 기존에 간과해 온 다음과 같은 통찰을 가져다준다.

첫째, 지(知)의 틈새는 이과와 문과라는 축과 독립적으로 비실학과 실학의 축으로 판단할 수 있다. 즉 이과의 성과든 문과의 성과든 실학적 기준에 비추어 사회적 의의가 있다고 해서 비실학적 기준에 비추어 사회적 의의가 있다고 할 수 없고, 그 반대의 경우도 성립한다. 비록 동일한 문제를 동일한 방법으로 다룬 연구라고 해도 비실학적 기준으로 본 사회적 의의와 실학적 기준으로 본 사회적 의의는 서로 독립적이다. 이과와 문과의 경계 영역에 관한 연구도 두 가지 기준에 의한 사회적 의의를 혼동하지 말아야 한다. 따라서 둘째, 이른바 학제간 연구의 잠재성은 이제까지 생각해 온 것보다 훨씬 무궁무진하다. 이과와 문과의 학제간 연구는 물론 비실학과 실학의 학제간 연구 가능성이 존재한다. 이를테면 이과의 비실학(예로서 이학)과 문과의 실학(예로서 경제학)의 학제간 연구, 문과의 비실학(예로서 인문학)과 이과의 실학(예로서 공학)의 학제간 연구는 적잖이 간과되어 왔다.

친근한 예만 보더라도 이과와 문과, 실학과 비실학 사이를 잇는 회로에는 일반적으로 상정하는 것보다 훨씬 높은 학제간 연구의 잠재성이 존재한다. 그러나 안타깝게도 이런 학제간 연구를 새롭게 시도하는 작업은 거의 결실을 맺지 못했다. 그마나 조직 개편으로 생겨난 새로운 제도에 기존 분야의 연구자를 배치하는 시도는 있었지만, 그들 대다수는 지적 틀의 설계나 제도적 틀의 설계에 과학·기술·사회의 경계에서 발생하는 여러 사건(예로서 종래의 이과나 문과, 비실학과 실학에서 다루지 않은 사회문제 등)의 성질을 충분히 해명하는 내재적 혁신이나 돌파와는 거리가 있었다.

거꾸로 과학·기술·사회의 경계에서 발생하는 여러 사건을 종래의 이과와 문과, 비실학과 실학의 틀에 맞추어 다루는 전통 수호주의를 목격한 일도 적지 않다. 제1장에서 말했듯 새로운 성질의 문제가 구조적으로 발생했을 때 그 문제가 종래의 지적 틀이나 제도적 틀에 들어맞도록 통제하는 것이 아니라 문제를 잘 다룰 수 있도록 지적 틀이나 제도적 틀을 변경하면, 결국 어느 시점에 가서는 전통 수호주의가 유지될 수 없다는 것을 상상하기 어렵지 않다.

지적 틀이나 제도적 틀 안에서 지(知)의 틈새를 제대로 생각하는 일이 거의 없는 지금의 상태에서는 과학·기술·사회의 경계에서 발생하는 여러 사건을 사회 구성원이 각자의 입장에서 재량껏 이해할 여지가 크다. 가장 극단적인 경우를 상상하면, 구성원의 수만큼 그 이해의 방식이 존재하는 상태도 생각할 수 있다. 그

만큼 다양한 이해 방식이 있을 때, 사건이 중대하면 할수록 사건의 이해 방식을 둘러싸고 만인의 만인에 대한 투쟁이 발생하는 사태를 피할 수 없다. 그런 상태에서는 당연히 구성원의 합의를 형성하기 위한 비용이 무한대로 발생할 것이고, 사회가 성립하는 조건 역시 쉽게 사라져 버릴 것이다. 그러나 사건의 종류나 지역에 의해 백가쟁명에 가까운 상태가 나타날 가능성도 부인할 수 없지만, 실제 사회에 존재하는 이해 방식은 그리 다양하지 않다 (무시할 수 있을 만큼 적을 것이다).[6]

이런 관점에서 보면 가령 과학·기술·사회의 경계에서 발생하는 사건을 이해하는 다음 다섯 가지 입장을 상정해 보는 것(이해 방식의 수를 다섯 가지로 응축시키는 것)은 현실적으로(합의형성의 비용을 무한대로 발생시키지 않고) 충분히 허용될 것이다. 다섯 가지 전형적 입장이란 군(軍) 부문, 관(官) 부문, 산(産) 부문, 학(學) 부문, 민(民) 부문이다. 이때 부문(sector)이란 사회를 분할하는 비교적 명료한 경계를 지닌 영역을 의미한다.

군(軍) 부문은 무기를 개발·운용·대비·전개하는 체계의 생산에 직·간접으로 관여하는 부문이다. 관(官) 부문은 공적 목적을 실현하는 법률이 생산에 직·간접으로 관여하는 부문이다. 산(産) 부문은 제품의 생산에 직·간접으로 관여하는 부문이다. 학(學) 부문은 학술 지(예로서 논문이나 기본 특허 등의 형태를 취할 때가 많다)의 생산에 직·간접으로 관여하는 부문이다. 민(民) 부문은 군·관·산·학 부문의 활동이나 담론의 영향을 직·간접으로 입는 당사자 또는 그 의제 대변자로서 불만(또는 이의)을 제기하는 담론을 생산하는 부문이다. 구체적으로 각 부문은 다음과 같은 내역을 갖는다. 군 부문은 육·해·공 군으로 이루어진다. 관 부문은 의회와 행정기구로 이루어진다. 산 부문은 제조업 중심의 기업으로 이루어진다. 학 부문은 대학, 전문직업적 학회, 연구기관 등으로 이루어진다. 민 부문은 NGO, NPO 등으로 이루어진다.

　이렇게 각 부문은 특정 기관 같은 실체가 아니라(또는 특정 기관이 하나의 부문을 대표하는 것이 아니라) 사회적인 특정 기능에 의한 기관의 횡단적 집합이다. 적어도 19세기 이후의 사회에서 이 집합은 개인에게 계속적인 생계유지 기회를 부여하는 직업 집단의 조직이라는 형태로 존재하는 경우가 많다.[7] 한마디로 각 부문은 개인이 사회의 어느 분야에서 소득을 얻느냐에 따라 어쩔 수 없이 객관적으로 정해진다. 때문에 각 부문의 전형적인 입장을 생각하는 것은 개인이 사회의 어느 부문에서 소득을 얻느냐에 따라 정해지는 부문(이른바 업계)과 과학·기술·사회의 경계에서 발생하는 사건을 어떻게 이해하고 대응하느냐를 시사한다.[8] 예컨대 군·관·산·학·민이라는 5개 부문을 상정하는 것은 과학·기술·사회의 경계에서 발생하는 사건을 둘러싸고 현실적으로는 5개 부문의 이해방식 사이에 거의 합의가 이루어진다고 볼 수 있다. 과연 과학·기술·사회의 경계에서 현실적으로 예측하지 못한 사건이 발생했을 때, 각 부문에서 합의가 형성되는 과정에서 활동(예로서 심의회, 간담회, 위원회, 조사회, 연구회 등을 설치해 각 부문의 참가자를 얻는 시도 등등)이 시작되는 경우가 적지 않다.

　또한 사건의 종류에 따라 이해 방식이 달라지는 것은 말할 필요도 없다. 요컨대 복수의 사건을 통해 상정 가능한 각 부문에는 독특한 경향이 있다.[9] 특히 과학 · 기술 · 사회의 경계에서 발생하는 예측하지 못한 사건에 직면했을 때 그 불확실성을 어떻게 보느냐는 가장 이해하기 쉬운 예가 될 것이다[제1장에서 살펴본 대로 과학 · 기술 · 사회의 경계에서 발생하는 사건의 공통 특성은 일정 시점에 이르러 인간의 지(知)를 넘어서는 불확실성에 있다]. 신병기의 성능을 추구하는 군 부문이라면, 불확실성을 위험은 높지만 이익이 큰 둘도 없는 기회라고 보거나 어쩔 수 없는 손실로 보는 경향이 있을 것이다. 관 부문이라면, 전례를 본받아 처리해야 할 사항이거나 본받을 전례가 존재하지 않는 경우 유보해야 할 사항으로 불확실성을 보는 경향이 있을 것이다. 학 부문이라면, 연구비 획득으로 이어지느냐 아니냐를 분별해야 할 사항으로 불확실성을 보는 경향이 있을 것이다. 민 부문이라면, 다른 부문(예로서 관 부문)의 주장이나 행동을 비판하고 대안을 제시하기 위한 절호의 재료로서 불확실성을 보는 경향이 있을 것이다.

이런 이해 방식은 본래부터 각 부문의 고유한 입장을 통해 얻어지는 전형적인 가정에 머무른다.[10] 다른 한편 과학 · 기술 · 사회의 경계에서 발생하는 사건을 둘러싸고 각 분야 사이의 합의형성 절차를 통해 활동이 시작되는 경우가 많니고 볼 때, 각 부문의 전형적 입장 차이를 이렇게 가정하는 것은 과학 · 기술 · 사회의 경계에서 발생하는 사건을 이해할 때 지(知)의 틈새가 현실에 어떻게 포진되어 있는지를 살필 때 중요한 바탕이다.[11] 그러면 과학 · 기술 · 사회의 경계에서 발생하는 사건을 둘러싸고 5개 부문은 제 식구 감싸기 식 울타리를 넘어 어떻게 공통 이해에 도달할까? 다시 말해 과학 · 기술 · 사회의 경계에서 발생하는 여러 사건의 공통 이해는 각 부문의 입장 차이 위에서 대립 · 교섭 · 타협 등 일련의 합의형성 과정을 거쳐 어떻게 성립할까(또는 성립하지 못할까)?

2

과학기술 정책을 만드는 담론

과학 · 기술 · 사회의 경계에서 발생하는 사건에 대한 공통 이해가 성립하는 과정을 생각하면, 각 부문의 이해 방식에 차이가 존재한다는 전제가 성립한다. 현실에는 어떤 차이가 존재할까? 과학 · 기술 · 사회의 경계에서 발생하는 사건이라고 해도 무수한 종류가 있겠기에 단순히 덩어리를 지어 개개의 사건을 기술하기는 어렵다. 다양한 현실을 섬세하게 정리하는 기술법(記述法)이 필요하다.

이런 목적을 위해 STS 매트릭스를 제안한다. STS란 Science, Technology & Society의 머리글자이고, STS 매트릭스는 과학 · 기술 · 사회의 경계 상태를 행렬 형식에 따라 기술하는 방법을 가리킨다. 상태를 구성하는 요소로는 인재(人材), 물재(物材), 자금, 정보를 꼽을 수 있는데, 과학 · 기술 · 사회의 경계에서 발생하는 사건을 이해해 기술하는 것이 목적이므로 정보에 주목한다. 만약 행렬의 가로줄을 사회, 세로줄을 과학기술이라 보고 각각의 내역을 적당한 기준으로 분할해 종합해 보면, 과학기술에 대한 사회의 이해 방식 분포를 행렬 형식으로 표현할 수 있을 것이다. 지금 사회는 분야에 의해 분할되는 것으로 본다. 다만 일본은 과학·기술·사회의 경계에서 발생하는 사건을 이해하고 합의를 형성하는 데 군 분야가 실질적으로 관여하는 일이 비교적 적기 때문에 편의상 사회를 관·산·학·민의 네 분야로 분할하는 것으로 상정한다.[12] 과학기술에 대해서는 다음 세 가지로 이분(二分)할 수 있다.

우선 제1장에서 서술한 과학기술 선용론-악용론에 대응하는 이분법이다. 즉 과학기술은 사회에 좋은 것(또는 좋은 측면을 지닌 것)으로 여겨지느냐, 아니면 나쁜 것(또는 나쁜 측면을 지닌 것)으로 여겨지느냐에 따라 둘로 나뉜다. 정확하게는 선악 양면 중 어느 쪽에 역점을 두느냐에 따라 둘로 나뉜다. 다음으로 과학기술이라고 해도 지식의 획득을 자기 목적으로 삼는 장기적 기초연구를 염두에 두느냐, 아니면 사회가 부여한 특정 요구에 단기적으로 대응하는 응용 및 개발연구를 염두에 두느냐에 따라 둘로 나뉜다.[13]

마지막으로 과학기술에 대한 판단 구조를 이분한다. 여기에서 말하는 판단 구조란 '과학기술은 사회와 ○○의 관계에 있다(있어야 한다)'라는 형식으로 판단의 내용을 정리한 것을 가리킨다. 이는 특히 과학기술결정론과 사회결정론으로 나뉜다. 즉 과학기술이 사회를 결정한다고 생각하느냐, 사회가 과학기술을 결정한다고 생각하느냐에 따라 둘로 나뉜다. 이런 분류가 중요한 것은 어느 쪽 이해 방식을 채용하느냐에 따라 과학 · 기술 · 사회의 경계에서 발생하는 사건이 문제로 삼는 영역이 전혀 달라지기 때문이다. 즉 만약 과학기술이 사회를 결정한다고 생각한다면 사건이 문제화될 경우 과학기술에 책임이 있다. 거꾸로 만약 사회가 과학기술을 결정한다고 생각한다면 동일한 사건이 동일하게 문제가 돼도 과학기술을 둘러싼 사회에 그 책임이 있다.

이로써 관 · 산 · 학 · 민 부문의 차이에 의해 과학기술의 선 · 악, 기초 · 응용 및 개발, 과학기술결정론 · 사회결정론이라는 세 가지 축을 둘러싸고 어떤 이해의 차이가 나타나는지 4행 2열의 STS 매트릭스가 나온다.

표 2-2 이해 방법의 분포를 보는 STS 매트릭스의 개념도

	A	B
관		
산		
학		
민		

* A, B 부분에 선-악, 기초-응용 및 개발, 과학기술결정론-사회결정론이라는 세 가지 축 중 하나가 들어간다.

과학 · 기술 · 사회의 경계에서 발생하는 사건을 둘러싼 담론을 4행 2열의 여덟 칸에 넣어 분류할 수 있다면, 사회 각 부문의 이해 방식 차이를 세 가지 축마다 볼 수 있을 것이다. 만약 과학 · 기술 · 사회의 경계에서 발생하는 사건이 합의형성 과정을 통해 공통 이해로 나아간다면, 그 분포는 커다란 다양성을 나타낼 것이다. 만약 그렇지 않다면 적어도 그 분포의 다양성이 지극히 적거나, 아니면 한결같거나, 둘 중 하나일 것이다. 실제로는 어떨까? 선과 악, 기초와 응용 및 개발, 과학기술결정론과 사회결정론 각각에 관한 네 부문의 이해 방식을 들여다보는 데이터와 데이터를 분류하는 적당한 방식을 지정한다면 이 문제에 답할 수 있다.

앞으로는 과학기술결정론과 사회결정론의 분포가 관·산·학·민의 네 분야에서 어떻게 달라지는지에 초점을 두고 살펴보겠다. 선이냐 악이냐, 기초냐 응용 및 개발이냐에 대해서는 네 분야의 프로필을 보기 위한 예비 데이터라는 측면에서 고찰하고 싶다. 과학기술을 이분법적 범주의 어느 쪽이냐(선이냐 악이냐, 기초냐 응용 및 개발이냐)에 따라 분류할 뿐 아니라 과학기술을 사회와 관련지어 어떻게 판단할까라는 구조를 참조할 것이다. 이런 점에서 과학기술결정론과 사회결정론의 분포는 과학·기술·사회의 경계에서 발생하는 사건의 이해 방식을 보여 준다는 목적을 달성해 줄 것이다.

데이터는 누구나 원하기만 하면 손에 넣을 수 있는 공개 데이터를 사용한다. 인터넷에 공개된 데이터를 사용할 것이다. 이때 앞에서 말한 목적을 달성하기 위해 세 가지 기준에 따라 각 부문의 문서를 모았다. 첫째, 각 부문의 생각을 전형적으로 보여 주는 문서를 모았다. 둘째, 과학기술 안에서 특정 영역에 편중되지 않도록 문서를 모았다. 셋째, 모든 부문에 대해 될수록 동일한 조건으로 문서를 모았다. 이런 기준을 충족시키면서 수집의 편의를 고려해 실제로는 각 부문에 대해 다음 세 가지 기준에 따라 문서를 모았다. 첫째, 대표성이 높고 의견이나 주장이 명확하게 드러난 문서를 수집했다. 둘째, '과학'이라는 검색어를 통해 이 말을 포함한 문서만 수집했다(검색어를 '과학기술'이 아니라 '과학'이라고 지정한 까닭은 기초연구에 관한 문서도 수집하기 위해서였다). 셋째, 최신(조사 시점, 2007년 8월) 자료부터 소급해 50-100건 정도를 수집했다.[14]

분류를 위해 두 가지 기본 원칙을 설정했다. 우선 무엇을 과학기술이라고 할지는 문서에서의 용법에 의한다. 예를 들어 우리가 과학기술에 속한다고 생각하는 것이라도 문서에 과학기술 이외에 속한다고 되어 있으면 그에 따랐다. 다음으로, 복수의 분류 항목에 해당하는 문서라도 가능하면 분류 불가능으로 처리하지 않고 우세해 보이는 쪽으로 분류했다. 구체적으로 우선은 그 문서의 취지에 따르고, 취지를 읽어 낼 수 없는 경우에는 더 많은 분량을 할애한 쪽으로 분류했다.

선-악은 그 문서가 기술한 과학기술의 '본래 성질'이나 '미래 가능성'이 아니라 과학기술이 실제로 초래한 선 또는 악에 의해 분류했다. 예컨대 임계사고[1]에 관한 문서가 "원자력은 유용하기 때문에 적절한 방향으로 발전시켜 나가야 한다"고 결론을 맺어도, 사고라는 악을 다루고 있는 한 악으로 분류했다. 이 기준에 따르면, '좋은 일을 하기 위해 바꾸어야 한다'는 주장은 선으로, '이대로는 상태가 나쁘니까 바꾸어야 한다'는 악으로 분류된다.[15] 이 분류에서 악은 물질적인 것 외에 윤리적인 것도 포함한다. 예

---

1 핵분열성 물질이 예기치 못한 원인에 의해 통제불능인 상태로 임계량(또는 임계의 크기)을 넘어 임계 초과 상태가 되어 일어난 사고.

컨대 '복제 인간에게는 심리적인 저항이 있다'는 주장은 과학기술의 악을 지적한 것으로 간주한다. 또 우리가 악이라고 생각하는 일일지라도 그것을 과학기술의 책임으로 돌리지 않고 과학기술을 해결책으로서 다루고 있다면 선으로 분류한다.[16]

기초–응용 및 개발에 대해서는 미국과학재단(National Science Foundation, NSF)의 정의를 참고했다.[17] 미국과학재단이 응용으로 분류하는 '특정한 이용 목적을 갖고 지식의 진보를 지향함'에 대해서는 기초와 응용 및 개발 중 가까운 쪽으로 분류한다. 이를테면 유전자의 해석은 질병 치료에 유용하지만 여기에서는 어떤 치료에 유용한지 명시한 경우는 응용 및 개발로 분류하고, 그 밖의 경우는 기초로 분류한다. 단지 지식의 진보를 전혀 언급하지 않은 경우에만 사회적 이용 목적을 지정하지 않았더라도 응용 및 개발로 분류한다.

과학기술결정론–사회결정론은 과학기술이 원인이나 수단이고 사회가 결과나 목적인지(과학기술결정론), 거꾸로 사회가 원인이나 수단이고 과학기술이 결과나 목적인지(사회결정론)에 따라 분류한다. 사회와의 관계 속에서 과학기술의 특성을 이야기할 때, '왜 그렇게 말할 수 있느냐'와 '어떻게 그것을 실현하느냐'라는 두 가지 사이에서 대답할 필요가 있다. 이때 '왜'에 대해 과학기술의 효용이나 피해를 이야기하는 부분이 과학기술결정론에 대응하고, '어떻게'에 대해 실현을 위한 규범이나 제도론을 이야기하는 부분이 사회결정론에 대응한다. 이 둘의 균형에 의해 과학기술결정론이나 사회결정론으로 분류한다. 구체적으로는 '과학적·기술적 식견에 근거해' 같은 표현이 과학기술결정론일 때가 많다.

물론 이것은 결정적이지 않으며 달리 결정적인 판단 재료가 있을 때는 그쪽을 우선한다. 일본학술회의는 과학기술을 진흥시키는 사회제도라는 성격을 지니기 때문에 일본학술회의 자체에 관한 논의는 원칙적으로 사회결정론으로 분류한다. 마찬가지로 예산이나 가이드라인 등은 과학기술 진흥을 위한 사회제도에 관한 것이기 때문에 사회결정론으로 분류한다.

이상의 기준에 따라 학 부문 70개, 관 부문 7개, 산 부문 66개, 민 부문 80개 등 총 323개의 문서를 수집해 분석했다. 우선 관·산·학·민 등 네 부문의 프로필을 얻기 위해 선-악, 기초-응용 및 개발이라는 두 가지 축에 따라 네 부문의 문서 분포를 조사했다. 선-악의 축에 대해서는 전반적으로 선의 비율이 높은(예컨대 산 부문에서는 모든 문서가 선) 상태 가운데 민 부문만이 악의 비율이 높다는 두드러진 특성이 나타났다. 전반적으로 선이 많은 것은 관·산·학의 세 부문이 다 어떤 의미에서 과학기술을 추진하는 현업 부문의 입장에 놓여 있기 때문이라고 생각한다. 민 부문에 악의 비율이 높은 것은 민 부문이 네 부문 중 유일하게 과학기술의 추진에 직접 관여하지 않는 비현업 부문으로서 과학기술에 대해 무언가를 비판한 자유가 많기 때문이라고 생각한다. 학 부문에서는 이과 연구자의 문서(43건) 중 약 80퍼센트(35건)가 선이었고, 문과 연구자의 문서(10건) 중 60퍼센트(6건)가 악이었다. 종합적으로는 문서에 미래지향형이 많았던 것도 악의 측면이 전반적으로 적었던 요인 중 하나라고 볼 수 있다. 미래를 이야기할 때 악의 측면에 초점을 맞추는 경우는 비교적 적다는 것이 고금을 막론한 경향일지도 모른다.[18]

표 2-3 과학기술의 선-악을 보는 관·산·학·민 부문의 프로필

	선	악	?	총계
관	89	8	10	107
산	63	0	3	66
학	55	13	2	70
민	31	46	3	80
총계	238	67	18	323

* $p < 0.01$ 카이스퀘어(χ^2) 테스트에 의함.
** 물음표란은 분류 불능 문서 수를 나타낸다.

기초-응용 및 개발의 축으로 살펴본 관·산·학·민 등 네 부문의 프로필을 보면, 전반적으로 응용 및 개발의 비율이 높은(응용 및 개발이 차지하는 비율은 산〉민〉관〉학의 순서) 가운데 학 부문만 기초의 비율이 높다는 특성을 보인다. 과학이라는 말로 검색했지만 관·산·민 부문을 불문하고 응용 및 개발로 분류되는 문서가 많다는 점은 흥미롭다. 이 사실은 과학기술 추진-과학기술 비판이라는 입장의 차이에도 불구하고 학 부문 이외의 사회에서 과학기술이라는 말로 이야기하는 것은 사실상 과학기술의 응용 및 개발이라는 점을 뚜렷이 보여 준다.

그렇다면 이상과 같이 두드러진 특성을 나타내는 부문의 프로필을 염두에 두고 과학기술결정론-사회결정론이라는 판단 구조에 관한 각 부문의 차이를 알아보자. 흥미롭게도 매우 특징적인 분포가 드러난다. 즉 분포가 거의 같은 양상이다. 과학기술결정론과 사회결정론이 차지하는 비율은 모든 부문에서 거의 균등하고, 부문 간 차이는 '전혀'라고 해도 좋을 만큼 나타나지 않는다. 부문별로 차이가 나지 않는다는 것은 모든 부문에 과학기술결정론에 속하는 판단 구조와 사회결정론에 속하는 판단 구조가 거의 같은 비율로 공존함을 의미한다.[19] 앞에서 말한 대로 과학기술을 선으로 보느냐 악으로 보느냐, 과학기술을 기초에 의해 이야기하느냐 응용 및 개발에 의해 이야기하느냐에 따라 부문 간에 두드러진 차이가 존재하지 않음에도, 특히 과학기술을 사회와 연관시켜 판단하는 방식에서 이렇게 같은 양상이 사회 전체를 뒤덮는다는 것은 중요한 점이다.

표 2-4 과학기술의 기초-응용 및 개발 지향으로 보는 관·산·학·민 부문의 프로필

	기초	응용 · 개발	?	총계
관	32	54	21	107
산	3	52	11	66
학	39	26	5	70
민	23	53	4	80
총계	97	185	41	323

* $p < 0.01$ 카이스퀘어 테스트에 의함.
** 물음표란은 분류 불능 문서 수를 나타낸다.

다시 말해 관·산·학·민 부문이 과학기술과 사회를 관련지어 무언가를 이야기할 때, 놀랍게도 어느 부문에서건 같은 형태의 판단 구조가 대부분을 차지한다. 이는 단일한 쟁점을 둘러싼 담론에서 얻어진 결과가 아니라 과학·기술·사회에 걸친 다양한 쟁점을 둘러싼 공개된 담론에서 얻어진 결과다. 결국 문제의 종류와 측면, 입장과 쟁점이 어떻든 과학·기술·사회의 경계에서 발생하는 사건을 이해하는 단일한 형(과학기술결정론과 사회결정론이 거의 균등하게 공존한다는 형)이 부문에 관계없이 거의 전역을 뒤덮는 상태가 나타난다.

표 2-5 과학기술결정론-사회결정론으로 보는 관·산·학·민 부문의 판단 구조

	사회	과학	?	총계
관	61	46	0	107
산	27	24	15	66
학	39	30	1	70
민	42	38	0	80
총계	169	138	16	323

* $p = 0.91$ 카이스퀘어 테스트에 의함.
** 물음표란은 분류 불능 문서 수를 나타낸다.

우선 과학기술결정론과 사회결정론 개개의 쟁점에 따라 다음과 같이 예시를 살펴보자.

= 관 부문·사회결정론

"특히 정부의 연구개발의 주체를 담당한다는 입장에서 대학이나 각종 연구기관 등이 독창적인 기초연구를 추진함과 동시에 그것을 기술로 연계하는 응용력도 매우 중요하다고 생각합니다. 또한 생명과학이나 정보통신 등 중요 분야의 연구개발을 추진하려

합니다. 우주개발이나 원자력 등 국가 존립의 기반을 이루는 것, 리스크가 있기 때문에 장기적으로 국가가 떠맡아야 할 프로젝트도 착실하게 진행해야 한다고 생각합니다."[도야마(遠山) 문무과학대신의 발언, 제151회 국회중의원 문부과학위원회 회의론 22호, 2001년 6월 27일자].

= 관 부문 · 과학기술결정론

"지금 지구상의 인구가 61억이고 언젠가 100억에 이른다고 하고, 식량 문제만 보더라도 영양실조로 고통받는 사람이 8억 명이나 있다고 합니다. 하물며 500만 헥타르의 광대한 면적, 1분에 히비야공원 절반 이상이 사막화되고 있는 현상을 생각하면, 현 세기의 문제는 물의 문제이고 삼림의 문제도 중대한 문제입니다. 이런 의미에서는 지금 목질(木質) 바이오매스(biomass)[2] 문제뿐 아니라 농림수산업 분야의 과학기술이나 시험연구는 상당히 힘을 기울임으로써 세계에 공헌할 수 있는 유일한 분야라는 인식을 갖고 있습니다."[다케베(武部) 농림수산대신의 발언, 제151회 국회농림수산위원회 회의록 제19호, 2001년 6월 13일자].

= 산 부문 · 사회결정론

"미국에서는 대학이 국가 경쟁력 향상에 크게 공헌한다고 하지만, 우리나라에서는 산학관(産學官)의 연대가 충분히 이루어지지 않고 있으며 산학관의 연대 격차가 경쟁력 격차의 원인이 되

---

2 생태학에서 특정 시점 어떤 공간에 존재하는 생물(bio-)의 양을 물질의 양(mass)으로 표현한 것. 통상 질량 또는 에너지 양으로 수치화한다.

고 있다. 국제 경쟁력의 관점에서 볼 때 산학관 연대의 추진에 적극적으로 힘을 쏟을 필요가 있다."(경제단체연합회, 〈과학기술 전략의 변화를 향해〉, 2001년 6월 1일자).

= 산 부문 · 과학기술결정론

"나노 기술은 물질을 나노 크기로 컨트롤함으로써 물질의 기능 및 특성을 대폭 향상시켜 풍요로운 사회 구축에 공헌하는 동시에 자원 및 에너지 사용을 대폭 줄여 환경에 이로운 사회 실현에 기여한다. 그런 뜻에서 나노 기술은 사회나 생산 시스템에 변혁을 가져다줄 꿈의 기술이다."(경제단체연합회, 〈나노테크가 만드는 미래 사회 'n-Plan 21'〉, 2001년 3월 7일자).

= 학 부문 · 사회결정론

"클론 산업 동물에 관련된 연구에 임하는 모든 연구자는…이하의 기본 자세를 준수한다. ①국가가 책정한 법률 · 규제 · 지침 · 가이드라인 등을 준수한다. ②외국의 법률 · 규제 · 지침 · 가이드라인 등에 대해서는 특정한 종교나 문화 기반에 의거하지 않는 한 충분히 배려하고, 기본적이고 보편적인 조항에 대해서는 국내의 법률 · 규제 · 지침 · 가이드라인에 준해 준수한다. ③상기 ①, ②에 저촉될 염려가 있는 연구와 사회적이고 윤리적인 논란을 일으킬 염려가 있는 연구에 대해서는 관련 학회 및 일반 사회의 이해를 얻도록 충분히 배려한다. 이를 위해 실시에 앞서 연구기관마다 윤리위원회 등을 설치해 실험의 과학적 필요성, 의의 및 사회적 영향, 윤리적 측면을 충분히 검토한다." [일본학술회의 축

산학 연구 연락위원회 · 수의학 연구 연락위원회 · 육종학(育種學) 연구 연락위원회, 〈산업 동물의 클론 개체 연구에 관한 지침〉, 2000년 3월 27일자].

= 학 부문 · 과학기술결정론

"사람이나 다양한 생물의 일생을 규정하는 유전체 정보의 전모가 밝혀지고 있는 현재, 그 방대한 정보를 배경으로 새로운 단백질 과학이 탄생하려는 참이다." (일본학술회의 제4부 및 제7부, 〈단백질의 구조 · 기능 연구를 위한 종합 전략의 제언〉, 2001년 3월 26일자).

= 민 부문 · 사회결정론

"정부의 후생과학심의회 전문위원회는 생식 보조의료에 대해 작년 말에 보고서를 엮어 냈다. 그것은 대리모를 '금지'한다. 대리모는 제3자인 여성을 임신과 출산의 수단으로 이용하는 것이고, '태어날 아이의 복지를 우선'한다는 원칙에 비추어도 바람직하지 않다는 이유 때문이다.…개방적 논의를 바탕으로 온전한 틀을 만들어야 한다고 생각한다. 그때까지는 이 금기를 깨지 않기 바란다." (〈문제점을 똑똑히 확인했는가? 대리모 문제〉, 아사히신문 2005년 5월 20일자, 소산 ᄼ 종합면 사설).

= 민 부문 · 과학기술결정론

"야생 생물을 위협하는 환경호르몬이 인간과 전혀 관계없다고는 생각할 수 없다. 인류의 미래도 위기에 처해 있는 것이 아닐까? 1996년 테오 콜본(Theo colborn)의 저서 《도둑맞은 미래》(Our Stolen Future, 사이언스북스)는 풍부한 사례를 바탕으로 이렇게 경고했다. 환경호르몬의 혐의가 있는 물질은 알려져 있는 것만 해도 70종이나 된다. PCB, DDT, 다이옥신 등이 대표적이다. 미국의 해양생물학자 레이첼 카슨(Rachel Carson)이 《침묵의 봄》(Silent Spring, 에코리브르)에서 화학물질이 생태계에 미치는 위험성을 역설한 것은 40년이나 지난 일이다. 그 덕분에 급성 독성이나 발암성, 변이원성(變異原性)[3]이라는 관점에서 규제가 대폭 진전되었다. 대부분의 선진국에서 DDT나 PCB는 이미 제조 금지 대상이다. 그러나 그것들은 개체에 대한 직접 타격만으로 머물지 않았다. 잔류성이 강한 이들 화학물질은 아직 지구 곳곳에 만연해 있다. 공중과 물속, 흙, 그리고 생물의 체내에 말이다. 모체나 모유를 통해 태아 및 유아가 환경호르몬에 노출된다. 어른이 암에 걸리는 것보다 훨씬 적은 양이 다음 세대에 생식 기능의 장애를 일으킨다. 인간의 존속 자체가 불가능해질 것이다."(〈사람은 자손을 남길 수 있을까, '지구인의 세기로'〉, 아사히신문 1998년 2월 1일자, 조간 오피니언면 사설).

이렇듯 입장이 상이한 관·산·학·민 부문 각각에서 개별 쟁점에 따라 과학기술결정론과 사회결정론은 똑같이 얼굴을 내민다. 집계해 보면 양자가 거의 균등하게 분포한 상태가 부문에 상관없이 거의 전역을 뒤덮고 있다. 입장이 상이한 관·산·학·민 부문이 대립, 교섭, 타협 등 일련의 합의형성 과정을 거쳐 공통이해에 이른다는 설정은 실제 일본에서 과학·기술·사회의 경

---

3 자연 상태보다 높은 확률로 돌연변이가 일어나는 것과 같은 물리적·화학적 성질.

계를 현실적으로 이해하는 양상을 잘 표현한 모델이 될 수 없다. 입장에 의한 이해 방식의 차이는 판단 구조에 관한 한 이렇게 사실상 존재하지 않는 것이나 마찬가지이기 때문이다. 제1장에서 살펴본 대로 과학·기술·사회의 경계에서 발생하는 사건이 사회문제가 되는 장면은 일괄적이지 않은 반면 쟁점은 실로 다양하다. 엄청나게 다양한 사건에 대해 모든 사람이 거의 같은 방향을 향해 같은 형태의 이해 방식을 취하고 있다.

일반적으로 과학·기술·사회의 경계에서 발생하는 예측 불허의 사건을 아주 단일한 판단 구조(예로서 과학기술결정론과 사회결정론이 균등하게 공존하는 구조)로 이해하는 상태를 앞으로 지(知)의 경계 문제라고 부르고자 한다. 지(知)의 경계 문제(이하, 경계 문제)가 제기되는 까닭은 단지 과학·기술·사회의 경계에서 발생하는 다양한 사건이 각각에 불확실성을 안겨 주기 때문만은 아니다. 경계 문제의 특이한 점은 다양한 사건이 각각에 불확실성을 안겨 줌에도 처음부터 거의 단일한 이해 방식이 전역을 뒤덮고 있다는 것이다.

과학·기술·사회의 경계에서 발생하는 다양하고 예측할 수 없는 사건을 이해하려는 행위는 지(知)의 틈새에 식민하고, 사건에 대한 이해를 돕는 지(知)의 틀의 부재 상태는 계속된다. 그런 상태에서는 될수록 여러 상이한 이해 방식을 조합해 사건의 전체상을 탐색하고, 사건의 다양성과 불확실성에 대처하는 것이 바람직하다. 만약 처음부터 단일한 이해 방식에 의해 정책을 입안하고 시행한다면, 현실에서 발생하는 사건의 다양성과 예측 불가능성에 의해 배신당할 가능성이 높다. 그런 점에서 과학기술 정책에 관한 담론 상태는 약간 불건전하게 여겨진다.

단일한 이해 방식일지라도 과학기술결정론과 사회결정론은 수단과 목적, 원인과 결과를 맞바꾼 정반대의 논리 형식을 지닌 판단 구조다. 정반대의 논리 형식을 지닌 양극의 담론이 공존한다면, 양자의 교섭을 활성화하면 과학·기술·사회의 경계에서 발생하는 다양한 사건의 불확실성에 대비할 수 있지 않을까? 과연 그럴듯하다. 그러나 경계 문제는 그것만으로 쉽게 해결할 수 없다. 왜 그럴까?

3
과학기술결정론과 사회결정론의 순환

안나카(安中)의 어느 절에 주지승을 가장하고 숨어든 뜨내기가 있었다. 가짜 주지승은 불경 하나 읽을 줄도 몰랐지만 다행히 장례식이 없어 매일 술을 마시며 잘 지냈다. 그러던 중 여행하던 한 선승이 찾아와 대화를 청했다.

당황한 가짜 주지승은 주지 스님이 안 계시다고 둘러대고 선승을 숙소로 보낸 다음 곤약 장수에게 주지승 노릇을 해 달라고 부탁한다. 불자의 도(道) 따위는 생각해 본 적도 없는 곤약 장수는 청탁을 들어준다. 다음날 나타난 선승은 날카로운 질문을 퍼부었다. 화상(和尙)[4]으로 가장한 곤약 장수는 선승이 그 어떤 질문을 해도 입을 꾹 다물었다. 결국 묵언수행에 들어갔다고 생각한 선승

---

4 일본에서는 승려의 관명(官名)으로 쓰여 주직(住職. 주지) 이상의 승려를 화상이라 부른다.

은 손짓발짓으로 질문하기 시작했다. 그러자 곤약 장수도 손짓발짓으로 대답했는데, 그것은 매우 핵심을 찌르는 것이었다. 예를 들어 선승이 손가락으로 작은 동그라미를 그리면 곤약 장수는 커다란 동그라미를 그려 보였다. 선승은 '해의 근본은?'이라 물었는데 '바다와 같다'는 답을 얻은 것으로 풀이했다. 실은 곤약 장사는 '네가 파는 곤약은 이만한 것이지?'라는 질문으로 듣고 화가 치밀어 '이놈아, 이만큼 큰 걸 판다'고 대답한 것이었다. 몇 번이나 문답을 주고받아도 이런 식이었다. 놀란 선승은 결국 고개를 조아리며 물러갔다. 곤약 문답이라는 이야기다.

곤약 문답 이야기가 뭐라 말하기 힘든 야릇한 재미를 주는 까닭은 이런 상황이 일상적으로 빈번하게 벌어지기 때문이 아니다. 이런 상황이 일상에서 벌어지는 일은 거의 없다. 현실에서는 조금의 차질도 없이 일상을 영위하고 있음에도, 나중에 곰곰이 생각해 보면 조금의 차질도 없어 보이던 사람과 사람의 공존 뒤에 곤약 문답 같은 상호 오해가 얼굴을 내미는 일이 있기 때문이다. 그런데 서로 이질적인 영위가 이루어지는 경계 부근에서는 이른바 곤약 문답의 세계가 도리어 일상적이다. 그럴 때 야릇한 재미는 더욱 도드라진 색채를 띤다.

앞 절에서 정식화한 경계 문제는 마침 이런 경우에 해당한다. 이를테면 경계 문제는 상징적이지만 단일한 방식으로 이해받는 것처럼 보이는 과학·기술·사회 사이에 거대한 상호 오해가 발생할 가능성을 내포한다. 사회학자 탈코트 파슨스(Talcott Parsons)가 1951년에 쓴 다음의 고전적인 구절은 그런 가능성이 현실로 바뀌는 장면과 그 장면의 절실함을 잘 전해 준다.[20]

과학자는 지지를 받기 위해, 또 편의상 불가피하게 '아마추어'에게 의존한다. 그러나 상세한 지점으로 들어가면 아마추어는 과학자를 판단할 전문적인 능력이 없으며, '권위에 근거해' 과학자가 하는 일을 확인해야 한다. 과학 연구의 최첨단 영역과, 실제의 형편을 중요시하는 이가 가장 용이하게 감상하고 이해하며 사용할 수 있는 실제 결과 사이에 커다란 간극이 있다는 사실 때문에 이 일반적 상황을 강요받는다.…실제의 형편을 중요시하는 사람은 자신의 시각으로 과학이 하는 일에 '어떤 유용성'이 있는지 알 수 있는 기반이 거의 없다.

과학자와 실제의 형편을 중요시하는 이 사이의 커뮤니케이션 격차에 관한 글이지만, 곤약 문답 같은 상호 오해가 공존의 절실함과 불가분하다는 것을 이해할 수 있다. 더군다나 "과학자는 지지를 받기 위해, 또 편의상 불가피하게 '아마추어'에게 의존한다"는 대목은 아무리 봐도 사회결정론이다. 이에 반해 "과학이 하는 일에 '어떤 유용성'이 있는지"라는 대목은 아무리 봐도 과학기술결정론이다. 한마디로 이 글은 한 사람의 짧은 표현 안에서조차 과학기술결정론과 사회결정론이 공존하는 경계가 존재할 수 있음을 보여 준다.[21]

과연 이질적인 것의 공존이 상호 오해와 동전의 양면을 이룰 수 있다는 관점 자체는 적어도 19세기 말부터 20세기 초에 걸친 세기전환기 이래 사회이론의 지적 전통이었다.[22] 문제는 그런 지적 전통이 과학기술을 제외한 사회의 다른 영역에만 적용되는 특이한 규제 상태가 오래 지속됐고, 과학 · 기술 · 사회의 경계에 걸쳐 발생하는 사건을 이해하는 장면에는 역동적으로 동원되는 경우가 거의 없었다는 것이다.[23] 경계 문제의 독자성은 이런 지적 전통의 적용 규제를 철폐하고 종래의 다양한 사회이론이 과학 · 기술 · 사회의 경계에서 발생하는 사건을 이해하는 데 동원될 수 있는 일반성을 지닌 형태로 정식화하는 것이다.

이를테면 "사람이 상황을 진실이라고 규정하면 그 상황의 결과도 진실이다"라는 격언에 의해 알려진 윌리엄 토머스(William Isaac Thomas)의 공리는[24] 경계 문제에 대한 상호 오해도 과학 · 기술 · 사회의 공존을 추진할 수 있다고 강하게 시사한다. 즉 불확실성이 존재하는 상황에서는 경계 문제의 특성인 단일한 이해 상황이 사실 그대로인가 아닌가에 의해 결과가 정해지지 않는다. 이해 상황의 내용에 사람이 얼마나 충실하게 행동하느냐에 따라 결과가 정해진다.[25] 그러면 앞에서 정식화한 경계 문제를 형성하는 과학 · 기술 · 사회의 경계에서 발생하는 사건을 둘러싼 단일한 이해 방식이란, 이해 방식이 사실에 비추어 얼마나 정확한가 보다는 입장을 달리하는 사회 구성원이 얼마만큼 단일한 이해 방식에 충실하게 따라 행동한 결과 과학 · 기술 · 사회의 공존으로 이어지느냐라는 관점으로 이야기하는 것이 논리적이다.[26]

이런 신념이 가져온 사회적 기능의 차원에 주목하는 관점이 경계 문제를 풀기 어렵게 하는 이유를 분명히 말해 준다.[27] 과학기술결정론과 사회결정론이라는 두 가지 신념의 논리 형식에 입각해 보면, 그로 인한 사회적 기능이 대조적이라는 점을 알 수 있다. 과학기술결정론에 따르면, 특정한 사회 상태를 달성하기 위해서는 과학기술의 진흥이 필수다. 한편 사회결정론에 따르면,

과학기술의 진흥이 특정 사회 인프라 구조 없이 있을 수 없다. 다시 말해 이 두 신념에 의한 상태는 순환론의 구조를 안고 있다. 또한 과학기술결정론도 사회결정론도 한 종류뿐이고, 동일 분야의 동일 쟁점에 대해 늘 한 종류의 과학기술결정론과 사회결정론이 나타나는 것은 아니다.

지극히 적은 값의 셀이 포함되어 있어서 통계적 판단을 내리는 것이 거의 의미가 없지만, 과학기술결정론과 사회결정론에는 여러 종류가 있고 각각 나타내기 쉬운 분야와 쟁점이 존재한다, 그 경향을 정리하면 다음과 같이 유형화할 수 있다(문서 수가 적은 '악 · 기 · 과' 형은 제외했다).

- 선(善) · 기(基) · 사(社)형: 과학에 대한 투자 증대를 주장함. 과학기술기본계획이나 재래 과학, 학술 체제 일반에 많다.
- 선(善) · 기(基) · 과(科)형: 과학의 훌륭함을 주장함. 핵융합이나 우주개발(산 부문 이외) 등의 첨단 과학에 많다.
- 선(善) · 응(應) · 사(社)형: 기술에 대한 투자 증대를 주장함. 산(産) 부문의 '과학기술 창조 입국'과 관련된 것이 많다.
- 선(善) · 응(應) · 과(科)형: 과학의 실제 적용을 주장함. 우주개발(산 부문)이나 환경문제 등의 첨단 기술에 많다.
- 악(惡) · 기(基) · 사(社)형: 과학의 윤리적 규제를 주장함. 복제 등.
- 악(惡) · 응(應) · 사(社)형: 과학기술의 폐해를 통제하고 규제할 것을 주장함. 원자력과 유전자의 태반을 차지한다.
- 악(惡) · 응(應 · 과(科)형 : 과학기술의 폐해를 주장함. 원자력

에 많다.

과학기술결정론과 사회결정론은 순환론의 구조를 안고 있을
뿐 아니라 각각에 다양한 내용을 담고 있다.[28]

표 2-6 과학기술결정론–사회결정론으로 보는 관·산·학·민 부문의 판단 구조(분해판)

선				악			
기초		응용·개발		기초		응용·개발	
사회	과학	사회	과학	사회	과학	사회	과학
53	30	43	70	11	3	29	24

그런데 현실의 제약 조건[투입 가능한 자원(인재·물재·자금·정보),
시간의 제약]을 고려해 거시적으로(예로서 국가 차원에서) 바라보면, 사
실상 단일한 고정관념 아래 무언가를 결정하는 상태와 별다를 바
가 없다. 예컨대 어느 시점에 투입 가능한 자금에는 상한선이 있
다. 더구나 과학기술의 진흥이든, 과학기술의 진흥에 걸맞은 사
회적 인프라 구조의 구축이든, 골고루 나누어 주는 식의 자금 투
입은 효과가 적다. 중점적이고 지속적인 자금 투입이 중요하다.
하지만 과학기술결정론과 사회결정론처럼 순환론 관계에 있는
두 가지 틀이 있을 때, 어느 쪽 논리에 따른다고 해도 결정의 근
거로는 또 다른 논리가 필요하다. 자금을 중점적이고 지속적으로
어디에 투입할까를 어느 한쪽의 논리에서만 자기 완결적으로 결
정하는 것은 불가능하다.
　　따라서 투입 가능한 자금에 상한선이 있는 이상, 그 제약이 강

하면 강할수록 현실에서 의사결정을 위해서는 어느 쪽 하나의 논리만 존재한다고 보고 중점적이고 지속적인 자금 투입을 결정하는 수밖에 없다. 즉 현실적으로 투입 가능한 자원의 제약을 고려하면, 정반대의 논리 형식을 가진 틀끼리 끝까지 논리를 따져 논의하기를 기대하기는 매우 어렵다(예로서 각 부문에서 그런 논의는 시간 낭비로 여겨진다). 그런 방식으로 중점적이고 지속적인 자원 투입을 결정하는 것은 동전 던지기로 희망대로 되기를 바라는 것과 논리적으로 다를 바가 없다.

국가 차원의 유효한 과학기술 정책을 정하기 위한 논의에 얼마간 참여해 보면, 순환론이 눈에 띄는 사례가 셀 수 없이 많다. 이는 17조 엔이라는 거액의 자금 투입으로 지원하는 제1기 과학기술기본계획이 출범한 지 1년이 지난 국면(1998년 1월 1일 이후 1년간)에도 중의원 의사 회의록 안의 과학기술, 평가(assessment), 리스크, 책무(accountability) 등의 쟁점을 키워드로 검색한 파일을 열어 보면 일목요연하다. 한편에서는 이렇게 말한다.

나는 풍요로운 경제 사회의 발전을 이룩하고 국민 전체가 자랑스러움과 자신감을 갖고 21세기를 맞이할 수 있도록 노력하는 것이 오늘날 우리에게 맡겨진 사명이라고 생각합니다.…무궁한 지적 자산을 형성한 과학기술은 경제 구조의 개혁을 실현하고 활력 넘치는 경제 사회를 구축해 가는 원동력이며, 우리에게 맡겨진 사명을 완수하기 위해 필수입니다.[29]

일본은 아시는 바와 같이 자원이 별로 없고, 과학기술의 발전을

통해 세계에 공헌해 감으로써 자력으로 살아 나가야 하는 나라입니다.[30]

일본은 자원 소국이다, 기술을 통해 국가를 발전시켜 나갈 수밖에 없다, 이런 생각으로 공학부를 선택해…과학기술 창조입국 일본을 만들기 위해 열심히 노력하고자 합니다. 부디 아낌없이 지도해 주시기 바랍니다.[31]

거품경제의 후유증이 아주 심각하기 때문에 어떻게 경제를 재생해야 할까, 이것이 현재 최대의 과제입니다. 그뿐만 아니라 여러 가지 문제, 저출산, 또는 글로벌화에 의한 지구환경 문제 등등 심각한 문제가 산처럼 쌓여 있습니다. 이런 정세를 극복해 나가기 위해서는 무엇보다 과학기술에 의해 21세기를 향해 활력이 가득 찬 풍요로운 일본을 창조해 나가야 합니다.[32]

또 다른 한편에서는 이렇게 말한다.

놀라운 일입니다만, 일본의 연구자가 중심이 되어 공동 연구를 해 온 성과를 국제학회에서 발표해 달라고 여러 번 초대가 왔습니다. 들어 보니 한 달에 두세 번 정도 초대를 받았다고 합니다. 그런데 해외출장 경비가 충분하지 않았습니다.[33]

역시 이것은 최근 5년 동안 17조라고 과학기술기본법을 제정했을 때 목표로 내걸었습니다만,…하다못해 경상연구비는 제대로

늘리겠습니다.[34)]

성과를 올리면 프로젝트 연구에 돈이 들어오지만, 그렇게 되기까지는 연구비가 형편없습니다.…경비, 기타 수도 및 난방비를 제하고 나면 200만 엔밖에 남지 않지요. 그런 식으로 참담한 사정이라는 점을 확실하게 파악하고 나서 발언해 주기를 바랍니다.[35)]

지금 참담한 사태라고 해도 지나치지 않을 만큼 경상연구비는 줄곧 답보 상태입니다. 아무리 물가가 올라도 거의 늘어나지 않지요.…그런 점을 좀 더 조명해 운영하는 것이 정치적인 요구라고 생각합니다.[36)]

실리의 원천인 과학기술은 엄청난 기대를 받고 있는 반면 같은 과학기술이라도 기초연구의 지원 체제는 오랫동안 참담한 상태로 방치되었다. 그러나 과학기술 창조입국론을 뒷받침하는 실리의 원천인 과학기술의 기초연구 없이는 앞으로 나아갈 수 없는 단계에 오았다.[37)] 전체적으로 눈익가 들고 또는 깃은 누구의 눈에도 뚜렷할 것이다. 앞서 말한 경계 문제의 특성을 바꾸지 않고서는 과학·기술·사회의 경계에서 발생하는 사건을 둘러싸고 끝까지 이치를 따지는 논의가 바람직하지 않은 이유다.

요컨대 과학기술결정론과 사회결정론이라는 순환론을 포함한 논의는 자원의 제약 아래 무언가를 결정해야 하는 현실에 부딪치면, 어쩔 수 없이 어느 쪽 결정론을 내세우는, 아주 알기 쉬운 단일한 고정관념으로 무언가를 정하는 방식을 취한다. 그렇다면 결정 방식의 절차로서 무시할 수 없는 문제점이 있을 뿐 아니라(결정 방식의 문제점은 제5장에서 살펴보겠다) 결정한 결과가 과학·기술·사회의 경계에서 발생하는 사건의 불확실성에 현저히 좌우되어 참된 문제 해결로 이어지기 어렵다(또는 생각지 못한 문제를 새롭게 발생시키기 쉽다). 여기에 과학기술 정책에 대한 담론군을 내포한 환경문제에 의해 '지(知)의 실패'가 발생할 가능성이 있다.

어떻게 하면 좋을까? 모든 것은 과학기술결정론과 사회결정론 같은 이분법적(앞에서 말한 대로 사실상 단일한 스테레오타입에 한없이 가까운) 설정에 입각한 알기 쉬운 논의를 패스하는 것에서 시작된다. 그렇게 해서 경계 문제의 특성을 바꾸고 지(知)의 틈새를 될수록 다양하고 상이한 입장으로 번역할 수 있는 방식으로 이해하는 가능성을 담보하는 일이 중요하다. 그렇게 함으로써 비로소 다양한 이해 방식을 불확실성 아래 하나의 정책 목표로 집약하는 방법을 탐색하는 일이 실질적 의미를 지닌다. 무언가를 결정하는 장면에 등장하는 개개 논의 내용의 옳고 그름뿐 아니라 처음부터 의사결정에 이분법적 선택지가 서로 몰교섭 상태로 공존하는 상태를 하루 빨리 교체하는 것이 바람직하다. 그 교체는 어떻게 가능할까? 새로운 논의의 마당을 마련함으로써 가능하다. 새로운 논의의 마당이란 무엇일까? 그것은 과학·기술·사회의 경계에서 발생하는 사건을 둘러싼 의사결정 모델의 변화를 어떻게 가능하게 할까?

4

과학기술 복합체와 문제의 전체상

STS 상호작용이라는 개념을 도입하고자 한다. 과학기술은 사회의 특정 목표를 달성하는 수단이라거나 사회가 과학기술의 특정 목표를 달성하기 위한 수단이라고 하는 숱한 논의에 종지부를 찍고, 전혀 새로운 차원에서 논의의 마당을 열기 위함이다. STS란 단순히 Science, Technology & Society의 머리글자라고 보면 된다. 따라서 STS 상호작용이란 과학·기술·사회가 자원(인재·물재·자금·정보)을 주고받으며 서로 존속·변화·쇠퇴하는 양상을 가리킨다. 존속·변화·쇠퇴하는 양상은 과학이나 기술 하나에 의해서만 결정되는 것도 아니고, 사회에 의해서만 결정되는 것도 아니다. 과학·기술·사회가 상호작용을 이루는 과학·기술·사회 계 전체의 특성에 의해 결정된다고 보면 무난하다. 문제는 두 가지로 나뉜다. 우선 STS 상호작용의 특성을 어떻게 파악할 것인가? 그리고 STS 상호작용의 특성을 바탕으로 어떤 새로운 논의 가능성이 떠오르는가?

먼저 STS 상호작용의 특성을 제대로 파악하는 모델을 생각해 보자. 모델의 전제는 세 가지다. 첫째, 과학·기술·사회가 제도 로서 서로 교섭하는 것은 인재·물재·자금·정보, 즉 사람·사물·돈·정보라고 생각한다. 둘째, 과학·기술·사회의 상호작용 메커니즘은 시장의 거래로 환원할 수 없는 성질이 강하다고 생각한다. 예컨대 과학기술에 돈을 퍼붓는다고 해서 늘 결과를 기대할 수 있는 것은 아니다. 결과는 정보일 수도 있고 돈일 수도 있지만, 기대에 못 미칠 때가 훨씬 많다(예를 들어 기업 내 연구와 개발의 경우, 과학기술의 기초연구에 투자한 것이 그대로 수익으로 돌아올 확률은 100 중 2 내지 3이라고 한다).[38]

이와 반대로 그 시점에는 거의 결과를 기대할 수 없고 별로 돈을 투자하지 않을 즈음부터 다음 세대에 막대한 영향을 미치는 성과가 나오기도 한다[예로서 시라카와 히데키(白川英樹)[5] 박사의 연구 등]. 한마디로 엄밀한 교환이 성립하지 않는다. 셋째, 과학·기술·사회기 교섭하는 경계에는 비대칭의 상호자용이 존재한다고 생각한다. 과학·기술·사회 사이에 사람·사물·논·정보가 교섭할 때 각 장면마다 선택적으로 교섭을 촉진하는 것과 억제하는 것이 존재한다. 과학과 기술 사이에는 과학에서 기술로 흘러드는 사람의 흐름이 그 반대의 그름에 비해 훨씬 많다[예로서 과학에서 기술 분야(예를 들어 금융공학 등)로의 파생효과(spin off)]. 기술과 사회 사이

---

5 일본의 화학자(1936-). 도쿄공업대학 공학박사. '전도성 고분자의 발견과 발전' 으로 노벨화학상을 받았다.

에는 기술에서 사회로 흘러드는 사물의 흐름이 정보의 흐름에 비해 훨씬 많다[예로서 기술 정보가 블랙박스[6]가 된 대중 소비재(가전제품, 자동차, 휴대전화 등)의 범람]. 과학과 사회 사이에는 사회에서 과학으로 흘러드는 사물과 돈의 흐름이 그 반대의 흐름에 비해 훨씬 많다 (일반적으로 과학자 집단의 자율성 표현이라고 여겨진다).

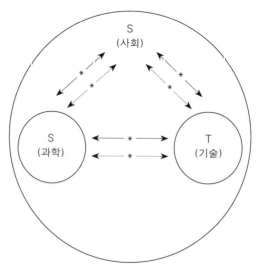

그림 속의 *은 인재·물재·자금·정보를 나타낸다. 실선 화살표는 상호작용의 촉진을, 전선 화살표는 상호작용의 역세를 나타낸다.

그림 2-1 STS 상호작용의 일반형

이상의 전제 위에서 생각하면 STS 상호작용이 고려해야 할 작용의 수는 넷(사람 · 사물 · 돈 · 정보) × 둘(상호작용) × 셋(과학 · 기술 ·

---

6 입력과 출력이 일어나는 장치 혹은 시스템.

사회)×둘(상호작용의 촉진과 억제), 이렇게 적어도 48가지가 존재한다.[39)]

가령 과학의 분야, 기술의 분야, 사회 각 부문의 내역을 세분화하지 않더라도 이대로는 이야기를 수습할 수 없다. 그래서 일반형 안에서 현실을 분석하는 데 유의미하고 이야기를 수습할 수 있는 조건을 이끌어 낼 필요가 있다. 먼저 이렇게 생각하면 어떨까? 그 제안을 나타낸 것이 '그림 2-2, STS 상호작용의 특수형'이다.

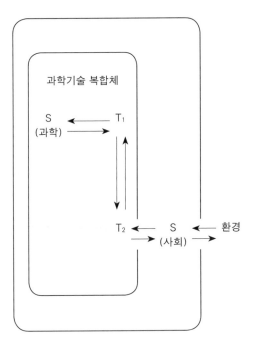

그림 2-2 STS 상호작용의 특수형

여기에는 무리 없이 현실을 반영한 두 가지 조건이 표현되어 있다. 첫째, 과학기술이 일체화되어 사회와 관계를 맺는다. 즉 이른바 과학기술 복합체가 사회와 상호작용한다는 조건이다(달리 말하면 과학이 단독으로 사회와 상호작용하거나 기술이 단독으로 사회와 상호작용하는 일은 과학과 기술이 일체화된 19세기 말부터 20세기 초에 걸친 세기전환기 이후 산업사회에서는 일어나기 어렵거나 극히 드물게 일어난다고 생각한다). 둘째, 첨단기술(T1이라고 표기)과 상용기술(T2라고 표기) 사이에 상호작용이 존재한다는 조건이다. 여기에서 첨단기술이란 기존의 기술 배치를 바꾸어 버리는 비약적 진보형의 기술을 말하고, 상용기술이란 첨단기술의 저변에 존재하고 신뢰성과 경제성이 거의 확립되어 직접 상용 생산과 결부되는 기술을 말한다.[40]

따라서 이 사고방식의 효능은 과학·기술·사회의 사정을 결정하는 주요한 상호작용이 첨단기술과 상용기술이라는 두 가지 기술 사이의 상호작용으로 귀착한다는 것이다. 물론 그 밖의 복수의 사고방식이 있어도 좋다. 여기에서 굳이 이 사고방식을 정식화하는 것은 무난하게 들어맞는 고전적인 선례가 있고 전혀 새로운 논의의 차원을 열어 주기 때문이다. 고전적인 선례는 근대 전기기술이 비로소 떠오르는 과정이 제공한다. 근대 전기기술이란 정전기와 마찰전기에 관한 선구적 지식을 넘어 전력의 일정한 공급과 이용을 가능하게 한 전력산업 시스템을 가리킨다.

최초로 첨단기술이 등장한 것은 토머스 에디슨(Thomas A. Edison, 1847-1931)이 발명한 필라멘트가 달린 백열전구였다. 즉 개인의 발명에 의해 첨단기술이 주어졌다.[41] 그러면 첨단기술이 그대로 상용기술로 사용되느냐 하면 그렇지 않다. 첨단기술은 상용

기술로 사용되지 않는 것이 아니라 상용기술이 되어야 한다. 첨단기술이 상용기술 분야로 이전되어야 한다는 말이다. 첨단기술을 그대로 상용기술로 사용하려면 문제가 있다. 송전망과 배전망을 구축하는 문제다. 필라멘트가 달린 백열전구라는 하나의 기술을 낳기 위한 준비를 사회가 마련할 필요가 있었다. 따라서 발명가와 사회의 투자가 사이에서 교섭이 나타난다. 즉 사회와 상용기술에 관련된 분야와의 교섭을 통해 첨단기술로 문제가 넘어간다.

그 단계에서 이번에는 과학과 첨단기술 사이에 교섭이 일어난다. 특히 장거리 송전을 둘러싸고 첨단기술 측의 에디슨(초등학교 중퇴 후 독학)과 과학 측의 니콜라 테슬라(Nikola Tesla, 1856-1943) 사이에 일어난 직류·교류 선택 논쟁이 그것이다. 나아가 사회 측의 기업이 관여한다. GE-에디슨의 직류팀과 웨스팅하우스-테슬라의 교류팀 사이에 상용기술의 패권을 둘러싼 치열한 경쟁이 벌어졌다. 결과는 유도전동기를 사용해 이상(二相) 교류 발전을 추진한 웨스팅하우스-테슬라의 교류팀이 승리했다(예로서 나이아가라 수력발전소는 1893년에 교류빌진을 채용했다).[42]

이리하여 비로소 과학기술 복합체라 할 것이 성립하고, 이른바 자가발전을 시작한다. 즉 사회와 과학기술 복합체의 경계가 정해진다. 일단 과학기술 복합체가 완성되면, 환경의 변화에 상응해 특정한 국가 목적을 위한 수단으로 운용이 가능해진다. 예를 들어 전쟁을 목적으로 재편성된다. 재편성을 되풀이하면서 과학기술 복합체는 점점 성장하고 사회에 대해 자율성을 획득한다.

근대 전기기술이 사회에 출현한 과정은 이런 순서에 이런 모델로 표현할 수 있다.[43] 즉 출현 순서는 (T1⇄T2)→ (과학 ⇄T1)→ (T2⇄사회)→ 과학기술 복합체의 경계→ 과학기술 복합체의 자율성이라는 패턴을 밟았다고 볼 수 있다. 물론 이 패턴은 STS 상호작용이라는 모델을 통해 표현할 수 있는 하나의 가능성에 불과하다. 시대와 지역, 분야에 따라 다른 순서가 존재할 가능성을 배제해서는 안 된다. 그러나 STS 상호작용에 따라 그려 본 이 패턴은 우리가 자명하게 여기는 과학기술 복합체의 운용을 해석할 때 두 가지 중요한 실마리를 던져 준다.

첫째, 과학기술 복합체는 첨단기술과 상용기술의 상호작용에서 그 출현이 발단한다는 점이다. 그렇다면 과학기술 복합체의 초기 상태는 첨단기술과 상용기술의 상호작용이라는 단서를 준다. 둘째, 출현한 과학기술 복합체의 상태가 과학기술 복합체의 자율성 획득으로 끝난다는 점이다. 그렇다면 과학기술 복합체의 자율성을 드러내는(예를 들어 과학기술에 투자하는 사회의 생각이나 기대를 훨씬 넘어서는 사건이 과학기술의 투자에 의해 반드시 발생한다) 극단적인 경우가 과학기술 복합체의 종결 상태가 될 수 있다는 단서를 준다. 즉 STS 상호작용은 첨단기술과 상용기술의 상호작용으로 시작해 어떤 사회적 예상도 뛰어넘는 자율성을 지닌 과학기술 복합체의 존재를 시사한다.

그러나 고전적 선례에 나타난 과학기술 복합체의 자율성이란 과학기술 복합체로 사람·사물·돈·정보가 흘러들어 사회에 대한 보답이 제로에 가까운 상태를 허용하는 독특한 여유를 갖는 과학·기술·사회 계에 가깝다. 그런 상태는 사회의 존속을 위한 필요요건을 충족시키기 때문에 허용된 상태라고 보기 어렵다. 그

렇다고 해서 과학기술 복합체의 자율성이 사회 질서의 일탈 또는 규칙 위반이라고 하기도 어렵다.[44]

그렇다면 이것은 사회가 과학기술 복합체에 거는 거대한 신탁 (信託)이라고 생각할 수밖에 없다. 신탁의 근거는 이른바 만기 배당금이 없는 보험일지도 모른다. 혹은 우회 생산에 대한 기대일지도 모른다.[45] 보시일지도 모르고 포틀래치(potlatch)[7]일지도 모른다.[46] 만기 배당금이 없는 보험이라고 하면, 무슨 일이 일어날지 예측하기 어려운 분야로 사람과 사물, 돈과 정보가 흘러든다. 보시라고 하면, 후광(권위)이 있어 보이는 분야로 사람과 사물, 돈과 정보가 흘러든다. 포틀래치라고 하면, 의례적인 의미가 있는 유행 분야로 사람과 사물, 돈과 정보가 흘러든다. 어느 쪽이든 과학기술 복합체의 자율성은 신탁이라는 조건 아래 STS 상호작용의 골격인 비대칭 상호작용이라는 현상이 성립한다.

첨단기술과 상용기술의 상호작용에서 시작해 과학기술 복합체의 자율성에 이르는 과정은, 우리가 교섭이라는 말로 표현한 대칭적 상호작용이 사회의 신탁을 매개로 비대칭적 상호작용으로 변화해 가는 과정이다. 비록 신탁의 근거가 어떤 것이든, 그 과정은 과학기술 복합체의 자리에서 사회를, 또는 사회의 자리에서 과학기술 복합체를 보기 어렵게 하는 효과를 지닌다(예로서 개개 쟁점에 대해서는 어떤 입장을 취하든 과학·기술·사회 계 전체를 파악하기란 점차 힘들어진다). 그 결과 조금의 차질도 없이 나날의 생활을 영위하는 것으로 보이지만, 과학·기술·사회가 공존하는 배후로

---

7 북서부 아메리카 해안에 사는 아메리카 원주민들의 특이한 풍속을 지칭하는 말로, 큰 잔치를 열어 선물을 교환하는 행위를 가리킨다.

한 걸음 물러나자마자 곤약 문답 같은 상호 오해가 부단히 나타날 가능성이 발생한다. 개별적인 경우에 과학기술결정론을 채용하느냐 사회결정론을 채용하느냐와 상관없이 과학·기술·사회계 전체로서 거시적으로 경계 문제가 모습을 드러내는 근거가 바로 여기에 있다고 볼 수 있다.

과학·기술·사회 계 전체를 자각해 개념화하지 않으면 해결은커녕 이해조차 못하는 문제가 존재한다. 거대화의 일로를 걷는 과학기술 복합체의 어느 부분에 투입할 자원을 사회의 어느 부분이 어떻게 부담할 것인가? 또는 과학기술 복합체의 어느 부분이 산출하는 이익과 불이익을 사회의 어느 부분에 어떻게 배분할 것인가?

앞에서 분석한 과학기술 정책에 관한 323건의 문서 가운데 특히 미묘한 사정에 관한 사례를 주목하면, 현상의 논의에서는 이런 질문에 대답은커녕 이해하기도 곤란할 것이다. 예를 들어 원자력에 관련된 내용은 323건의 문서 중 65건인데, 그것을 유형화해 보면 어느 것이나 경계 문제를 형성하는 과학기술결정론이나 사회결정론 중 어느 쪽에 입각한 쟁점을 나열하고 있다. 따라서 앞의 문제에 대답은커녕 문제의 민체성을 드러내는 싯도 매우 곤란하다. 한편으로는 '몬주'[8] 등 원자력 연구가 어떻게 추진되어 갈까, 핵융합로를 만들어야 할까 말까, 전력 공급원인 원자력 발전의 의미는 무엇인가 등 과학기술결정론에 속한 논의군(27건)이 존재하고, 다른 한편으로 원자력의 폐해를 통제하고 규제하는 사

---

8 일본의 후쿠이(福井) 현 쓰루가(敦賀) 시에 있는 일본 원자력연구개발기구의 고속증식로.

회결정론에 속한 논의군(37건)이 존재한다. 전체적으로 충분한 논의를 보여 주는 문서는 거의 존재하지 않는다(분류 불가능 1건).[47]

유전자에 관한 쟁점에 대해서도 같은 말을 할 수 있다. 앞의 문서 중 유전자에 관련된 내용은 34건이다. 한편으로 '의용(醫用) 생체공학'이나 '구조생물학' 등의 주제에 전형적으로 나타나는 '유전자 연구는 유용하다'는 과학기술결정론에 속한 논의군(15건)이 존재하고, 다른 한편으로 '합의(consensus)회의'나 '복제 인간의 찬반' 등의 주제에 전형적으로 나타나는 '유전자 연구는 사회적으로 컨트롤해야 한다'는 사회결정론에 속한 논의군(19건)이 존재한다. 전체적으로 어떻게 할까에 대해 양자를 연관 짓는 논의는 존재하지 않는다.

이만큼 과학·기술·사회 계 전체를 관통하는 것은 매우 어렵다. 복수의 입장에 따른 상이한 기술을 종합해 문제의 전체상에 접근하는 방법을 취하지 않으면, 부담과 이익, 불이익의 분배를 동시에 다루는 논의는 경계 문제의 범주 안에 매몰되어 실질적 의미를 지니지 못한다. 즉 사회의 각 부분이 지닌 고유의 입장을 철두철미 고수하고, 가 부분에 고유한 입장에서 상세한 문제를 기술하는 것이 경계 문제를 회피하기 위해 불가피하다. 동일 쟁점을 둘러싼 다양하고 상세한 문제를 기술해 당사자와 관찰자에게 동시에 공유하지 않으면, 전형적인 이분법적 고정관념의 정책을 입안하고 실행하기 쉽다. 다시 말해 과학기술결정론에 속한 이익의 주장과 사회결정론에 속한 불이익의 주장이 대립하거나 의례적으로 나열한 경계 문제에 전형적으로 나타나는 이분법적 고정관념이 그것이다(그럴 경우 과학기술 활동에 필요한 비용을 누가 얼마

만큼 부담하고, 그것이 산출하는 이익과 불이익을 누가 어떻게 배분하는가를 명시하지 않은 채 이익이 특정 주체의 기득권으로 넘어가 불이익을 다른 특정 주체에게 사실상 강요하는 경우도 상상하기 어렵지 않다).

복수의 상이한 입장을 기술해 종합할 때 공통의 지평을 마련하는 논의의 토대가 바로 STS 상호작용이라는 사고방식이다. STS 상호작용이 여는 새로운 지평은 가장 뚜렷한 자신의 입장을 명시해 문제를 기술함으로써 경계 문제를 회피하고, STS 상호작용이라는 공통의 자리에서 상이한 여러 입장의 기술을 종합해 문제의 전체상을 얻음으로써 불확실성을 될수록 축소해, 가능하면 문제의 전체상에 따른 의사결정의 선택지를 제시한다는 특징이 있다.

앞에서 논의한 것을 다음 네 가지로 정리할 수 있다.

①이과와 문과, 비실학과 실학에 걸친 지적 틀이나 제도적 틀이 존재하지 않기 때문에 지(知)의 틈새가 생기고, 사회의 구성원이 각자의 입장에 적합한 방식으로 지(知)의 틈새를 이해하는 자유재량의 여지가 크게 존재한다. 이런 상황에서 과학·기술·사회의 경계에서 발생하는 사건에 대한 공동 이해가 성립하는 과정은 관·산·학·민 부문의 전형적인 입장에 상응한 이해의 차이를 둘러싸고 벌어지는 대립, 교섭, 타협 등 합의를 형성하는 과정이라고 개념화할 수 있다.

②STS 매트릭스 방법을 사용해 과학기술 정책에 관한 다양한 담론을 조사해 보면, 현실에는 합의형성의 전제가 충족되어 있지못하다. 관·산·학·민 부문을 불문하고 과학기술결정론과 사

회결정론이 거의 균등하게 공존한다는 판단 구조를 통해 다양한 사건을 단일하게 이해하는 상태가 지(知)의 틈새를 뒤덮고 있기 때문이다(경계 문제의 발생).

③경계 문제는 과학기술결정론과 사회결정론 사이의 순환론 구조를 안고 있다. 나아가 현실적으로 투입 가능한 자원이나 시간의 제약을 생각하면 국가 차원의 실제 의사결정 장면에서 어느 쪽인가의 판단 구조가 고정관념으로 활용될 가능성이 있다. 그 결과 과학·기술·사회의 경계에 개재하는 불확실성에 의해 과학기술 정책의 유효성과 정당성이 생각하지도 못한 방식으로 훼손당할 가능성이 있다.

④과학기술결정론과 사회결정론에 의거해 한없이 이어지는 논의에 종지부를 찍고, 과학·기술·사회가 상호작용하는 전체의 특성에 입각한 논의로 교체하기 위해 STS 상호작용의 틀이 적절하다. 이 틀은 한편으로 과학·기술·사회 계 전체에서 차지하는 특정 입장을 고수하는 복수의 상이한 문제를 기술함으로써 경계 문제를 회피하고자 한다. 다른 한편으로는 문제를 복수의 상이한 입장으로 동시에 기술함으로써 불확실성에 대비한다. 이렇게 해서 이분법으로 고정돼 있기 않은 신데지에 의해 의사결정을 할 수 있다.

이상의 결론은 지금까지 등한시해 온 지(知)의 틈새를 뒤덮은 경계 문제 및 그것을 회피하는 틀로서 STS 상호작용이 과학기술 정책에 관한 담론에 의해 어떻게 정식화할 수 있느냐에 초점을 맞추었다. 구체적 사례를 통해 STS 상호작용의 다양한 함의를 음미하는 작업은 제3장으로 넘긴다. 하지만 제2장에서 논의한 경계 문제와 STS 상호작용의 정식화를 통해 곧바로 이끌어 낼 수 있는 함의도 존재한다. 그것은 구조재의 새로운 특성, 그리고 '지(知)의 실패'를 회피하는 길에 관한 것이다.

제1장에서 살펴보았듯 구조재는 호불호를 불문하고 기존의 고정관념으로 문제의 소재를 은폐해 버리는 경향이 강했다. 이것은 제2장에서 정식화한 경계 문제에서 자원이나 시간의 제약 아래 과학기술결정론이나 사회결정론 한쪽이 거의 고정관념으로 사용되는 경향과 닮았다. 차이점이라면 구조재가 시간과 장소를 특정할 수 있는 개별 재해를 염두에 둔 데 비해, 경계 문제는 지(知)의 틈새를 봉합하고 과학 · 기술 · 사회의 경계에서 발생하는 사건 일반을 염두에 둔다는 것이다. 따라서 경계 문제는 재해 같은 불이익은 물론 안전 같은 이익도 똑같이 내포한 형태로 정식화되었다. 즉 경계 문제는 과학 · 기술 · 사회의 경계에서 발생하는 재해를 포함해 과학과 기술의 여러 어두운 그림자뿐 아니라 과학기술의 진흥이나 사회적 목적의 달성 같은 밝은 빛도 염두에 둔다. 한마디로 구조재란 어떤 의미에서는 경계 문제에 포섭된다. 그러므로 앞에서 말한 대로 경계 문제에 의해 발생하는 '지(知)의 실패'를 회피하기 위해 정식화한 STS 상호작용의 틀은 구조재의 회피라는 문제에 대해서도 적지 않은 함의를 지닌다.

특히 개인이 과학 · 기술 · 사회 계에서 차지하는 입장을 고수한다는 의미로 자기언급을 통해 경계 문제를 회피하는 전략이 있다. 그것은 구조재가 발생했을 때 따라야 할 원칙으로서 역전달 원칙의 적용 범위를 사후적인 대증요법에 한정하지 말고 사전 예방에까지 확장해야 함을 시사한다. 결국 미지의 구조재에 관한 상이한 입장의 자기언급과 그에 따른 복수의 기술을 종합함으로써 기존의 단일한 고정관념을 재활용하는 것과 단절함으로써 문제의 전체상이나 초점을 구축해 불확실성에 대비하는 전략이다.

'상이한 입장의 자기언급과 그에 따른 복수의 기술을 종합'하는 것이란 무엇일까? 만약 구조재가 발생했을 때 가능하면 여러 입장의 사람들이 예상하는 가장 걱정스러운 문제를 수합하고, 문제들의 윤곽과 초점을 사전에 최대한 확실하게 해 두는 것을 말한다. 애초부터 문제가 미지의 구조재이므로 문제의 전체상이나 초점이 사실 그대로라는 보장은 없다. 그러나 그런 대화의 절차도 없이 불확실성에 직면하는 것보다는 훨씬 낫다. 기존의 단일한 고정관념과 단절함으로써 경계 문제를 사전에 회피할 수 있기 때문이다. 나아가 될수록 다양한 입장의 자기언급을 종합하면, 입장이 다른 많은 사람들이 최대한 납득할 수 있는 예방 절차를 제공할 수 있다. 비록 사전에 구축한 문제의 전체상이나 초점이 불확실성으로 인해 사후 사실과 부합하지 않는 결과가 나온다고 해도 말이다.

바꾸어 말해, 역전달의 원칙을 사전 예방의 장면까지 확장함으로써 예방의 대상인 문제(이 경우는 구조재)의 전제상과 조점 책정에 대해 입장이 다른 다양한 사람들에게 참여를 개방하는 것(개방형 지침의 채용), 여기에는 '지(知)의 실패'를 회피한다는 함의가 들었다. 물론 그런 절차에 의해 그 자리에서 무언가를 결정해 버리면, 앞에서 지적한 무한책임의 문제가 예상된다. 내가 주장하는 바는 바로 의사결정을 위한 선택지를 경계 문제의 회피책에 의해 담보하는 의사결정 환경을 변화시키자는 것이다. 이를테면 전문가에 의한 기술 예측은 있지만, 비전문가를 포함한 다양한 입장의 사람들에 의한 리스크 예측의 시도는 아직 없다. 앞에서 말한 절차에 의해 비전문가를 포함한 다양한 입장의 사람들에 의한 리스크 예측을 과학기술 정책 입장의 일환으로 포섭한다는 구상은 '지(知)의 실패'를 회피하는 전망의 하나이기도 하다(전문가와 비전문가를 둘러싼 상세한 제언은 제5장에서 언급하겠다).

생각해 보면 불확실성은 과학·기술·사회의 그림자로만 나타나는 것은 아니다. 빛과 그림자 양쪽으로 나타난다. 그러면 STS 상호작용에 따라 빛과 그림자 양쪽의 관련을 어떻게 파악할 수 있을까? '지(知)의 실패'에 대해 어떻게 해명할 수 있을까? 앞으로 이 문제에 대한 대답을 모색해 보자.

3

과학기술 복합체에 대한
기대와 성과의 사회적 의미

0

들어가는 말

어떤 일에든 성공과 실패가 있다. 로켓이나 위성은 궤도 진입이 냐 추락이냐 둘 중 하나이고, 특허는 출원 신청을 하느냐 못하느 냐 둘 중 하나이며, 신에너지 기술은 개발하느냐 못하느냐 둘 중 하나다. 얼핏 간단명료해 보인다. 성공은 이익을 가져다주는 좋 은 것, 실패는 불이익을 가져다주는 나쁜 것, 성공의 반대는 실패, 실패의 반대는 성공이라는 이분법적 관점은 한눈에 알기 쉽다. 과학기술에도 인간과 사회에 좋냐 나쁘냐의 양면이 있을 수 있음 은 제1장에서 언급한 과학기술 선용론-악용론이 상징하는 바와 같다.

좋다 나쁘다 식으로 말하더라도, 이쪽은 사람의 도리에 맞아 좋고 저쪽은 도리에 맞지 않아 나쁘다는 식으로 양자를 확연히 가르는 경계선이 존재하는 경우는 흔치 않다. 경계선이 대체 어디에 있는지 짐작할 수 없는 회색지대가 계속되는 경우도 많다. 그런 경우에는 사람에 따라 좋은 면을 보거나 나쁜 면을 본다. 자기가 원하는 것을 본다는 뜻이 아니라 동일한 것을 보더라도 그것이 사람에 따라 좋은 것이기도 하고 나쁜 것이기도 하다는 뜻이다. 동일한 것을 동일한 사람이 보더라도 그것이 어떤 때는 좋게 보이기도 하고 어떤 때는 나쁘게 보이기도 하다는 뜻이다.

과학기술의 빛과 그림자라는 표현은 사실 과학 · 기술 · 사회 사이에 일반적으로 회색지대가 존재한다는 사정을 드러내려는 것이었다. 회색지대에서는 입장이나 이해관계나 쟁점에 따라 빛이었던 것이 그림자가 되거나 그 반대가 되기도 한다. 빛과 그림자는 쉽게 바뀔 수 있다. 즉 어느 시점에 무엇이 성공이고 무엇이 실패인지 명확히 구별하기란 의외로 어렵다. 무엇이 성공이고 무엇이 실패인가는 많은 경우 어느 정도 시간이 지나고 나서야 알 수 있다[예로서 제1차 세계대전의 교훈을 살려 프랑스는 독일과 맞붙은 국경에 공적 자금을 들여 오랜 시간 동안 요새를 쌓아 올렸는데, 그 마지노선이 무용지물이었다는 것은 거의 20년 후 히틀러(Adolf Hitler)가 그 마지노선을 우회해 파리를 쳐들어갔을 때 입증되었다].[1]

이렇듯 성공이 상징하는 빛과 실패가 상징하는 그림자의 연속성을 회색지대에 속하는 멀지 않은 과거의 사례로 돌아가 음미해 보는 것은 매우 의미 있다. 이미 알아 버린 현재의 지혜로 과거의 사례를 재단하기 위해서가 아니다. 멀지 않은 과거의 회색지대를 성공이나 실패 이야기로 만들어 버리지 않고 빛과 그림자의 연속성을 통해 바라보는 것은 동시대 사건으로부터 배우는 가장 전략적 접근법의 하나이기 때문이다(거꾸로 그런 접근법을 통해 동시대 사례로부터 학습하지 않는다면 회색지대는 아무리 무시해도 현관 앞에서 울어 대는 새끼 고양이처럼 결국은 문을 열어 들여놓아야 한다).

제3장에서는 이런 인식에 입각해 과학기술의 빛과 그림자가 서로 어떻게 연결되었는지 STS 상호작용에 따라 고찰한다. 신에너지 기술개발 프로젝트의 출발과 전개 과정을 생각의 재료로 삼을 작정이다. 먼저 신에너지 기술개발 프로젝트의 의의와 그 사회적 배경을 특히 해양에너지 기술개발 프로젝트의 출발 과정을 통해 조명한다(1절). 다음으로 해양에너지 기술개발 프로젝트의 전개 과정을 STS 상호작용에 따라 기술하고 분석함으로써 이 프로젝트를 둘러싼 기대와 현실의 차이를 제시한다(2절). 그 기대와 현실의 간격 배후에서 읽어 낸 과학기술의 빛과 그림자 관계는 불확실성 가운데 의사결정의 문제로 정리할 수 있다는 것을 제시한다(3절). 해양에너지 기술개발 프로젝트가 일단 몸을 숨긴 뒤 재등장하는 상태를 불확실성 가운데 의사결정의 문제에 비추어 음미한다(4절). 전체의 논의를 정리하고 과학기술의 빛과 그림자의 관계를 통해 전망하는 '지(知)의 실패'를 회피하는 역전달 원칙의 새로운 운용을 서술한다(맺음말).

1

신에너지 기술의 등장

신에너지 기술이라고 하면 사람들은 무엇을 떠올릴까? 고효율 가스터빈, 석탄액화, 태양광 발전, HDR(고온암체) 발전, 연료 전지, 풍력 터빈, 바이오매스, 핵융합 등등 다양한 기술이 시기와 문맥을 달리하며 관심을 모아 왔다. 아주 짧은 기간의 관심으로 등장하자마자 기억에서 지워진 기술까지 포함하면 그 목록은 더욱 방대할 것이다. 그중에는 이미 실현된 것도 있고 아직 실현되지 않은 것 또는 당분간 도저히 실현될 가능성이 없는 것도 있다. 재생 가능한 에너지 기술도 있고 재생 불가능한 폐기물을 산출하는 에너지 기술도 있다.

그러나 여기에는 한 가지 공통점이 있다. 바로 20세기 주력 에너지원이었던 화석연료, 특히 석유 원료의 에너지 생산 기술을 보완하거나 대체하는 것을 어느 정도 염두에 둔 기술이라는 점이다. 20세기 내내, 그리고 21세기 초반인 오늘날에도 신에너지 기술 개발은 여전히 사실상 석유의 대체 에너지를 개발하는 것이나 마찬가지다. 1996년에 책정해 1997년부터 실시한 '신에너지 이용 등의 촉진에 관한 특별 조치법'(이하 신에너지촉진법으로 약칭)에서는 과연 일본이 적극 도입하고 촉진해야 할 정책 지원 대상인 신에너지를 어떻게 정의하고 있을까? 다음과 같다. "석유 대체 에너지…를 제조하거나 발생시키고 이용하는 것 및 전기를 변환해 얻을 수 있는 동력을 이용하는 것(석유 의존도 경감에 특히 기여하는 것으로 한정함) 가운데 경제성의 제약 때문에 보급이 충분하지 않은 것, 석유 대체 에너지의 도입을 꾀하기 위해 특별히 발전시킬 필요가 있는 것을 말한다." 이 법의 취지는 사실상 석유 대체 에너지 촉진법의 내용을 함의한다.[2]

신에너지의 정의가 석유 대체 에너지가 될 수밖에 없는 이유는 간단하다. 20세기를 통해 그리고 21세기 초반인 오늘날에도 지구상의 산업사회는 그 활동의 주 에너지원을 석유에 의존하고 있지만, 석유의 사용가능기간은 한정되어 있기(오차가 있겠지만 대개 100년 내에 평균직인 재굴 가능성이 끝난다고 본다) 때문이다.[3] 따라서 다른 요인을 제거하고 지극히 단순하게 지구 차원에서 산업사회의 존속이 가능한 선택지는 중장기에 걸쳐 다음 세 가지밖에 없다.

①석유의 사용가능기간을 가깝지 않은 장래로 연장한다.
②석유 외의 에너지원을 발견하고 그 이용 기술을 개발한다.
③1과 2의 적당한 조합을 꾀한다.

①의 선택지에는 에너지 보존(energy conservation)[1] 기술 개발 또는 고밀도의 매장 자원을 탐사하는 기술 개발, 고효율의 이용 기술 개발 등의 하위 선택지가 있다. ②의 선택지 중 하나가 신에너지 기술 개발이다(그외 천연가스 등 다양한 기존 에너지원의 이용률을 높이고 석유 의존 체질을 개선하는 하위 선택지가 있다).

그러나 이것은 협의의 기술 개발에만 주목한 선택지의 해석일 뿐이다. 제1장과 2장에서 밝혔듯 기술 개발 자체는 사회현상일 뿐 아니라 다른 사회현상과 다양한 연관이 있다. 기술과 사회의 다원적 연관에 주목하면, 어느 선택지를 택하든 무시할 수 없는 요인이 있다. 그것은 바로 석유 자원의 주요 소비자는 선진 산업국이고 주요 생산자는 중동 국가들이라는 사실이다. 지정학적 조건으로 보면 양쪽은 일치하지 않는다. 주요 소비자와 생산자가 편재한다. 오늘날 석유 소비량은 미국과 EU, 일본만 해도 전 세계 소비량의 50퍼센트를 넘는다(1998년 실적으로 54.5퍼센트). 그 비중이 낮아진다고는 해도 단일 지역으로서 중동의 석유 생산량은 여전히 세계 최대인 30퍼센트 규모를 자랑한다(1997년 실적으로 27퍼센트).[4]

소비자와 생산자가 각기 편재하는 시장의 구조는 원유 가격 결정의 메커니즘에 독특한 성질을 부여한다. 소비자끼리 또 생산자끼리 각각 단체를 만들어 시장에서 대치하는 것이다. 중동 국가를 중심으로 결성한 석유수출국기구(Organization of Petroleum Exporting Countries, 1960년 결성, 이하 OPEC으로 약칭)와 선진 산업국의

---

1 일본어로는 '성(省)에너지'라고 하며, 한 단위의 생산에 필요한 에너지 소모량을 줄이거나 국가 전체의 에너지 소비량을 절약하는 것을 말한다.

주요 회사 및 국제에너지기구(International Energy Agency, 1974년 결성, 이하 IEA로 약칭) 사이에는 원유 가격 결정을 둘러싸고 경합이 벌어진다. 이러한 원유 가격 결정의 메커니즘은 소비자 단체와 생산자 단체 사이의 역학관계, 그리고 이 역학관계에 영향을 미치는 여러 우연한 조건(예로서 각 단체 내부의 이해관계 대립이나 국제 정세의 변화, 전쟁 등)이다. 실제로 OPEC이 결성된 1960년부터 오늘날까지 원유 가격은 몇 번이나 어마어마한 변동을 경험했다.

단속적인 원유 가격의 변동은 석유 제품이나 고분자 화합물과 관련된 석유화학 제품뿐 아니라 의약품, 식료품, 의료품, 각종 건축자재와 공업재료 및 신소재 등 광범위한 생산 제품과 생활 활동에도 직접 연관된다. 중요한 점은 단속적인 가격 변동이 중장기의 생산 활동과 생활 활동을 좌우하는 신에너지 기술 개발에까지 막대한 영향력을 미친다는 것이다. 원유 가격이 상승 국면일 때는 신에너지 기술 개발에 의한 석유 대체 에너지를 이용하려는 동기가 강해지지만, 원유 가격이 하락 국면일 때는 그 동기가 약해진다. 원유 가격이 인간의 사회적 행동, 특히 소비자가 석유 대체 에너지를 이용하려는 동기를 좌우하는 것은 단기적 경제 계획 관점에서 볼 때 매우 합리적인 현상이다. 그러나 중장기적인 신에너지 기술 개발을 고려하는 관점에서는 어떨까? 원유 가격의 변동에 따라 신에너지 기술 개발의 동기가 변한다면, 가격의 상승 국면과 하락 국면을 포함한 일정 기간이 지난 시점에 그 개발의 성과를 크게 기대하기 어려울 것이다.

신에너지 기술 개발의 주력인 재생 가능한 에너지 이용 기술로 석유를 대체할 필요성은 1970년대 초부터 전 지구적 차원에서 주장되었다(예로서 로마클럽 보고서 등). 그럼에도 오늘날 세계의 1차 에너지 공급 중 재생 가능 에너지 비율은 여전히 10퍼센트 이하다. 약 30년 이전과 비교해 변화가 없다. 또 전후 세계의 에너지 기술 개발 예산 중 재생 가능 에너지 이용기술 개발 투자액의 비율도 같은 기간 퍽 늘었다고 해도 10퍼센트 이하에 머문다.

일본도 사정은 마찬가지다. 오늘날 일본의 1차 에너지 공급 중 재생 가능 에너지의 비율은 30년 전과 거의 비슷하다. 일본의 에너지 연구 및 개발 예산 중 재생 가능 에너지 이용기술 개발 투자액의 비율도 30년 전과 비교해 큰 변화가 없다. 세계 평균과 비교하면 그 비율은 절반 이하 수준으로 떨어진다.

한마디로 재생 가능 에너지 이용기술 개발에 의한 석유 대체효과의 필요성을 주장하기 시작한 1970년대 초부터 현재까지 약 30년 동안, 일본은 재생 가능 에너지 이용기술의 예산 투입 비율로나 재생 가능 에너지 이용기술에 의한 효과의 공헌 비율로나 눈에 띄는 변화를 보이지 않는다. 또한 같은 기간 세계 평균으로 보더라도 재생 가능 에너지 이용기술에 의한 효과의 공헌 비율에 두드러진 변화가 없다. 덴마크도 그렇고, 독일의 아헨이나 프라이부르그의 풍력 디빈 기술 개발과 같이 비교적 석유 소비량이 소규모인 국가나 일부 지역에서는 최근 30년 동안 재생 가능 에너지 이용기술을 개발했고, 그 결과 일정하게 석유를 대체하는 효과를 낳았다.[5]

지난 30년 동안 실로 생태주의, 대안기술(Alternative Technology), 토착 기술, 적정기술, 지역주의, 친환경 버스 등 다양한 재생 가능 에너지 이용기술로 이어지는 이념을 외쳐 왔다. 그러나 일본처럼 석유 소비량이 많은 국가의 규모나 세계적 규모로 보면, 재생 가능 에너지 이용기술 개발이 지속적으로 이루어졌다거나 그것이 어느 정도 석유 대체 효과를 낳았다고 말하기는 어렵다.[6]

이렇듯 재생 가능 에너지에 대한 꿈과 그것의 기술 개발이 낳은 현실의 성과 사이에는 현저한 간격이 존재한다. 이 간격의 원인으로 과학기술의 다양한 요인(현상의 원리적 해명이 곤란하다는 점, 기술적 난제 등)을 지목하기는 쉽다. 또 그것을 사회의 다양한 요인(특정 개인이나 집단의 노력 부족, 제도의 미비, 정치적 상황 등) 탓으로 돌리는 것도 어렵지 않다. 그러나 제2장에서 보았듯 과학기술결정론과 그 반대편에 있는 사회결정론은 둘 다 일종의 고정관념일 따름이다. 이 둘을 다 극복함으로써 반드시 새로운 논의의 마당(STS 상호작용)을 설정해야 한다. 이를 위해서는 과학·기술·사회의 경계면에서 발생하는 꿈과 현실의 간격이 무엇을 말해 주는지 STS 상호작용을 통해 구체적으로 짚어 내는 작업이 중요하다.

물론 재생 가능 에너지만 보더라도 꿈과 현실의 간격은 과거에 제창한 이념과 실제로 시도한 기술 개발의 수만큼이나 존재한다. 각각의 경우에 따라 간격의 성질도 미묘하게 다르고, 과학기술결정론이나 사회결정론에서 벗어나는 정도도 다르며, STS 상호작용의 선명한 정도도 상당히 다르다. 재생 가능 에너지 중에서도 과학기술과 사회, 그 어느 쪽에도 속하지 않는 기술 개발, 자연환경(예로서 지리 조건)에서 직접 도출하는 재생 가능 에너지 이용기술 개발에 주목한다면, 과학기술결정론과 사회결정론의 영향으로부터 똑같이 거리를 두고 과학·기술·사회의 경계면에 존재하는 꿈과 현실의 간격을 제대로 기술하고 분석할 수 있을 것이다.

이런 관점에서 보면 바다로 둘러싸인 일본의 해양에너지 이용기술은 지리 조건을 활용한 재생 가능 에너지 이용기술의 전형일 뿐 아니라 그 기술 개발의 꿈과 현실의 간격을 단적으로 엿볼 수 있는 사례일 것이다. 특히 해양온도차발전(Ocean Thermal Energy Conversion, 이하 OTEC로 약칭)의 개발은 전략적으로 주목할 만하다. OTEC는 오늘날 아직 본격적으로 실현되지 않은 재생 가능 에너지 이용기술 가운데 신에너지 기술 개발에 대한 관심이 세계적으로 높아졌던 1970년대에 가장 기대를 모았다는 점에서 적절한 사례를 제공한다.

OTEC는 해양의 표층과 심층의 온도차를 전기에너지로 변환하는 기술을 가리킨다. 해양의 표층과 심층의 온도차는 태양의 열방사에 의해 생겨나기 때문에 에너지원은 사실상 무한하다. 해양에서 전기에너지를 얻는다는 착상의 최초 형태는 쥘 베른의 공상과학소설《해저 2만 리》에서 찾아볼 수 있다.[7]

공상을 넘어 OTEC의 착상에 현실적인 형태를 부여해 준 것은 두 가지인데, 그것은 아직까지 OTEC의 기본 형태로 알려져 있다. 하나는 작동 유체(流體)가 순환하는 폐쇄 사이클(closed cycle)이라는 형태로, 1881년 프랑스의 물리학자 다르송발(Arsène d'Arsonval)이 제창했다.[8] 또 하나는 작동 유체가 순환하지 않는 개방 사이클(open cycle)이라 불리는 형태로, 다르송발의 지도를 받은 프랑스의 화학자로서 암모니아 합성으로 알려진 조지 클로드(Georges Claude)가 1926년에 제창했다[1928년 쿠바에 육상의 시범 플랜트(demonstration plant)를 건설했지만 실패했다.[9] 1948년에는 개방 사이클의 연구와 개발을 위해 프랑스 정부의 주선으로 해양에너지 회사를 설립한다(1956년 폐지). 1967년에는 미국의 앤더슨 부자가 폐쇄 사이클의 특허를 취득함으로써 폐쇄 사이클의 본격적인 연구와 개발이 출범한다.[10] 일본에서도 1970년대 중반부터 통상산업성, 대학, 기업, 전력회사 등을 중심으로 연구와 개발의 움직임이 활발해졌다. 그후 세 곳[사가(佐賀) 현 이마리(伊万里), 나울공화국, 도쿠노시마(德之島)]에 시범 플랜트를 건설한다(나울공화국에 건설한 플랜트에 대해서는 후술하겠다).

OTEC의 연구와 개발은 프랑스, 미국, 일본 세 나라가 선도적인 역할을 맡았고, 1980년대에 들어오면서 현실적 기대가 높아졌다. 1990년대에는 세계적 규모로 연구와 개발이 본격화되어여러 팀이 다투어 참여했다.

그러나 21세기에 이른 오늘날 여러 가지 다양했던 팀의 연구와 개발이 낳은 OTEC의 상용 플랜트는 하나도 남아 있지 않다. 겨우 20년도 안 되는 동안 발생한 기대와 현실의 격차에 실패라는 딱지를 붙이기엔 다소 이른 감이 있다. 요컨대 OTEC의 개발과정 가운데 과학·기술·사회의 경계면에서 발생한 기대와 현실의 격차가 무엇을 말해 주는지 구체적으로 짚어 내야 한다. 그렇다면 그 격차는 STS 상호작용에 비추어 어떻게 기술하고 분석할 수 있을까?

2

일본의 OTEC 개발 과정

일본에서 본격적으로 OTEC를 연구하고 개발한 것은 1974년이다. 이해 7월 "몇 년 후 에너지 수요의 상당 부분을 소화할 수 있는 새로운 클린 에너지의 기술 개발을 최종 목표로 삼아 2000년까지의 장기 계획과 몇 년 단위의 주제별 중기 계획을 책정할 것"을 목표로 내걸고, 통상산업성 공업기술원의 주선으로 선샤인 계획이 출범했다. 일본 최초의 신에너지 기술 개발 계획의 출발이었다.[11] 이 계획으로 폐쇄 사이클의 OTEC에 대해 처음으로 타당성 조사(feasibility study)를 실시한다(그후 일본의 OTEC 개발은 폐쇄 사이클을 중심으로 이루어진다).[12] 그 결과 OTEC의 "기술적 가능성을 제시함과 동시에 이후 개발 과정에서 해결해야 할 문제점을 지적함으로써" OTEC에 대한 기대가 높아진다.[13]

선샤인계획의 개요는 다음과 같이 기술되어 있다. "인류에게 에너지는 가장 중요한 것 중 하나다.…현재 우리나라는 에너지를 거의 다른 나라에서 수입한 석유에 의존하고 있다.…우리나라의 지리 조건을 고려하면 바다에서의 에너지 개발은 반드시 추진해야 한다.…해양에너지를 이용한 것이 해양온도차발전이다."[14] 또한 "일본 해역의 200해리 안에서 기술적인 효율도 고려해 발전 가능한 양을 계산하면 약 100억 kW…우리나라가 2000년에 필요한 에너지양(10억 kW)의 약 10배에 달한다."[15] 나아가 "해양온도차발전은…에너지 자급, 수산 식량 자원의 증강, 우라늄 외 공업 원료의 증가에 공헌할 수 있는 잠재력이 있고…곧장 국가 차원에서 본격적인 해양온도차발전에 착수해 개발을 추진할 것을 바라마지않는다."[16] 그리고 "해양온도차발전 플랜트는 대용량화가 가능하고 단일 플랜트로서 100MWe-400MWe의 규모를 상정하고 있다. 상용 규모의 개념 설계 및 경제성 결과를 따져 본 결과, 일본, 미국, 유럽은 1990년대에 들어서면 종래의 시스템과 경합할 수 있는 비용으로 이것을 충분히 실현할 것으로 예측한다."[17]

1973년 10월 6일에는 원유의 가격 비등과 공급 삭감을 초래해 제1차 석유 위기를 일으킨 제4차 중동전쟁이 발발했다. 이에 따라 석유 대체 에너지 기술에 대한 기대가 더욱 높아졌다. 참으로 시의적절한 시점에 일본의 OTEC 연구와 개발이 그 단초를 열었다고 할 수 있다. 제2장에서 정식화한 STS 상호작용에 비추어 보면, 초기 상태는 첨단기술과 상용기술의 상호작용이 아니라 선샤인계획이라는 사회의 요청을 받은 형태였기에 사회의 작용이 선행한 패턴으로 볼 수 있다(이하 사회선행패턴으로 약칭). 고전적인 사례에서는 말기 상태에 접어든 사회가 과학기술 복합체에 거는 믿음과 요청이 초기 상태에 나타난다는 순서의 역전이 일어난다. 믿음과 요청을 개재한 사회의 작용에 의해 초기 상태가 시작된다는 이런 역전 현상은 오늘날의 과학기술 복합체와 사회의 관계를 이해하는 두 가지 중요한 실마리를 제공한다.

첫째, 역전 현상은 제1차 석유 위기라는 외부 변동에 의해 선샤인계획이 만들어지고, 그에 따라 OTEC의 본격적인 연구와 개발이 이루어졌다는 것을 의미하지 않는다. 통상산업성 공업기술원 신에너지개발부(선샤인계획 추진본부의 전신)를 설치하라는 요구는 제1차 석유 위기 약 5개월 전인 1973년 5월 18일에 이미 결정되었다(개발관 회의). 통상산업성 대신이 산업기술심의회를 향해 "사회와 경제의 요청에 의한 국민 복지의 향상 및 국제 협력의 추진에 기여하기 위해서는 산업 기술 및 기술 개발의 추진 방식이 어떠해야 할까? 특히 환경 보전 및 장래 예상되는 에너지 위기를 회피하기 위한 에너지 기술 개발을 어떻게 추진해야 할까?"라는 장대한 자문을 구한 시점은 제1차 석유 위기 직전인 1973년 8월 18일이었던 것이다.

산(産) 부문에서도 석유 의존형 에너지 정책이 전환기를 맞이했다는 인식은 경제단체연합회에 의해 이미 1970년 당시부터 있었다. 제1차 석유 위기보다 약 9개월 앞선 1973년 1월 '석유를 중심으로 한 에너지 정책에 관한 요망'은 이런 인식을 경제단체연합회의 공식 견해로 내세우고 있다.[18] 결국 사회선행패턴이라고 해도 제1차 석유 위기라는 외부 사건이 기점이었던 것은 아니다. 오히려 관·산 부문의 내부 요구가 기점이 되어 신에너지 기술 개발 정책이 세워졌고, 뜻밖에도 제1차 석유 위기가 그 방향성을 외부적으로 조장했다고 이해할 수 있다.

둘째, 관·산, 두 부문의 내부 요구를 기점으로 신에너지 기술 개발 정책과 이를 위한 제도 정비가 거의 동시에 창출되었다. 사회선행패턴이 이야기하는 또 하나의 의미는 이것이다. 선샤인계획 추진본부가 속한 통상산업성 공업기술원을 대표하는 연구기관, 즉 전자기술총합연구소(이하 전총연이라 약칭, 현 산업기술연구소)의 기구 개혁을 통해 이 점을 단적으로 엿볼 수 있다.

공부성전신료제기과(工部省電信寮製機科, 1873년 설립)에서 출발한 일본의 가장 오래된 국립 연구기관으로서 전총연은 오로지 강전계(强電系)의 시험·검정·표준 업무를 중심으로 설립되어 발전해왔다. 1970년까지 그 명칭이 전기시험소였던 이 고전적 연구기관은 신에너지 기술 개발에 어울리는 전총연으로 개칭한다. 바야흐로 1970년이었다. 개칭하기까지 강전 관계의 연구 업무는 주로 전력부와 기기부가 담당했다. 전력부에서는 종래의 전력 계통의 일과 원자력발전소의 안전성, 핵융합, 열전자 발전, MHD 발전(1961년부터) 등을 맡았다. 기기부에서는 직접 교류 변환기기, 용집기기, 전자현미경 등을 주요한 연구 주제로 삼았다. 1962년 부과(部課) 제도에서 대연구실 세도로 기구를 개혁했다. 그 결과 열전자 발전, MHD 발전 등 신에너지 기술 관계의 연구 주제는 기기부로 이관되고 연구자의 이동이 이루어졌다. 1970년대까지 전력부에는 종래 전력 계통에 관한 계통기술 연구실, 초고압 송전 연구실, 고전압 현상 연구실만 남아 있었다.

기구 개혁으로 인해 전력부에는 새로운 연구 주제를 탐구할 필요가 생겼다. 바꾸어 말해 핵융합, 열전자 발전, MHD 발전과는 다른 형태의 신에너지 기술 개발에 새롭게 몰두하는 잠재적 인센티브가 전력부에 주어진다.[19] 1969년 전력부 에너지문제연구회 브레인스토밍은 신에너지 기술에 관한 연구 주제를 모색한다. 다음 해 7월 개칭과 함께 기구 변혁을 통해 전력부와 기기부를 합쳐 새롭게 에너지부를 창설한다.[20] 전총연의 이런 기구 개혁은 신에너지 기술 개발에 어울리는 연구 기능을 더욱 확충하고 신에너지 기술 개발의 제도적 장치를 공업기술원 내부에서 창출하는 데 선도적인 역할을 해낸다.

제2장에서 살펴본 것처럼 근대 전기 기술의 발생 초기에는 송전망과 배전망을 어떻게 구축하느냐를 둘러싸고 첨단기술과 상용기술 사이에서 의견이 대립했다. 어디까지나 기술적으로 해결해야 할 과제가 선행하는 상태였다. 반면 OTEC의 출발이라는 선례가 드러내는 오늘날의 과학기술 복합체와 사회의 관계의 초기 상태는 기술적으로 특정한 단일 과제로 인해 발생하는 것이 아니라 어디까지나 사회에 내재하는 복수의 상이한 요인이 작용함으로써 발생한다.

한마디로 믿음이 끼어든 사회의 작용에 의해 초기 상태가 시작되는 슈서의 역전 현상은 고전기 신체외는 상이한 오늘날의 과학기술 복합체와 사회의 관계에 대해 두 가지를 가르쳐 준다. 첫째, 사회선행패턴의 기점은 그 사회의 외부 사건(이 경우 제1차 석유 위기)이 아니라 내부 요인(이 경우 신에너지 기술 개발을 향한 관·산 부문의 공식 요망이나 정책)에 뿌리를 둔다. 둘째, 그 사회의 내부 요인에는 공식 요망이나 정책으로 드러나는 끌어 주는(pull) 요인과 더불어 기구 개혁으로 신기술 개발을 위한 제도 장치를 창출하는 밀고 가는(push) 요인이 포함된다.

사회 선행의 초기 상태에 이어 고전적 선례에서는 초기 상태였던 첨단기술과 상용기술 사이에 상호작용의 발단이 나타난다. 선샤인계획으로 추진한 폐쇄 사이클 OTEC의 경우, 첨단기술은 발전계의 효율을 높이기 위한 요소기술을 의미한다. 한편 상용기술이란 요소기술을 사용한 플랜트의 입지점을 비롯해 대량의 효율적 송전을 가능하게 하기 위한 요소기술을 의미한다. OTEC가 이용하는 해수의 온도차에는 자연의 상한선(섭씨 20도 정도)이 존재하는 반면 화력이나 원자력은 수백 도의 온도차를 이용할 수 있다. 따라서 화력이든 원자력이든 재래의 발전 플랜트보다 OTEC 발전계의 효율에 대한 요구는 더욱 엄격하고 본질적인 의미를 지닌다. 다시 말해 종래보다 훨씬 제약이 심한 조건에서 일정한 효율을 실현해야만 발전계 자체가 성립하기 때문에 발전계를 작동시키기 위해 유례없는 첨단기술이 필요하다. 또 플랜트의 입지점이 해양이기 때문에 비록 발전계가 성립할 만한 곳을 찾아냈다 해도 소비 장소인 육지까지 전력을 수송하는 상용기술을 개발하지 않으면 상업적 이용은 애당초 곤란하다.

일본의 OTEC 연구 및 개발의 효시였던 신샤인계획에서는 첫해인 1974년부터 타당성 조사를 했고, 1.5MW 플랜트의 개념 설계에 의해 첨단기술을 개발하기 시작했다. 상용기술은 3년 뒤인 1977년에 송전 케이블 시스템 검토를 통해 비로소 개발에 착수했고, 교류 80MW로 20킬로미터 거리를 송전할 때의 송전 단가를 계산했다.[21] 그후 첨단기술의 연구와 개발 대상은 열사이클 효율을 높이기 위한 신작동유체, 열교환기에 달라붙는 해양생물에 의한 열교환효율 저하를 막아 주는 화학물질, 플랜트의 정위 치를 유지하기 위한 이동위치관측(dynamic positioning)이었다. 상용기술의 연구와 개발 대상은 송전 케이블과 마이크로파 송전, 나아가 암모니아 · 수소 · 메탄 등 화학물질로 변환시켜 수송하는 방법 등이었다.

그러나 근대 전기기술의 고전적인 선례와는 달리 발전계에 관한 첨단기술 개발과 송전계에 관한 상용기술 개발 사이에는 본 격적인 상호작용이 발생하지 않았고, OTEC의 연구와 개발은 이 국면에서 중단된다(앞에서 '상호작용의 발단'이라고 쓴 것은 이 때문이다). 선샤인계획 중 OTEC의 연구와 개발의 중심이 되어 온 전총연은 1997년 3월 OTEC의 연구와 개발에서 물러난다.[22] 또한 선샤인 계획과는 독립적으로 1988년 2월부터 연구하고 개발해 온 해양 온도차발전연구회도 1994년 9월에 해산한다. 송전계에 관한 상 용기술 개발 단계 이전인 발전계에 관한 첨단기술 개발 단계에서 플랜트의 입지점을 둘러싼 제약 또는 비용의 대부분을 차지하는 발전계 건설에 필요한 거대한 초기 비용 삭감 문제를 돌파할 수 없었기 때문이다.[23] 해양온도차발전연구회는 해산을 즈음해 이렇게 말했다. "오늘까지 빌진 플랜트 기술, 냉수 취수 기술, 다목 적 이용 기술 등 종합적인 OTEC 기술을 연구하고 남태평양의 플 랜트 입지점을 조사했습니다. 그러나 현시점으로는 적도 부근에 서 채산성 있는 사업 계획을 실현하기 곤란하다는 것을 알게 되 었습니다. 나아가 시야를 넓혀 OTEC를 통한 심층수 이용에 관한 국제적인 연구소에 대해서도 계속 검토했습니다만…그것의 실현 은 시기상조라는 견해를 얻었습니다."[24]

이렇게 해서 첨단기술과 상용기술의 상호작용의 발단은 사회선행패턴에 의해 출발한 초기 상태로 이어지는 국면에서 싹을 보였지만, 상용기술을 실현시키는 경로에서 발생한 결정적 문제를 돌파하지 못했다. 결국 둘 사이의 본격 상호작용이 미처 일어나지 못한 채 일본의 OTEC 개발 과정은 막을 내렸다.

OTEC 개발 경로는 두 가지 점에서 고전적 선례를 바탕으로 정식화한 STS 상호작용과 다르다. 첫째, 우선 사회로부터 요청을 받아 연구하고 개발했다(고전적 선례에서는 말기 상태에 이르러서야 나타난 사회선행패턴이 초기 상태에 나타난 역전현상). 둘째, 그러나 경제성 전망이 어두워 결국 사회적 요청에 부응하지 못한 채 STS 상호작용은 도중에 사라진다(소멸 현상). 일본은 1996년에 신에너지촉진법을 책정해 1997년 시행했다. 이 정책 명령에서 10항목으로 정한 신에너지의 구체적 대상 가운데 OTEC의 자취는 이미 찾아볼 수 없다('온도차 에너지'라는 항목은 들어 있지만 이 내용은 해수나 하천수 등을 열원으로 삼아 냉난방이나 급탕 등의 열로 이용하는 시스템, 즉 히트펌프를 가리킨다).[25] 3장 서두에서 기술한 기대와 현실의 간격이란 이 두 가지가 초래한 당연한 귀결이리 할 수 있다.

사회의 요청을 받아 착수한 연구와 개발에는 강력한 사회적 기대가 따라붙지만, 그 결과에 경제성이 없으면 요청에 부응하지 못하고 STS 상호작용이 도중에 중단되는 것이 현실이다. 이런 현실에 부딪치면 사회의 강력한 기대를 받고 지출한 선행 투자를 회수할 수 없게 하는 거대한 간격이 필연적으로 발생한다. 요청에 의한 선행 투자라는 점이 분명한 경우, 이것은 요청의 원칙을 크게 일탈하는 간격이기는 해도 과학기술 복합체와 사회의 경계면에서는 그 간격이 사회문제로 번지는 일이 거의 없다. 이런 특성은 오늘날 국가 규모로 입안하고 실시하는 장기적이고 독립적인 대형 연구와 개발 프로젝트의 일부분이 일정하게 밟는 경로를 잘 표현해 준다.

제2장에서 검토한 바와 같이 과학기술 정책을 형성하는 담론 구조에 비추어 보면, 일본의 경우 '일부분이 일정하게 밟는 경로'의 전형적인 모습은 이렇다. 우선 어느 시점의 여론조사 결과, 심의회의 답변, 산업계의 요망, 국회의 논의, 매스컴의 논설 등 애초부터 상이한 입장을 지닌 여러 부문이 동일한 방향으로 시선을 돌리는 담론을 거의 동시에 발신하기 시작한다. 다양한 사회적 기대를 모으며 10년, 길면 수십 년에 걸쳐 특별회계를 집행함으로써 하나의 프로젝트에 거액의 자본을 지출하고 투자한다. 10년 또는 수십 년이 지난 다음, 애초의 다양한 사회적 기대에 부응하는 결과가 나오지 않았음에도 해당 프로젝트로 시선을 돌리게 했던 여론, 심의회, 산업계, 국회, 매스컴은 그 사실을 제대로 검증하거나 언급하지 않는다. 오히려 지난번 프로젝트의 관계자나 관계 분야 출신자가 아무 일도 없었다는 듯 새롭게 단장한 다른 프로젝트의 담당자로 개등 깅에 또다시 나양한 사회의 기대를 모은다(경우에 따라 비슷한 사이클이 반복된다).

이것은 특정한 사실을 묘사한 것은 아니다. 전문적인 능력이 있는 것도 아니고 그저 평범한 식견을 갖춘 시민이 몇십 년에 걸쳐 끈기 있게 사례들을 관찰해 얻을 수 있는 전형적인 이미지를 제시했을 뿐이다. 사회선행패턴과 소멸, 또는 사회적 기대와 사회적 망각의 사이클을 되풀이하는 것은 마치 공공사업을 방불케

하며, 이런 이미지는 비전문가를 포함한 일반인들의 직관과 일치한다고 생각한다. 이런 현상은 STS 상호작용에 따라 제대로 대응하고 해석할 수 있다.

물론 이 점만 염두에 두고 OTEC 개발 과정을 다룬 것은 아니다. 이 사례는 더 깊은 층위에서 현대의 STS 상호작용이 지닌 특성을 시사한다. 문제는 불확실성이 존재하는 상황에서 이루어지는 의사결정의 양상이다.

3

불확실성과 의사결정

의사결정을 둘러싼 불확실성의 문제는 복수의 선택지 중 특정한 선택지가 일어날 확률(또는 일어나지 않을 확률)을 어떻게 파악할까라는 문제를 떠올리기 쉽다. 하지만 여기에서 말하는 불확실성이란 확률론의 틀로 여기기 쉬운 현상과는 두 가지 점에서 다르다.

첫째, 제1장에서 지적했듯 확률 계산의 전제는 현상을 구성하는 선택지의 수를 사전에 결정할 수 있다는 것이나. 여기에서는 그런 경우를 분별하기 곤란한 현상만을 염두에 둘 것이다. 둘째, 확률 계산의 전제는 현상을 구성하는 복수의 선택지 사이의 모순성과 독립성의 존재다. 여기에서는 이 모순성과 독립성을 배반하는 상호작용이 각 경우의 사이에 일어나는 현상을 염두에 둘 것이다. 따라서 이 경우 불확실성이란 확률론의 틀에 들어맞지 않는 특성이 과학 · 기술 · 사회의 경계에서 증폭되어 일어남으로써 과학 · 기술 · 사회의 경계에서 발생하는 사건에 대해 의사결정이 매우 힘들어지는 사정을 나타낸다. 그것은 구체적으로 어떤 것일까? OTEC 개발 과정의 사정을 다른 각도에서 파고든다면, 그 사정이 어떤 것인지 낱낱이 알 수 있다.

앞에서 살펴본 대로 OTEC는 화력이든 원자력이든 재래의 발전 플랜트보다 열 차이가 아주 적은 해양의 온도차를 이용하기 때문에(재래 플랜트보다 열 차이가 현격하게 적기 때문에) 발전계의 효율에 대한 요구가 훨씬 엄격하고, 따라서 제약이 큰 조건에서 일정한 효율을 실현해야 발전계 자체가 성립한다. 따라서 어떻게 효율, 특히 열 사이클 효율을 높이느냐가 초기 기술 개발이 직면한 결정적 문제였다. 폐쇄 사이클의 OTEC 개발을 추진한 일본의 경우, 이 문제는 무엇을 작동 유체로 선택하느냐 하는 것이었다. 해양 표층 온수의 가정 평균 온도는 기껏해야 섭씨 30도 이하이기 때문에 종래 플랜트처럼 비점(沸點)이 섭씨 100도인 물은 작동 유체로 이용할 수 없다. 이 문제에 대한 해답은 응축 열전달 성능이 좋고, 안정적이고, 다루기 쉽고, 입수하기 쉬운 저비점 매체를 찾아내는 데 있다. 그래서 후보로 선택한 것이 프론이었다.[26]

선샤인계획에서 프론을 작동 유체로 심으려는 구상은 일찍이 계획 초반인 1974년의 타당성 조사와 함께 실시한 저온도차 발전 방식의 개념 설계 때부터 등장한다. "기존 발전소의 스팀 사이클과 저비점 매체(프론) 사이클 사이에 상층수 펌프를 개재시키는…방식과 스팀 사이클과 저비점 매체 사이클을 직접 열 교환시키는…방식을 제안하고, 각 방식에 대해 성능 및 설계 조건을 제시했다."[27] 그후 OTEC 발전계의 주요 작동 유체 후보로서 프론을 재차 검토함으로써 선샤인계획의 내부뿐 아니라 일반적으로 OTEC를 언급할 때 프론을 언급하는 회로가 정착한다.[28]

애초 프론 외에도 암모니아, 프로판, 부탄 등 복수의 물질이 작동 매체로 상정되었는데, 그중 프론이 주요 작동 매체 후보로 지위를 굳혔다. 이를테면 OTEC 플랜트는 정부 개발 원조, 공업기술원 보조금 등으로 나울공화국에 세워졌고, 1981년 도쿄전력, 도덴(東電) 서비스, 도쿄 시바우라(芝浦) 전기, 시미즈(淸水) 건설 등이 참가해 실험을 시작했다. 이것이 역사상 세계 최초의 실증 플랜트였고, 기념적인 세계 최초의 실증 플랜트에서 사용한 작동 유체는 프론이었다.

섭씨 29.8도의 표층수와 섭씨 7.8도의 심층수의 열 차이와 프론 22를 작동 유체로 활용하는 실증 플랜트가 이때 세워진 것이다. 또 이것을 위해 프론 터빈을 개발하고 그 작동에 관한 실증 데이터를 기록했다.

실증 플랜트를 열흘 동안 연속 운전함으로써 여러모로 발전 능력을 시험했다. 그 결과의 보고서는 이렇게 기록한다. "OTEC는 안정된 전력 공급원이라는 것을 알게 되었다. 회전 제어, 기동, 정지, 부하 변동 등에 긴한 긱동 특성을 시험해 OTEC가 발전세로서 충분히 안전성을 갖추었다는 것을 입증했다."[29]

그런데 프론은 꽤 상이한 사회적 문맥에서도 큰 관심을 모았다. 1974년 마리오 몰리나(Mario J. Molina)와 셔우드 롤란드(F. Sherwood Rowland)는 프론에 의한 성층권 오존층의 파괴를 예측했다. 그런데 이것이 약 10년 후 독립적으로 실시한 복수의 오존홀의 관측으로 입증되었다. 그러자 사회적으로 널리 수용되던 프론을 성층권 오존층 파괴의 원인 물질로 보고 삭감하려는 움직임이 가속화되었다. 1984년 12월 당시 기상청 기상연구소 물리기상연구부에 있던 추바치 시게루(忠鉢繁)는 국립극지연구소의 영문 잡지에 남극 상공의 성층권 오존 총량이 극단적으로 저하되었다는 사실을 발표한다. 1985년 5월 영국 남극 관측대의 조셉 팔만(Joseph C. Farman) 등은 오존 총량의 극단적 저하 현상을 영국의 과학 잡지《네이처》에 발표한다.[30] 같은 해 3월에 UN환경계획(UNEP)의 주선으로 오존층 보호를 위한 비엔나협정이 조인된다(이때 일본은 조인하지 않았다).

이와 같은 시기에 프론을 작동 유체로 삼는 특허가 선샤인계획을 통해 나오기 시작한다. 프론을 재고하려는 움직임이 나타난 직후인 1986년에 OTEC 발전계에 대해 공개한 특허를 조사해 보면, 1년 동안 프론을 작동 유체로 한 특허를 7건이나 공개했다는 것을 알 수 있다. 이들 특허에 의해 사용할 수 있다고 여겨진 프론의 종류는 프론 11, 12, 21, 22, 114, 115, 123, 123b, 124, 133, 134 등 11개에 달한다.[31] 이때 공개한 특허는 심사를 청구할 수 없기 때문에 곧장 등록해도 상용(商用)에서는 특허권이 발생하지 않는다. 하지만 프론의 단계적 삭감 계획을 주창한 몬드리올의정서의 조인(1987년 9월), 특정물질 규제 등에 의한 오존층 보호에 관한 법률의 제정(1988년 5월), 규제 개시(1989년 7월) 등 일련의 규제조치가 나타나는 1990년 전후까지 시야를 넓히면, 프론을 작동 유체로 삼는 OTEC에 관련된 특허의 출원은 6건이었음을 알 수 있다.[32]

환경문제를 고려한 '클린' 에너지 기술 개발을 지향한 선샤인계획은 해양에너지 기술 개발의 비장의 카드였던 OTEC의 작동 유체로 프론을 상정하는 시점에서 프론이 성층권 오존층을 파괴할 가능성을 예측할 수 없었다. 뿐만 아니라 프론에 의한 성층권 오존층 파괴 현상이 뚜렷해진 이후에도 신에너지 기술 개발의 기대를 모은 OTEC의 선택과 과학·기술·사회의 경계면에서 나타난 프론의 성층권 오존층 파괴 문제를 연관해 파악하는 역동적 사고회로는 작동하지 않았다. 신에너지 기술 개발이나 환경 행정의 당사자 및 관계자 개개인의 사고회로는 자유롭지 않았다. 그러나 더 문제는 과학·기술·사회 계 전체가 앞을 내다보지 못했다는 점이다.

처음에 프론을 작동 유체로 상정한 OTEC 관련 특허를 출원·공개·등록했다고 해서 그것이 직접 성층권 오존층을 파괴하는 것은 아니다. 공학적으로는 대체 프론을 개발하거나 OTEC의 작동 유체를 대체할 다른 물질(예로서 암모니아, 물과 암모니아의 혼합 유체 등)을 개발하면 문제는 사라진다.[33]

그러나 과학·기술·사회의 경계면에서 과학·기술·사회 계의 특성을 인식한다는 입장에서 보면, 선샤인계획은 "수십 년 후 에너지 수요의 상당 부문을 조달할 수 있는 새로운 클린 에너지 기술을 개발한다는 최종 목표 아래 2000년까지의 장기 계획"을 염두에 두고 있었다. 따라서 그러한 문맥에서 이루어진 기술 선택이 현실화되는 의미에 대해서는 더욱 신중해져야 한다. 예를 들어 집열 효율을 생각하면, 단위출력 10만 kW(이것은 선샤인계획의 가속적 추진 계획이 상정한 첫 OTEC 상용 플랜트의 전기 출력)의 플랜트가 작동하기 위해서는 적어도 20만 평방킬로미터의 해역이 필요하

다는 계산이 나온다.[34]

일본의 경우 해양 표층 온수부의 온도를 확보하려면 될수록 북회귀선 근처의 남방 해역에 자리 잡는 것이 바람직하다. 때마침 1977년 7월 1일에 일본은 200해리의 경제수역을 설정한다. 선샤인계획을 가속적으로 추진한다는 당초의 의도에 따른다면, 해안으로부터 200해리 떨어진 곳에 20평방킬로미터마다 하나씩 플랜트를 넓게 설치하는 것이 OTEC의 이용 형태였다. 선샤인계획에서는 일본 남방의 경제수역을 중심으로 OTEC를 이용해 해양에너지를 끌어올 경우의 연간 발전 가능량을 보여 주는 지도를 작성했다.

이만큼 광대한 해역에 플랜트를 세우는 것이 당초 OTEC의 이용 형태라고 한다면, 모든 플랜트가 자연재해, 사고, 무단점거 등으로 파손당하고 대량의 프론이 해양과 대기 중으로 누출될 가능성을 무시할 수 없다. "해양은 에너지가 있는 곳인 동시에 생물자원이나 공간의 이용 등 다양한 용도를 갖고 있다. 해양에 설치된 에너지 플랜트는 그것들과 공존 관계를 맺어야 비로소 존재할 수 있다는 점을 유의해야 한다." 당시 선샤인계획을 승인한 전총연 에너지부 해양에너지 연구실의 관계자들은 이미 이렇게 지적했다.[35] 그러나 현실에서는 이런 관점을 OTEC 발전계의 기술 선택과 관련해 파악하는 사고회로가 과학·기술·사회 계 안에서 작동하지 않았다. 그리고 그 속에서 OTEC는 상용기술의 경제성을 성취하지 못함으로써 망각되었다.

여기에는 이중의 의미에서 문제가 잘 보이지 않는다. 첫째, OTEC가 사회나 환경의 어느 부분과 관계를 맺느냐에 대한 선택지가 잘 보이지 않는다. OTEC가 에너지 문제에 이해와 관심을 가진 사회 각 부문의 당사자 및 관계자(예로서 통상산업성, 전총연, 대학, 경제단체연합회, 작동 유체 제조회사, 전력 회사 등)와 관계를 맺고 있다는 것은 상당히 명확하다. 다양한 당사자와 관계자 후보를 교묘하게 끌어들이며 OTEC 기술의 개발은 선샤인계획이라는 추진력을 얻어 전개되었던 것이다. 그런데 환경의 어느 부분과 관계를 맺느냐에 대한 선택지 예측은 현저히 낮았다. 물론 OTEC의 냉배수나 온배수가 해양 생태계를 변화시킬 수 있다는 것은 선택지로 보았다.[36) 또 해양 표층의 배수가 물의 증발 속도 변화를 통해 해상(海象)이나 대류권의 기상 변화를 야기할 수 있다는 것도 선택지로 보았다. 그러나 작동 유체가 광역적인 해양 환경이나 성층권 오존층에 작용할 수 있다는 선택지는 전혀 보지 못했다.

둘째, 프론에 의한 성층권 오존층의 파괴 문제가 사회적으로 인지된 다음에도 광역적인 해양 환경이나 성층권 오존층과 OTEC 발전계의 기술 선택이 상호작용한다는 선택지는 실감 있게 다가오지 않았다(예로서 작동 유체로서 프론을 상정한 OTEC 관련 특허가 그 국면에서도 여전히 출원과 공개가 계속된다).

1930년대 초에 듀퐁사가 개발한 프론은 무색·무취·불연성을 지닌 꿈의 물질로 여겨졌고, 오래전부터 사회에 정착해 냉매 등 각종 작동 유체, 세정, 스프레이 등의 용도로 널리 쓰였다. 일본에서도 전후 급속하게 보급되어 냉매 관계 용도로 가장 널리 알려졌다. "1976년부터 1978년에 걸친 고압가스 단속법 등의 개정으로 암모니아 설비에 대한 기준이 강화되어 신설이 거의 불가능해졌다. 이에 암모니아에서 프론으로 바꾸기를 장려하고 보조에 관한 우대 조치도 이루어졌다. 가정용뿐 아니라 대형 냉동창고에도 암모니아는 쓰이지 않게 되었다. 결국 오존층 파괴 문제가 심각하게 받아들여진 시점에는 일본에서 사용되는 냉매가 프론 일색이 되었다."《일본기계학회 기술과 사회 부문 강연논문집》, 99-64)[37]

일반적으로 일단 사회에 정착해 광범위하게 보급된 인공물이나 인공물을 제조하고 이용하는 기술에는 강한 경로의존성이 발생하고, 다른 기술에 의한 완전한 교체는 사실상 굉장히 곤란하다.[38] 성층권 오존층의 파괴 문제가 사회적으로 인지된 후에도 작동 유체로서 프론을 상정한 OTEC 관련 특허는 여전히 출원·공개·등록이 계속되었다. 다시 말해 OTEC 발전계의 기술 선택이라는 문맥에서는 일상생활과 친근한 냉매를 선택하는 것이 아니라 경로의존성의 효과가 현저한 것이다. 광역적 해양 환경, 성층권 오존층과 OTEC 발전계의 기술 선택의 상호작용이라는 선택지는 일반 사람들의 눈에 잘 보이지 않는 법이다. 그 결과 과학·기술·사회의 경계면에서 발생하는 사건을 판단하는 사고회로에서 그것은 배제된다.

이처럼 이중의 의미에서 문제가 잘 보이지 않는 것은 앞서 말한 확률 계산의 전제를 뒤엎는 불확실성 때문이다. 광역적 해양 환경이나 성층권 오존층이 OTEC의 작동 유체와 관련될 수 있다는 선택지가 사전에 보이지 않는다는 사실은 그것을 사전에 분별하기 곤란하다는 것을 이야기해 준다. 나아가 프론에 의한 성층권 오존층의 파괴 문제가 사회적으로 인지된 이후에도 광역적 해양 환경이나 성층권 오존층의 파괴 문제와 OTEC 발전계의 기술 선택의 상호작용이라는 선택지가 실감 있게 다가오지 않는다. 이 사실은 경우에 따라 각각의 선택지가 나뉘어 있더라도, 각각의 경우 사이의 독립성과 모순성이 간단히 뒤엎어질 수 있음을 말해 준다.

　이런 불확실성에도 불구하고 신에너지 기술 개발과 지구환경 문제(이 경우 해양 환경이나 성층권 오존층의 파괴 문제)를 예방하는 일, 즉 한 나라 또는 지구 전체를 좌우하는 일에 대한 의사결정이 동시에 요구된다면, 그 결과가 과학·기술·사회의 경계에 보이는 현상(예로서 상용기술이 되기 위한 경제성을 성취할 수 없으므로 인해 신기술 개발 시도가 잊힌다는 문제)을 훨씬 넘어선 부차 효과를 수반한다. 확률론의 틀에 들어맞기 어려운 특성이 과학·기술·사회의 경계에서 증폭되어 일어난다고 앞서 언급한 것은 이러한 사정을 나타낸다.

　이런 사정 아래 과학·기술·사회의 경계에서 빛이었던 것(예로서 재생 가능한 신에너지 이용 기술의 비장의 무기 OTEC, 꿈의 물질 프론, 나아가 대체 프론 등등)은 아주 쉽게 그림자로 바뀔 수 있다. 그렇다면 이렇게 정리할 수 있다. 즉 과학기술의 빛이 그림자로 바뀌는 과정을 보면, 불확실성이 지배하는 상황에서 무언가를 결정할 수밖에 없을 때는 기존 노선의 중도 교체가 제대로 이루어지지 않은 채 애초 전혀 의도하지 않은 결과가 나타난다는 것이다. 그러면 과학·기술·사회의 경계에서 그림자였던 것이 빛으로 바뀌는 역의 과정도 불확실성 아래의 의사결정 방식이라는 문제로 정리할 수 있을까?

4

나아가야 할까, 멈춰야 할까

과학·기술·사회의 경계에서 그림자였던 것이 빛으로 바뀌는 역의 과정을 생각할 때, 무엇을 그림자로 보느냐에 따라 고찰은 여러 가지로 나뉜다. OTEC의 개발에서는 두 가지로 나뉜다. 첫째, 상용기술로 가는 결정적 문제를 결국 돌파하지 못하고 경제성의 전망이 가로막힌 채 개발이 사라져 버린 사실(제2절에서 기술하고 분석했다)을 그림자로 본다. 둘째, 상용기술이 되기 위한 결정적 문제 중 하나였던 작동 유체의 기술 선택이 광역적 해양 환경이나 성층권 오존층을 파괴할 가능성을 품은 채 개발을 진행한 사실(제3절에서 기술하고 분석했다)을 그림자로 본다.

첫 번째 경우는 개발의 결과에 내재한 그림자라고 할 수 있고, 두 번째 경우는 개발의 과정에 내재한 그림자라고 할 수 있다. 둘 다 그림자에서 빛으로 바뀔 가능성을 엿볼 수 있다. 이제 그런 징조에 주목해 그림자에서 빛으로 바뀌는 역의 과정을 고찰하려 한다.

두 가지 경우 다 선샤인계획이 종료한 1990년대 초 이후 OTEC와 관련해 출원하고 공개한 특허에서 그 실마리를 찾을 수 있다. 1990년대 초 이후부터 현재까지 OTEC와 관련해 출원하고 공개한 특허는 18건이다.

우선 경제성의 전망이 서지 않은 채 개발이 사라져 버리는, 이른바 개발의 결과에 내재한 그림자가 빛으로 바뀔 가능성을 위해서는, OTEC의 본래 목적인 발전 이외의 목적에 요소기술을 전용하는 징조를 주목해야 한다. 즉 OTEC의 요소기술을 물의 정화, 열 교환, 담수 제조, 유체 이송, 심층수 이용 등 다양한 목적으로 이용하는 복수의 징조가 출현하면, 이들 징조가 제시하는 경로에 따라 경제성을 획득하는 신기술의 육성 가능성을 부정할 수 없다. 이것은 복잡한 기술 연관을 통해 본래의 목적에는 유용하지 않았던 요소기술이 본래의 목적 이외의 목적에 위력을 발휘한다는 의미에서 기술의 파급 효과로 볼 수 있다. 이때 원래 목적이 변할 수 있다.

신기술에 이르는 경로가 하나 출현함으로써 기술 연관의 복잡성은 한꺼번에 높아지기 쉽다. 또 복잡한 기술 연관을 사전에 예측해 요소기술과 다른 목적 사이에 최적의 조합을 부여하는 기계적 방법은 당장 효과를 거두기보다는 기대를 저버릴 때가 많다. 이런 경향은 신기술이 구기술보다 더욱 근본적인 차원의 변화일수록 강하게 나타나기 마련이다. 근본적인 차원의 기술 변화일수록 신기술의 파급 효과는 방대해지고, 기술 관련의 복잡성은 한꺼번에 높아지기 때문이다(예로서 그러한 복잡성에 대처하는 비용이 지나치게 많이 들 때, 앞서 언급한 기술의 경로의존성에 의해 최적의 신기술이 미루어질 가능성도 있다).[39] 따라서 기술 연관의 복잡성이 비선형적으로 증대하는 방식 속에서 불확실성이 나타나고, 그림자에서 빛으로 바뀌는 과정 가운데 어느 경로를 선택하고 어느 타이밍에 투자할까라는 문제는 틀림없이 불확실성 아래의 의사결정 문제로 귀착한다.

한편 작동 유체의 기술 선택이 광역적으로 해양 환경이나 성층권 오존층의 파괴에 편승할 가능성을 포함한 채 개발을 진행한다는 것은 개발 과정에 내재하는 그림자에서 빛으로 바뀌는 징조다. 이것은 작동 유체의 변경, 특히 개방 사이클의 해양온도차발전 특허에서 읽어 낼 수 있다. 광역적 해양 환경이나 성층권 오존층의 파괴에 편승할 가능성을 낳는 것은 폐쇄 사이클의 개발이었다. 개방 사이클에서는 해수를 순환시켜 작동 유체로 사용하기 때문에 그럴 가능성이 없다. 즉 개방 사이클의 개발은 극적인 작동 유체의 변경을 가능하게 해준 기술 선택이다.

다만 개방 사이클은 폐쇄 사이클보다 많은 설비와 노력, 동력이 필요하고, 후술하는 바와 같이 진공기술 등 폐쇄 사이글이 요구하지 않는 난이도 높은 기술을 요구한다. 따라서 다양한 요구에 부응하는 요소기술을 개발하는 일은 개발 과정에 내재한 그림자에서 빛으로 가는 경로를 찾아내는 것과 거의 맞먹는다. 물론 그런 경로를 새롭게 발견하는 데에는 불확실성이 뒤따른다. 나아가 개방 사이클이 상정하는 목적은 같은 발전 목적이라도 폐쇄 사이클이 상정하는 것보다 세계 수준이나 국가 수준의 대규모 발전 수요에 부응하지 못한다. 도리어 지극히 지역적인 조건의 소규모의 발전 수요 및 여러 다른 목적에 부응한다.

'개방 사이클 해양온도차발전용의 응축 장치 및 응축 방법'[특원평(特願平)[2] 4-116963]은 단적으로 그것을 말해 준다. "개방 사이클 해양온도차발전은 발전 전력과 함께 가치의 부생성물로서 음료수나 공업용수로 사용할 담수를 얻을 수 있다는 이점이 있다. 그 때문에 중소 규모의 시스템에서도 외딴섬용 전력 및 담수 공급 시스템으로 실용화의 가능성이 있다."[40]

1928년 조지 클로드가 건설한 쿠바의 육상 시범 플랜트가 실패한 이후, 소규모 발전 수요를 충족하는 목적만 보더라도 문제가 있었다. 에너지 수지의 균형을 맞추는 문제는 일단 차치하고, 대기압의 20분의 1 정도의 진공을 만들어 내 유지하는 기술이나 현저한 증기 용적 변화율을 동력으로 변환하는 효율적인 대형 터빈의 개발과 특허 등 개방 사이클이 폐쇄 사이클보다 경제성을 확보하기 위한 기술적 곤란이 크다는 것이 알려졌다.[41] 그러므로 가령 개발 과정에 내재하는 그림자를 극복해 왔다고 해도 개방 사이클은 경제성의 전망이 보이지 않아 개발이 사라지는, 이른바 개발 결과의 그림자라는 가능성을 피할 수 없다. 그런 개발의 결과가 실패로 끝나는 그림자의 가능성을 피할 수 있느냐 없느냐는 앞에서 말한 대로 불확실성 아래의 의사결정 문제와 거의 동일하다. 따라서 이 경우도 그림자에서 빛으로 바뀌는 문제는 불확실성 아래의 의사결정 문제로 귀착한다.

2 특허출원에 따른 번호.

이렇듯 선샤인계획이 종료된 1990년대 초 이래 OTEC와 관련해 출원하고 공개된 특허를 실마리로 삼으면, 과학·기술·사회의 경계에서 그림자였던 것이 빛으로 바뀌는 과정은 개발 결과의 그림자로 보든 개발 과정의 그림자로 보든 불확실성 아래의 의사결정 과정으로 정리할 수 있다. 다만 과학·기술·사회의 경계에서 빛이었던 것이 그림자로 바뀌는 반대의 과정과는 크게 다른 점이 있다.

그것은 바로 목적이 미묘하게 변한다는 점이다. 무엇을 위한 의사결정인가라는 관점에서 볼 때, 빛에서 그림자로 바뀌는 과정에서는 빛의 국면이든 그림자의 국면이든 국가 차원의 신에너지 기술 개발이라는 목적은 다르지 않다. 불확실성은 그런 목적을 달성하는 수단을 선택하고 지구환경 문제가 예측하지 못한 관련을 맺는 방식에 개재한다. 이에 반해 그림자에서 빛으로 바뀌는 과정에서는 국가 차원의 신에너지 기술 개발이라는 목적을 위한 수단의 선택이 예측하지 못한 효과를 내는 불확실성은 개재하지 않는다. 그림자에서 빛으로 바뀌는 징조는 목적 자체를 미묘하게 벗어남으로써 나타나기 때문이다.

결국 신에너지 기술 개발의 열쇠를 쥔 경제성이 보이지 않아 개발이 사라져 버린다는 의미의 그림자는 같은 목적을 유지한 채 경제성이 보이는 수단을 찾아냄으로써 빛으로 바뀌는 것이 아니다. 그것은 경제성이 보이는 다른 목적(예로서 물 정화, 열 교환, 담수 제조, 유체 이송, 심층수 이용)을 신에너지 기술 개발의 주변에서 찾아냄으로써 빛으로 바뀔 징조가 나타난다.

신에너지 기술 개발 과정에서 이루어진 기술 선택이 광역적 해양 환경이나 성층권 오존층의 파괴에 편승할 가능성을 포함한 채 개발이 진행된다는 의미의 그림자를 살펴보면, 신에너지 기술 개발의 목적을 유지한 채 폐쇄 사이클에서 개방 사이클로 수단을 바꿈으로써 빛으로 바뀔 징조가 나타나는 것처럼 보인다. 그러나 이 경우도 당초 OTEC에 기대를 건 국가 수준의 신에너지 기술 개발과는 규모를 좀 달리하는 지역 수준(예로서 외딴섬 등)의 신에너지 기술 개발이나 그 부산물(예로서 담수 공급)로 목적을 다시 설정함으로써 빛으로 바뀔 징조가 될 수 있다. 이렇게 목적을 변경하면 물론 결과에 불확실성이 수반된다.

과학·기술·사회의 경계에서 빛이었던 것이 그림자로 바뀌는 과정과 그 반대의 과정은 둘 다 불확실성 아래에서의 의사결정 문제로 정리할 수 있다. 다만 불확실성이 끼어들 경우 눈에 띄는 차이가 있다. 빛에서 그림자로 바뀌는 과정에서는 고정된 목적을 달성하는 복수의 수단을 선택할 때 불확실성이 끼어든다. 그림자에서 빛으로 바뀌는 과정에서는 고정된 수단에 적합한 복수의 목적을 선택할 때 불확실성이 끼어든다. 의사결정의 어느 장면에 불확실성이 끼어드느냐, 즉 불확실성이 끼어드는 타이밍이 목적-수단에서 역전되고 있다. 이를테면 빛이 그림자로 바뀌는 과정에 끼어드는 불확실성은 OTEC의 개발 과정에 등장하는 요소기술 내지 그 맹아를 주어진 여건 또는 원리라고 생각하고, 그것의 수단에 적합한 다른 목적을 새로 찾아내는 것에 따른 불확실성이다. 이때 국가 수준에서 자원과 에너지 문제를 해결하기 위한 신에너지 기술 개발이라는 원래 목적이 등장할 여지는 거의 없다.

초당파적 의원 입법에 의해 검토하고 있는 자연에너지발전촉진법안은 그런 상황을 웅변한다. 같은 법안의 제출 이유가 이렇게 기술되어 있기 때문이다. "자연에너지 발전을 촉진하기 위한 조치를 강구함으로써 고갈하지 않는 에너지 자원을 유효하게 이용하고, 온실효과 가스의 배출을 억제해 지구온난화를 방지함으로써 환경에 부담이 적은 건전한 경제 발전을 꾀하면서 지속적으로 발전 가능한 사회를 구축하기 위해 힘쓸 필요가 있다. 이것이 이 법률안을 제출하는 이유다."[42]

이제까지 기술하고 분석한 대로 선샤인계획에서는 국가의 자원과 에너지 문제를 풀기 위한 기술 문제를 평가할 때 환경을 배려하는 사고회로가 충분하게 작동하지 않았다. 이와 대조적으로 위의 법안은 지구환경에 대한 배려를 전면에 내세우고 있을 뿐 국가의 자원과 에너지 문제를 풀기 위한 기술 개발 과제는 전혀 언급하지 않는다. "지속적으로 발전 가능"할 것만 외치고 있다. 그러나 현재 일본의 제1차 에너지 총 공급량 중 신에너지가 차지하는 비율은 겨우 1퍼센트에 불과하다(1996년 실적). 이 점을 생각하면 이 법안은 1차 에너지 총 공급량의 50퍼센트 이상을 차지하는 석유를 대체할 에너지원으로서 신에너지를 개발하고 추진·보급하는 것을 사실상 염두에 두지 않았다는 것이 분명하다(도리어 교토의정서에 의해 국제 공약이 된 온실효과 가스 배출량 제한과 이를 위한 행동계획을 달성하는 것이 사실상 정책 목표일 것이라고 짐작된다).[43]

이렇듯 그림자가 빛으로 바뀌는 과정에서는 그림자가 가역적으로 빛으로 바뀌는 일은 없다. 그러면 이런 목적과 수단의 역전 현상은 제1장에서 제시한 역전달의 원칙으로 볼 때 무엇을 이야기하는 것일까? 맺음말에서는 이 질문을 통해 '지(知)의 실패'와 그것을 회피하고자 하는 것에 대해 새로운 내용을 전망해 본다.

3장의 내용을 다음 네 가지로 요약할 수 있다.

①석유 대체 에너지 후보로서 재생 가능한 에너지에 대한 기대와 현실적으로 달성된 재생 가능한 에너지 이용 기술 개발의 성과 사이에는 커다란 간격이 존재한다. 특히 해양에너지 이용 기술 개발의 중심 사안으로서 주목받은 OTEC의 개발 과정은 과학기술결정론이냐 사회결정론이냐에 관계없이 기대와 현실의 차이가 지닌 의미를 판단하는 사례로 주목할 만하다.

②OTEC의 개발 과정에는 고전적인 선례를 바탕으로 한 STS 상호작용과 다른 점을 두 가지 볼 수 있다. 첫째, 우선 사회의 신탁을 받아 개발에 착수했다는 식의 사회적 작용이 선행한다. 사회의 작용에는 내부로부터 발생하는 끌어 주는 요인과 밀고 가는 요인이 있다. 둘째, 상용기술에 이르는 과정에서 경제성이 보이

지 않아 사회의 신탁에 부응하지 못한 채 도중에 개발이 사라진다.

③OTEC의 개발 과정에는 과학 · 기술 · 사회의 경계에서 빛이었던 것(예로서 OTEC의 유력한 작동 유체 후보인 프론 등)이 그림자(예로서 광역적 해양 환경이나 성층권 오존층 파괴 물질 후보인 프론)로 바뀌는 과정을 볼 수 있다. 빛에서 그림자로 바뀌는 과정은 불확실성 아래에서의 의사결정 방식 문제로 귀착한다.

④거꾸로 과학 · 기술 · 사회의 경계에서 그림자였던 것(예로서 OTEC가 경제성을 달성하려는 시도의 실패)이 빛으로 바뀔 징조(예로서 그런 OTEC의 실패를 통해 태어난 파생 기술의 전용)도 OTEC 개발 이후의 결과를 통해 나타난다. 그림자에서 빛으로 바뀌는 과정도 불확실성 아래에서의 의사결정 방식 문제로 귀착한다. 다만 불확실성이 끼어들 때 눈에 띄는 차이가 있다. 빛이 그림자로 바뀌는 과정에서는 단일한 목적에 공헌하는 복수의 수단을 선택할 때 불확실성이 끼어든다. 이에 반해 그림자가 빛으로 바뀌는 과정에서는 단일한 수단이 공헌하는 복수의 목적을 선택할 때 불확실성이 끼어든다.

이상의 신해는 석유 대체 효과를 바라고 재생 가능한 에너지 이용 기술을 개발한 것, 특히 해양에너지 기술의 중심으로서 기대를 모았던 OTEC의 개발 과정을 STS 상호작용에 따라 기술하고 분석해 얻은 결론이다. 불확실성 아래에서의 의사결정 방식 문제라는 관점을 통해 다른 여러 사례에 대해 입장을 달리하는 기술과 분석이 대량 쌓임으로써 STS 상호작용을 더 구체적으로 보완해 나가기를 기대한다.

한편 여기에서 얻은 결론에는 OTEC의 사례가 지닌 특수한 문맥으로 인해 비교적 자유로운 일반 함의도 존재한다. 일반 함의는 앞에서 기술한 결론 ④와 연관된다. 문제는 같은 불확실성 아래에서의 의사결정이라고 해도 빛이 그림자로 바뀌는 과정과 그림자가 빛으로 바뀌는 반대 과정에는 불확실성이 끼어드는 장면이 다르다는 점이다. 예컨대 그림자가 빛으로 바뀌는 과정에서는 환경에 대한 배려를 국가의 자원과 에너지 문제를 풀기 위한 기술 개발의 측면에서 평가하는 사고회로가 작동하지 않는다. 곰곰이 생각하면 빛에서 그림자로 바뀌는 것과 그림자에서 빛으로 바뀌는 것은 비가역적이다. 설령 가역적으로 보는 경우에도 이 결론은 애초에 목적의 변용이 개재했음을 강하게 시사한다. 과학·기술·사회의 경계에서 빛이었던 기술이 그림자로 바뀌는 경우 가장 간과하기 쉬운 것은 무엇일까? 그것은 불확실성을 과소평가함으로써 기존의 기술 노선을 계속 고수한 나머지 해당 기술이 원래 공헌해야 하는 목적의 변용 여부다. 이 점을 주의 깊게 음미해야 한다.

만약 목적이 변한 경우라면, 무엇보다 때를 맞추어 변한 목적에 부합하도록 설계한 기술 궤도를 다른 기술 궤도로 대체하는 기술이 필요하다. 하나의 기술이나 그 기술이 입각한 기술 궤도 자체가 아니라 기술이나 기술 궤도가 원래 공헌해야 할 것, 즉 사회적으로 합의한 정당성 있는 목적을 실현하는 것이 중요하기 때문이다. 과학기술 정책을 만드는 여러 담론에 등장하는 과학기술의 사회적 평가의 중요한 의미는 개개의 성과에 세세한 의례적 합리성을 부여하는 것이 아니다. 그보다는 여러 부문들이 처음부터 과학기술이 공헌할 것이라고 미리 합의한 큰 목적에 비추어 특정의 장기적이고 독립적인 대형 프로젝트의 가격대비성능비 (cost performance)를 평가하는 것이 중요하다. 그렇다면 구조재가 발생하지 않았다고 해도, 전체적인 평가를 바탕으로 시기적절하게 기술 궤도를 교체하지 못하면 반드시 구조재로 이어질 수 있는 '지(知)의 실패'라고 해야 할 것이다. 제1장에서 제시한 역전달의 원칙은 기술 궤도의 교체를 재촉하는 기술로서 '지(知)의 실패'를 회피할 수 있으리라 기대된다.

공헌하는 목적을 계속 변화시킨다면 어떤 기술 궤도라도 성공 이야기로 만들기가 비교적 용이하다. 기술을 매개로 과학기술 복합체와 사회가 연결되었다고 주장하는 STS 상호작용의 관점에 따르면, 그런 성공 이야기에 동원당할 수 있는 과학기술결정론이나 사회결정론의 고정관념을 극복하는 것이 중요하다. 또 빛에서 그림자로 바뀌는 기술 궤도 교체 타이밍을 분별할 때 '지(知)의 실패'를 회피하는 지혜를 어떻게 짜낼 것인가가 결정적으로 중요하다. 타이밍을 분별할 때 벌어지는 '지(知)의 실패'는 사회의 실패로 연결되기 마련이다. 여기에서 말하는 기술 궤도란 이제까지 3장에서 기술한 것처럼, 기술 개발의 당사자와 판매자의 시야에 들어오지 않은 불확실성을 그대로 두고 기술을 선택한 결과가 쌓임으로써 어느 분야의 기술에 나타나는 변화 경로를 가리킨다.[44]

이렇듯 구조재가 실현되지 않은 경우에도 '지(知)의 실패'는 일어날 수 있다. 그런 경우 역전달의 원칙은 기존의 기술 궤도를 때맞추어 교체하기 위한 근거로서 과학기술 복합체 내부의 성공-실패라는 이분법적 고정관념으로 수렴할 수 없는 데이터를 적극 축적하고 활용해야 한다고 말한다. 이는 과학기술 복합체 내부의 성공–실패를 고집한 나머지 기존의 기술 궤도를 적절한 시기에 교체하지 못하면, 과학·기술·사회 계 전체의 '지(知)의 실패'로 이어진다는 점을 사전에 깨닫게 해줄 것이다.

그런데 구조재가 일어나지 않는 경우 '지(知)의 실패'에 관여하는 주체는 과학기술 복합체에 속한 당사자들로만 한정되지 않는다. 이것은 어떤 사태일까? 제4장에서는 이 물음을 실마리 삼아 '지(知)의 실패'를 극복하는 기본 원칙과 그것을 운용하는 방식에 대해 살펴본다.

4

'지^知의 실패'를 극복하기 위해

0

들어가는 말

.

학문의 분야와 현실이 딱 맞아떨어진다면 골치 아플 일이 없을 것이다. 연구자뿐 아니라 누구든 인생에 한 번쯤은 이런 생각을 품지 않을까? 현실에는 학문 분야의 경계에 대응하는 구획 따위는 존재하지 않는다. 그렇기는커녕 학문 분류에서는 다른 분야에 속할 법한 복수의 분야가 공존하고, 가각의 사이에서 상호작용이 발생한다. 이질적인 복수의 개인 삶이 모여 이루어진 현실 세계에서는 하나의 학문 분야로 수렴할 수 없는 현상이 헤아릴 수 없이 많다. 그럴 경우에는 사회 상태가 변화했다고 말하기보다 여러 학문 분야의 경계를 바꿀 필요성을 진지하게 검토하는 것이 유효하다.

이렇게 상이한 영역의 경계를 교섭(crossover)하려는 시도는 종종 지(知)의 세계나 실제 세계가 직면하는 폐색 현상을 돌파하는 계기가 된다. 특히 이 책에서 다루는 과학·기술·사회의 경계에서 발생하는 예측 불허의 사건을 둘러싸고 지(知)의 틈새와 실제 세계의 장벽을 극복하기 위해 서로 다른 사람들이 무언가를 결정하는 상황은 유례없이 교섭의 중요성을 강조한다. 그럼에도 제2장에서 기술했듯 이과와 문과를 아우르는 학제간 연구는 현저히 뒤떨어져 있다.

그런데 과학·기술·사회의 경계에서 발생하는 사회문제를 해결하기 위해 이과와 문과 사이의 학제간 연구를 추진하는 것으로 충분할까? 반드시 그렇지는 않을 것이다. 왜 그럴까? 지(知)의 세계나 실제 세계를 분단하고 있는 상이한 영역의 경계가 교섭을 통해 융합으로 나아가는 것(이하 이종교배라고 약칭)과 학제간 연구의 통념 사이에는 두드러지지는 않지만 무시할 수 없는 거리가 존재하기 때문이다. 그것은 어떤 거리일까? 제4장에서는 우선 그것의 성질을 밝히고 이과와 문과의 교섭에 가로놓인 함정을 제시한다(1절). 다음으로 그 함정을 이과와 문과를 아우르는 기존의 학제간 연구 시도가 어떻게 회피할 수 있을까(또는 회피할 수 없을까)에 대해 1970년대의 서구, 특히 유럽에서 시작해 1980년대 이후 본격적으로 전개해 온 STS(Science, Technology & Society / Science and Technology Studies)를 가지고 될수록 구체적으로 검토한다(2절, 3절). 이종교배의 이념이 STS라고 이름 붙인 기존의 학제간 연구 시도와 어떻게 구별되는지, 또 '지(知)의 실패'를 극복하기 위한 원칙으로서 이종교배의 이념을 어떻게 담을 수 있을지 모색한다(4절). 전체의 결론을 정리하고 개방형 지침이 '지(知)의 실패'를 극복하는 데 어떤 새로운 함의를 지니는지 전망한다(맺음말).

1
학제간 연구의 통념에 들러붙는 환상

학제간 연구의 통념이란 다음과 같은 굳은 신념을 가리킨다. 어떤 의미에서 지(知)의 경계를 뛰어넘는 것은 경계가 나뉘어 있는 상이한 지(知)에 좋은 작용을 한다. 교섭은 상이한 지(知)를 서로 풍요롭게 하기 때문이다. 이런 상호 풍요화란 복수의 상이한 지(知)가 교섭함으로써 힘이 커지는 현상을 가리키지 않는다. 복수의 상이한 지(知) 각각의 힘이 시로 더해져 지(知)의 위력이 복합적으로 증폭되는 현상을 가리킨다. 기존의 지(知)에 없는 새로운 내용이 결실을 맺는 것을 융합이라 하는데, 이는 가장 행복한 결과이기도 하다. 학제간 연구를 계속 외치는 까닭은 누구나 이런 기본 전제를 의심하지 않기 때문이다. 위에서 '굳은 신념'이라고 표현한 이유가 여기에 있다.

그런데 일반적으로 기본 전제가 늘 확보된다는 보증은 없다.

현실적으로는 교섭이 상호불모화를 낳을 가능성도 충분히 존재하기 때문이다. 상호불모화란 복수의 상이한 지(知)가 지닌 결함이 더해져 복합적으로 증폭되는 현상을 가리킨다. 여기에서 말하는 결함이란 데이터의 날조나 학설의 표절 같은 일탈행위일 수도 있고, 도가 지나친 정치적 간섭이나 경제적 성공에 대한 동기부여, 특정 이념에 의한 종교적 귀의 등 외부의 개입일 수도 있다. 그것은 또 적정한 평가에 의한 자원의 적정 배분이 거의 이루어지지 않는 전문가 집단 내부의 기능 부전일 수도 있고, 일탈 행농, 외부의 개입, 기능 부전 등이 한데 얽힌 경우도 있다. 어쨌든 그러한 결함을 구조적으로 내포한 영역 사이에 교섭이 일어난다면 구조적 결함을 도리어 증폭시킬 가능성이 높다.[1]

다시 말해 이질적인 지(知)의 경계를 넘을 뿐인 교섭이라면 상호풍부화와 상호불모화를 똑같이 초래할 가능성이 있다. 만약 결과적으로 상호불모화가 일어난 경우 구조적인 문제가 있는 지(知)가 따로 존재하는 경우보다 훨씬 증폭된, 그리고 당사자 외에는 쉽게 보이지 않는 복합적 손상을 지(知) 전체에 가져다준다. 교섭이 제대로 이루어지지 않을 경우 예상되는 상태란 제로기 아닌 심각한 마이너스다. 교섭의 시도란 이른바 하이리스크/하이리턴의 투자에 가까운 특성을 지닌다. 그러나 학제간 연구의 통념은 이 점을 등한시(또는 하이리스크의 측면을 의식적으로 또는 무의식적으로 과소평가)하고 있다고 생각한다.

교섭의 시도가 상호풍부화에 이르는 이종교배를 초래하는 조건은 적어도 각각의 지(知)의 품질에 대해 복수의 이질적인 지(知)의 담당자들이 자기언급을 해야 한다는 것이다. 자기언급의 절차를 제외하고 이종교배와 학제간 연구의 통념을 등치시키는 것은 상호불모화의 리스크를 회피하는 기술을 처음부터 결여하고 있다고 생각한다.[2] 교섭에 앞서 또는 교섭과 병행해 지(知)의 각 영역이 구조적으로 안고 있는 문제점 또는 지향하는 지(知)와 현실의 교섭 사이의 거리에 대한 자기언급을 부정적 자기언급이라고 할 수 있다. 그렇다면 부정적 자기언급은 학제간 연구의 시도에 상호불모화의 가능성을 부단히 검출하고, 상호풍부화의 이상에 비추어 상호불모화에 이르는 길을 피하기 위해 불가결한 조건이다.

그러나 신기하게도 학제간 연구가 결실 있는 이종교배로 나아가기 위해 불가결한 조건인 부정적 자기언급에 대해 학제간 연구라는 통념은 실로 둔감하기 짝이 없다. 상이한 분야를 모아 두면 저절로 돌파할 수 있다는 설정이 반복적으로 상정되는 상황이 이를 잘 보여 준다. 앞으로는 부정적 자기언급에 의해 상호불모화의 가능성을 제거하는 것을 포함한 이종교배의 이념을 새롭게 정의해 보고자 한다.

당사자에게 부정적인 자기언급이 늘 실행 가능한 것은 아니다. 스스로 구조적인 문제점을 굳이 드러내려는 당사자는 드물 것이다. 나아가 당사자가 부정적 자기언급을 실행했다고 해서 자동으로 상호풍부화로 이어지는 것도 아니다. 부정적 자기언급은 상호불모화를 피하기 위한 조건이라는 의미에서 상호풍부화의 필요조건이기는 해도 충분조건은 아니기 때문이다. 그렇다면 이종교배의 행방을 관찰하는 기술이 없는 제3자가 잘 알지 못하는 지(知)의 상호불모화(예로서 여러 분야에 걸쳐 증폭되는 지의 품질 저하)를 회피하기 위해(나아가 가능하면 지의 상호풍부화를 담보하기 위해) 부정적 자기언급을 어떻게 활용해야 할까?

일반적으로 확정 상태를 결정하는 조건을 찾아내기보다는 실현 가능 상태를 결정하는 조건을 찾아내는 편이 수월할 뿐 아니라 하나의 대답을 고집할 필요도 없다. 여러 사례를 참고해 복수의 답안 후보를 음미해 볼 수 있기 때문이다. 이종교배에서 부정적 자기언급의 활용을 찾아낸다는 문제도 마찬가지다. 이과와 문과를 아우르는 기존 학제간 연구의 어떤 사례를 통해 어떤 답안의 후보를 찾아낼 것인가? 또한 이종교배의 이념에 비추어볼 때, 이과와 문과를 아우르는 기존 학제간 연구의 모습을 어떻게 음미할 수 있을까? 2절과 3절에서 이 문제를 살펴보기로 하자.

2

닫힌 엘리트 노선

10년도 더 지난 일이다. 1991년 멜빈 크란츠버그(Melvin Kranzberg)가 일본과학기술진흥재단 등의 주선으로 부인과 함께 일본을 방문했다. 그는 당시 조지아 공과대학 교수였다. 또 그는 기술사와 기술의 사회학을 종횡무진 탐구하는 학회를 조직하고, 과학·기술·사회를 동시에 아우르는 문제라면 현대와 과거를 가리지 않고 철저히 학문적으로 연구하는 학회지《기술과 문화》(*Technology and Culture*)를 최고의 국제 학술지로 키워 내는 데 전력을 기울인 인물이다. 마침 도쿄에서 열린 연회에 참가할 기회를 얻어 이미 인품으로도 전설이 된 그와 처음으로 가까이 만날 수 있었다. 과학·기술·사회의 경계에서 발생하는 예측하지 못한 사건을 파악하는 새로운 학문 영역의 필요성에 대해 그와 얘기를 나눈 기억이 새롭다.

그때 그는 이렇게 말했다. "아, STS요? 새로운 비즈니스지요." STS가 분명 Science, Technology & Society의 약칭이라는 것은 알고 있었지만, 그때 정확히 이 약칭을 어떤 의미로 받아들였는지 그가 세상을 떠난 지금 와서는 확인할 도리가 없다. 정확히 뭐라고 표현할 수 없는 뉘앙스를 풍기던 그의 표정이 뇌리를 떠나지 않을 따름이다.[3)]

그의 언어에는 미묘하게 다른 두 가지 힌트가 있었던 것 같다. 첫째, 과학·기술·사회의 경계에서 발생하는 예측하지 못한 사건은 새로운 문제다. 단지 문제를 학문의 영역으로 변환시켜 탐구하는 일은 그다지 쉬운 일이 아닌데, 건투를 빈다. 둘째, 현실적으로 가장 있을 법한 가능성은 역시 예상한 대로 세간의 이목이나 예산을 모으기 위한 캐치프레이즈로 소비된 다음 캐치프레이즈로 자리를 넘겨주는 것이다. 즉 학문으로서는 아무것도 생산하지 않는 경향인데, 이 가능성을 바란다면 그것도 건투를 빈다.

이 생각은 크란츠버그가 지나온 세월을 생각하며 내가 이끌어낸 감상적으로 비뚤어진 힌트이기는 하다(앞으로는 크란츠버그의 힌트라고 간단히 지칭하겠다). 미묘하게 다른 두 가지 힌트는 제3장에서 정의한 이종교배의 이념에 비추어 이과와 문과 사이의 기존 학제간 연구를 음미하는 사례로서 STS를 볼 때, 대략적인 분류 기준을 제공한다. 첫 번째 힌트는 어디까지나 학문 영역의 지적 생산을 염두에 두고 이종교배를 지향한다는 것, 이른바 STS에 지적 생산재라는 이미지를 부여한다. 거꾸로 두 번째 힌트는 사회 전체를 향한 폭넓은 호소와 사회 전체의 광범위하고 다양한 소비를 염두에 두고 이종교배를 지향한다는 것, 이른바 STS에 지적 소비재라는 이미지를 부여한다. 전자는 전문가 사이의 수평적 이종교배, 후자는 전문가와 비전문가 사이의 수직적 이종교배라고 해도 무방하다.[4]

STS의 윤곽을 좀 더 확실하게 해 두자. 여기에서 말하는 STS란 1980년대부터 주로 서구에서 과학기술의 사회연구자, 과학기술의 사회문제에 관한 활동가 등을 중심으로 사용된 말이다. 이것은 사회 편에서 이해할 수 있는 과학기술의 명암을 분야횡단적·문제지향적으로 제시하거나 다양한 채널을 통해 통제하고자 하는 시도의 총칭이다. 과학기술사회학, 기술사회학, 과학사, 기술사, 과학철학, 기술철학, 문화인류학, 시스템과학, 정책과학, 문화연구, 법학, 국제관계론, 인지과학, 언어학, 기술경영학, 연구개발투자론, 이과 교육 등등 매우 다채로운 관련 분야를 포괄한다. 관련 문제군을 보더라도 대중의 과학 이해 및 오해, 유전자변형 기술, 핵폐기물 처리, 지구환경 문제, 정책의 설명 책임, 신산업 분야 창출 등 과학·기술·사회에 걸친 아주 다양한 사건을 포함한다. 1970년대의 SISCON(Science in Social Context)의 이과 교육 운동에서 유래하는 다양한 운동의 차원과 1970년대에 출발해 1980년대 이후 본격화한 신쿤(Thomas Kuhn)파 이후의 과학기술사회학 또는 과학론에서 유래하는 연구의 차원을 포함한다. 다루는 문제 및 방식을 제공하는 관련 분야도 지극히 다양한 셈이다.

이렇게 폭넓은 가운데 지적 생산재로서 STS란 신쿤파 이래의 과학기술사회학에서 출발해 과학지식사회학, 기술의 이종 시스템 해석, 기술의 구성주의적 연구, 행위자 연결망 이론 등을 거쳐 현재에 이르는 과학기술의 사회연구 이론을 중심으로 한 담론을 가리킨다. 이들 담론은 비록 개별 사례에는 통달해 있더라도 이론의 기초를 튼실하게 익히지 않으면 실증 연구의 의미를 정확하게 이해할 수 없다.

여기에서 말하는 '이론의 기초'란 과학지식사회학인 경우 '강한 프로그램'[데이비드 블루어(David Bloor)]을 가리키고, 기술의 이종 시스템 해석의 경우는 '이종 기술' 개념[존 로(John Law)]을 가리킨다. 또한 기술의 구성주의적 연구의 경우는 '관련 사회집단' 개념 [트레버 핀치(Trevor Pinch)와 위비 바이커(Wiebe Bijker)]을 가리키고, 행위자 연결망 이론의 경우는 '번역' 개념[미셸 칼롱(Michel Callon)과 브뤼노 라투르(Bruno Latour)]을 가리킨다. 원래 특정 과학자 집단과 기술자 집단 내부의 구조를 미세하게 기술하고 분석하는 데 적합한 개념 장치로 검출할 수 있는 사회의 요소를 임시방편으로 논의하는 경향이 있으며, 좋든 싫든 학제(discipline)로서 자기 완결성이 높은 엘리트 노선이라고 할 수 있다.[5]

다른 한편 지적 소비재로서 STS란 자각적이든 아니든 다양한 지역의 다양한 운동과 발맞추어 전개해 온 대중 노선의 경향이 강하다. 따라서 다소 기존의 학제가 붕괴하는 경향을 띤다. 앞으로 별종의 학문 분야로 이어질지, 개별적인 분쟁의 해결을 내세우며 기술관료에 의존하는 노선을 걸을지, 같은 깃발을 내걸고 포퓰리스트 노선을 걸을지, 아니면 이도 저도 아닌 상황에 대응해 변화한다는 편리한 노선을 걸을지 유동적이다.

이와 같은 다양성을 내포한 상황에서 전체를 하나로 엮어 STS를 통해 이야기할 때 문맥 의존성이 아무래도 높아진다. 따라서 어떤 문맥에서 어떤 노선을 고려해 무엇을 목적으로 이야기하는

가에 대해 특히 세심하게 주의를 기울여야 한다.[6] 이 절에서는 엘리트 노선을 걷는 지적 생산재로서 STS를 다루고, 앞에서 정의한 이종교배 이념에 비추어 기존의 학제간 연구의 모습을 살펴보기로 한다. 지적 생산재로서 STS는 기존 학제간 연구의 통념이 지닌 문제를 누구나 뚜렷하게 인지할 수 있는 절호의 재료를 제공하기 때문이다.[7]

학제간 연구의 조직화에 관해 STS의 일관성은 잘 알려져 있다 [예로서 1980년대 초까지 EASST(European Association for the Study of Science and Technology), 4S(Society for the Social Study of Science and Technology) 같은 학회의 결성 등]. 한편 앞에서 정의한 이종교배의 이념에 비추어 보면, 문제는 지극히 광범위한 관련 분야에 걸친 학제간 연구의 시도 중 부정적 자기언급을 찾을 수 있느냐 없느냐에 달렸다. 여기에서는 지향하는 지(知)의 상태와 현실의 교섭의 거리에 대한 자기언급에 특히 초점을 맞춤으로써 부정적인 자기언급의 내용을 살펴보겠다. 교섭을 기대하는 해당 분야[이하 모(母) 분야로 약칭]가 구조적으로 안고 있는 문제점에 대한 부정적 자기언급에서는 부정직인 자기언급의 소재를 판단하기 어려운 스타일(예로서 모 분야에 대한 의례적 자기언급, 모 분야 지식의 몰자각적 운용 등)이 STS 전체를 채우고 있다. 그러므로 이 경우는 부정적인 자기언급이 존재한다고 하기도 어렵고, 그렇다고 존재하지 않는다고 내재적으로 논증하는 것도 매우 어렵기 때문에 이 자리에서는 판단을 유보하지 않을 수 없다.[8]

또한 지향하는 지(知)의 상태와 현실의 교섭 사이의 거리에 대한 자기언급으로 부정적 자기언급의 내용을 한정하더라도, 그런 의미의 부정적인 자기언급을 찾아내기란 실제로 쉽지 않다. 가령 자기언급이 있다고 해도 대개는 지향하는 지(知)의 상태와 점점 거리가 축소되고, 지향하는 지(知)의 상태에 더욱 근접한다는 성공 이야기가 자주 사용되고, 그 결과 거리의 성질과 의미를 파고들어 자세히 분석·점검·평가하는 부정적 자기언급을 찾아보기가 예상 이상으로 곤란하기 때문이다. 일반적으로 학제간 연구에 특수한 기대감이 솟아오르면 그만큼 많은 사람의 평가를 높이는 효과가 생긴다. 그러면 부정적 자기언급은 사실상 거의 돌이보지 않는 일이 많다.

반면 STS를 통해서는 우연하게도 부정적 자기언급의 상태가 어떠한지 명료하게 엿볼 수 있다. 여기에서 우연의 내용은 과학전쟁(Science Wars)이라 일컬어지는 사건을 말한다. 과학전쟁 자체는 약 10년 전 시작되어 이미 소문으로 돌고 있다. 현장 과학자와 과학론자(STS의 거의 전체를 포함하는 광의의 라벨) 사이에 일어난 이 논쟁은 현장 과학자에 의한 패러디 투고가 과학론자의 학회지에 실리기도 했다. 그만큼 과학에 종사하는 사람과 과학에 대해 이야기하는 사람 사이의 갈등을 공공연하게 드러낸 현상이었다. 인터넷 사이트에 방대한 관련 남론이 축적되어 있으므로 누구든 상세한 사정을 수적할 수 있다.[9] 특히 발단이 된 미국의 프린스턴 고등연구소에서는 과학론자의 인사가 미루어졌다는 정치적 화제에도 올랐던 터라,[10] 시끄러운 가십의 재료를 제공한 논쟁이기도 했다.

이 논쟁 자체를 상세하게 추적하는 일은 비생산적인 불모의 작업이라고 나는 생각한다. 그럼에도 과학전쟁을 언급한 것은 그것이 STS 종사자의 부정적 자기언급이 앞서 제기한 문제에 대답을 제공해 주는 좋은 재료이기 때문이다. 문제의 열쇠는 STS 종사자에게 STS라는 일에 대해 과학자가 던진 의심이다.

STS 종사자는 과학 논쟁을 무시할 수 없었다. 왜냐하면 그 논쟁의 쟁점이 그들이 생산하는 지(知)의 품질 보증에 영향을 미쳤기 때문이다. 현장의 과학자가 STS 종사자에게 던진 의문을 굳이 한마디로 단언하면, '정확하게 이해하지 못하는 일에 대해서는 쓸데없이 이야기하지 말라'는 것이었다. 사실 STS 종사자의 과학 이해에 엉성함이 적지 않다는 것을 지적하는 과학자의 담론은 적지 않다. 즉 불확정성 원리의 이해, 상대성 이론의 이해, 카오스 이론의 이해, 유체 역학의 이해, 기술 통계의 관련성 측도(測度)의 이해를 비롯해 중력파 검출 실험의 이해에 이르기까지 한두 가지가 아니다.[11]

여기에서 문제는 이런 담론에 대해 STS 종사자가 벌인 논쟁을 추적하는 것이 아니다. 그런 종류의 논쟁은 오직 STS의 대외적 정당성을 얼마나 담보하느냐는 차원에 속할 뿐, 부정적 자기언급을 찾아내는 문제에 접근하는 실마리는 처음부터 봉쇄되어 있기 때문이다. 부정적 자기언급을 찾아내는 가장 손쉬운 방법은 STS 비종사자를 향한 대외적 담론은 일단 제쳐놓고, STS 종사자가 생산하는 지(知)의 정당성에 관한 STS 종사자의 자기언급만 조사하는 것이다. 스스로 생산하는 지(知)의 정당성을 문제 삼는 가운데 이루어지는 자기언급은 그렇지 않은 경우보다 부정적 자기언급을 찾아낼 가능성이 높을 것이기 때문이다.

이런 점에서 보면 STS 이론의 기초를 세운 논자는 아무 일도 없었던 것처럼 특수하게 전문적인 주제를 탐구하든지(예로서 존 로에 의한 미시적 권력 현상의 연구, 트레버 핀치에 의한 음의 구성주의적 연구 등), 또는 사회의 요청에 부응하기 위해 정책지향성이 높은 주제를 탐구하든지(예로서 위비 바이커의 민주적 기술개발론, 미셸 칼롱의 연구·개발 과정론) 둘 중 하나로 나뉜다.[12] 둘 다 이론의 내용과는 별도로 STS 관계자 집단의 경계를 전제로 삼아 새로운 주제에 몰두한다는 자세는 공통적이며, 안타깝게도 자기언급이 이루어진 흔적은 미미하다.

이런 상황에서 자기언급을 엿볼 수 있는 하나의 귀중한 실마리가 존재한다. 그것은 과학자가 지(知)의 정당성을 문제 삼는 가운데 종래 잠재적이었던 상이한 이론들의 마찰이 표면화되고, 각 이론의 제창자가 어쩔 수 없이 스스로의 이론에 대해 자기언급을 할 수밖에 없는 현상이다. 상이한 이론이란 과학지식사회학과 행위자 연결망 이론이고, 등장하는 이론의 제창자는 데이비드 블루어와 브뤼노 라투르다.

STS의 핵심을 형성하는 과학기술의 사회연구 이론이라는 통념에서 보면, 각 이론이 어우러져 STS라는 하나의 건축물을 세운다는 인상을 준다. 그러나 과학지식사회학과 행위자 연결망 이론의 신세를 보면 그런 인상과 실제는 크게 달라진다. 행위자 연결망 이론은 그 정식화 과정에서 적어도 과학전쟁보다 앞선 과학지식사회학에 대해 신랄하게 비판해 왔다. 행위자 연결망 이론의 제창자 중 한 사람인 라투르가 비판했고, 비판의 대상은 과학지식사회학의 제창자 블루어였다. 블루어는 최초의 공식적인 비판이 등장한 1987년 이후 오랜 침묵을 지켜 왔다. 그리고 1997년

"반라투르"(Anti-Latour)라는 반비판 논문을 발표했다.[13]

"브뤼노 라투르는 지식사회학, 특히 강한 프로그램에 대한 적극적인 비판자다.…그의 명성과 그의 업적은 익히 들어 알고 있다. 1979년에 스티븐 울가(Steven Woolgar)와 함께 저술한 《실험실 생활》(Laboratory Life)을 읽은 독자에게는 라투르를 지식사회학의 비판자라고 규정하는 것이 놀라울 것이다. 라투르의 작업과 지식사회학의 강력한 프로그램은 흔히 사회적 구성주의라는 영역에 속하기 때문에 양자는 기본적으로 닮았다는 인상을 준다.…실제로는 양자 사이에 아주 심각한 대립이 존재한다."[14]

블루어가 에든버러학파, 라투르가 파리학파라는 두 연구 집단의 지적 지도자라는 것은 자타가 공인한 사실이다.[15] 한쪽은 영국을 대표하는 엘리트 대학의 하나인 에든버러 대학의 과학연구단위(Science Studies Unit)의 수장이고, 다른 한쪽은 프랑스를 대표하는 엘리트 학교의 하나인 국립 파리고등광산학교의 혁신사회학연구센터(Centre de Sociologie de l'Inovation)에서 가장 저명한 연구자 중 한 사람이다. 도버해협을 사이에 두고 상이한 경력을 지닌 두 사람이 이미 성공을 이룬 시점에 이제까지 잠재적이었던 서로의 이론적 마찰을 둘러싸고 논쟁을 주고받은 것은 약간 시대착오적이고 아무래도 엉뚱하다는 느낌이 있다. 그리고 그것에서 STS 종사자가 생산하는 지(知)의 품질 보증에 관해 과학 논쟁의 영향을 읽어 내는 것은 정곡을 찌른 견해라고만 할 수는 없다.

양자의 대립점은 비교적 눈에 잘 드러난다. 쟁점은 과학지식의 사회학적 기초를 닦은 '강한 프로그램'의 평가 방식이다. 주지하는 바와 같이 '강한 프로그램'은 과학지식을 구성하는 담론의 사회적 인과 귀속이라는 과제 영역을 개척했다. 라투르에 의하면, 그것은 사회라는 설명 요인에 지나치게 중점을 둔 것이고, '강한 프로그램'이란 결국 "사회가 자연을 설명하는 책임을 지는" 설명 형식으로 귀착한다.[16] 말하자면 이 설명 형식에서는 과학 담론이 "사회라는 영화를 상영하는 순백의 스크린"에 지나지 않는다.[17]

라투르는 이 점에 이의를 제기한다. 사회도 자연과 함께 '서로 결정한다'고 주장하는 것이다. 즉 자연과 사회의 이분법적 경계를 도입함으로써 한쪽이 다른 쪽을 결정한다는 사고회로를 배제한다. 또 사회도 자연과 함께 과학의 담론을 생산하는 동격의 행위자로 보고 양자의 연관을 풀어내는(즉 행위자 연결망을 특정하는) 학문이라는 점에서 인류학의 중요성을 강조한다.

이에 대해 블루어는 그것이 단지 '강한 프로그램'과, 자연을 사회로 환원하는 환원론을 등치시켜 비판할 따름이라고 주장한다. 또 사회적 인과 귀속이라는 지식사회학의 경험적 과제와 철학적 상대주의를 조악하게 연관시킨다는 점에서 치졸한 혼란에 빠진다고 반론한다. "그런 잘못된 비판이 이 분야에 통하지 않는다는 경향이 있다는 문제를 제기한다면 몰라도, 중심 위치에 있는 인물이 이 문제를 제기한다는 것은 이해하기 어렵다."[18]

여기에서는 누가 더 논쟁에 뛰어났느냐를 따져 훈장을 주는 데 관심을 두지 않는다. 다만 과학 논쟁은 지(知)의 정당성을 문제 삼는 상황에서 STS 종사자가 이론의 기초에 대해 자기언급을 했던 선례를 제공하고 있다. 왜냐하면 1999년(투고는 1997년, 1998년) 시점에 논쟁이 두드러졌다는 사실은 그렇다 치고, 논쟁 당사자인 블루어와 라투르가 과학전쟁을 의식해 논쟁에 임했기 때문에 어쩔 수 없이 자기언급을 해야 했다는 배경이 각각의 담론을 통해 명확히 드러났기 때문이다.

블루어는 이렇게 말한다. "폴 그로스(Paul Gross, 과학론자를 비판하는 책을 간행한 버지니아 대학의 해양생물학자) 등이 편집한《과학과 이성으로부터의 비약》(The Flight from Science and Reason)의 기고자와 마찬가지로, 명망이 높은 라투르는 좌절한다. 전술한 기고자들은 '지식사회학'이라고 하면 지식은 '완전하게 사회적'인 것이라고 하는 진부한 사고의 대명사로 여기는 사람들이다."[19] "사실은 정반대임에도 라투르는 지식사회학을 '가십 폭로'와 연관 지어 그것이 과학을 '폄훼하는' 시도라고 주장하는 데 여념이 없다."[20] "라투르는 자신의 작업의 품질 보증을 소리 높여 선언하고는 내가 하는 작업의 품질 보증을 실추시키는 작업에 열심이다. 그는 줄곧 외부에 있으면서 현장에 있는 과학자의 어깨를 두드리거나 실험실 안에서 과학자의 꽁무니를 시종 따라다닌다.…과학자를 비판하는 것과는 '아무 관계도 없다'는 말이다. 그리고 이렇게 말한다. 이 남자는 아직 한 번도 실험실에 들어가 본 적이 없다!(그가 하는 말은 사회학적 관찰자로서 하는 말일 뿐 실험에 임하는 연구자로서 하는 말은 아니라는 뜻이다. 후자의 의미라면 난 얼마쯤의 경험이 있는 편이지만)"[21]

한편 라투르는 이렇게 말한다. "과학전쟁에 대한 내 입장을 오히려 거들어 주는 과도하게 논쟁적인…문장은 제외하고, 나(와 대학원 박사과정의 학생)는 블루어의 논문을 읽고 우리가 개발한 과학사회학의 브랜드는 확실히 끝났다고 실감했다. 그리고 그의 논문을 내던졌다. 혁신사회학연구소도 폐쇄해 버릴지도 모른다."[22]

"결국 과학전쟁이라는 시국에 블루어의 비판에 대해 명석하게 대답해 두는 것은 유익할지도 모른다. 왜냐하면 내가 과학지식사회학에 종사하는 동료에게 다음과 같이 경고해 왔고, 사실 그대로 사건이 벌어졌기 때문이다. 즉 지나치게 완고하게 전통적인 사회학에 매달리면 과학의 용사에게 먹잇감이 되어 버린다는 경고를 말한다."[23] "블루어와 내가 함께 직면한 문제란, 결국 계속되는 절대주의의 위협, 예를 들면 실재론이라는 절대주의의 위협에 대항해 문명사회를 개방적으로 만들려면 어떤 과학론이 바람직한가라는 문제…과학전쟁을 통해 예전보다 더욱 긴급해진 문제인 것이다."[24]

이렇게 명료하게 과학전쟁을 의식한 논쟁이고 보면, 앞에서 예상한 바에 따라 각각이 구축한 이론적 기초에 대한 부정적 자기언급을 찾아낼 가능성이 높다고 여겨진다. 그런 예상을 품고 논쟁을 구성하는 담론을 재고하면 예상은 여지없이 뒤집힌다. 블루어와 라투르는 서로의 이론을 둘러싸고 첨예하게 대립하고 있지만, 각자의 이론의 기초에 대한 자기언급은 다를 바가 없다. 다시 말해 과학지식사회학의 기초인 '강한 프로그램'에 대해서든, 행위자 연결망 이론의 기초인 '민약' 개념에 대해서든, 어떤 부정적 자기언급도 인정하지 않는다는 점에서 공통적이기 때문이다. 블루어의 경우를 보면 지향하는 지(知)의 상태와 현실 사이의 거리가 앞으로 점점 줄어들고, 따라서 지향하는 지(知)의 모습에 근접할 것이라는 성공 이야기가 자기언급을 뒤덮어 버리고 있다. "지식사회학이 본래의 작업을 달성했다고 말할 생각은 없다. 물론 아직 달성하지 못했다. 하지만 기본적인 생각('강한 프로그램')에는 조탁(彫琢)의 여지가 있고, 경험적으로나 이론적으로나 이루어 내야 할 많은 일이 존재한다."[25]

라투르의 경우를 보면 부정적 자기언급은커녕 행위자 연결망 이론의 기초인 '번역' 개념에 대한 자기언급마저 논쟁의 과정에 누락되어 있다. 오히려 논쟁이 있은 다음 해에 "이른바 과학전쟁 이 불러일으킨 여러 문제"를 고려해 저술한 논문에서 그는 행위 자 연결망 이론을 포함한 STS 전체의 지적 성과를 거꾸로 그의 모 분야인 사회과학(철학 포함)으로 수출한다. 그리하여 사회과학, 특히 사회학에 자연을 편입시킨 '물리적 사회학'을 제창하기에 이른다.[26]

이렇듯 논쟁의 당사자인 블루어와 라투르는 둘 다 과학전쟁을 명료하게 의식한 자기언급에 힘을 기울이는 한편 부정적 자기언 급은 보여 주지 않는다. STS의 핵심을 형성하는 다른 이론의 기 초를 세운 논자들이 부정적 자기언급을 보여 주지 않는다는 것도 앞서 지적했다. 때문에 STS의 핵심이란 이론의 기초에 대한 부정 적 자기언급을 제외한 이론의 존재에 의해 특징지을 수 있을 듯 하다. 부정적 자기언급의 부재로부터 곧장 상호불모화의 존재를 끌어내는 것은 성급하기 짝이 없다. 하지만 상호불모화가 발생할 조짐이 존재하는데도 상호불모화에 이르는 회로를 단절하는 기 술은 분명히 결여되어 있다. 그렇다면 앞에서 정리한 이종교배의 이념에 비추어 볼 때 이 상태는 어떻게 해석할 수 있을까?

문제는 STS의 핵심을 형성하는 이론(가)과 과학(자), 기술(자)이 관계를 맺는 방식이다. 이제까지 서술한 바로 알 수 있듯, 과학 자가 과학을 파악하는 시선과는 결정적으로 다른 모습, 또한 사회 편의적 관점으로 비로소 이해할 수 있는 과학의 모습을 제시하겠다고 깃발을 내걸면서도, 그런 과학의 모습에 과학자가 의문을 제기하면 그 귀책을 다른 곳에 돌린다. 반면 과학자의 시선과 어떤 결정적 차이가 있는지에 관한 설명의 책임은 사실상 방기할 가능성이 적지 않다.

가령 개개의 사례에 관한 과학지식의 이해에 정확성을 결여했다면, 그것은 어떤 의미에서는 사소한 일에 속한다. 생각해 보면 STS 종사자가 관찰자인 이상 당사자인 과학자 이상으로 과학지식을 이해할 수 없는 것은 당연하다. 기껏해야 비슷한 수준이거나 대개는 자세히 볼수록 어딘가 부족함이 있을 것이다(실제로 그러한 사전적 의미의 정확성을 누구나 STS 종사자에게 진정으로 기대하고 있다고는 보지 않는다). 한편 만약 과학을 이해하는 과학자의 시선과 결정적으로 차이 나는 부분을 둘러싸고 정면으로 맞부딪치는 비판에 대해 설명하지 않는다면, 그것은 본질적으로 치명적인 사안이다.

부정적 자기언급의 부재라는 사실이 이야기하는 가장 중요한 의미는 무엇보다 그런 치명적 사안에 관한 점검 회로가 STS에 결여되었을 가능성이다. 이른바 머튼(Robert Merton)파 과학기술사회학은 과학자 집단 내부의 규범이나 보수 체계, 평가 체계, 계층 구조만 문제 삼는다. 이에 대해 과학지식의 내용을 무시한 '블랙박스주의'(black boxism)에 매몰되어 있다고들 비판한다. STS로 이어지는 이론의 원류 중 하나는 바로 이 비판에서 출발한다.[27] 그런데 몇 십 년에 걸쳐 '블랙박스'를 열기 위해 애써 온 나머지 STS 종사자가 서로 논쟁하는 가운데 과학자의 시선과 결정적으로 차이 나는 부분에 대해 명시적으로 언급하지 않고 과학을 논한다면, 그것은 STS의 공동화(空洞化)와 다름없다. 만약 시선의 결정적 차이가 존재하지 않는다면, 일부러 STS 종사자가 과학의 사회적 차원을 역설하지 않더라도 사회적 시야가 풍부한 과학자가 더욱 명확하게 '블랙박스'를 열어 보여 줄 수 있다. 이것이야말로 과학 전쟁이 우리에게 가르쳐 주는 간명한 교훈이다.[28]

한마디로 1980년대부터 현재까지 지적 생산재로서 STS가 걸어온 엘리트 노선을 답습한다고 해도, 바꾸어 말해 앞서 말한 이론의 기초에 따라 '블랙박스'를 열어 보이려고 해도, 지적 생산재이고자 하는 본뜻과 달리 STS의 시도가 상호풍부화를 낳고 과학 · 기술 · 사회의 경계에서 발생하는 사건에 대해 독자적으로 해명할 소지는 의외로 빈약하다. 그곳에는 과학지식 내용의 '블랙박스'를 여는 것과 같은 정도로 밀도 있고 용의주도한 다양성으로 가득 찬 사회의 '블랙박스'를 열겠다는, 과학자와는 다른 시선이 결여되어 있다.

이것은 과학이나 과학자에게만 한정된 이야기가 아니다. 기술이나 기술자에게도 마찬가지다. 예를 들어 기술의 구성주의가 시행한 '해석적 유연성'(interpretative flexibility)이라는 개념을 도입해 기술적 사실과 사회적 사실의 이중 리얼리티를 정치하게 묘사함으로써 기술의 사회학적 연구를 개척한 도널드 매켄지(Donald F. McKenzie)의 작업을 들 수 있다. 그것은 대륙간 탄도미사일의 관성유도장치라는 군사 기밀에 관한 고도의 '블랙박스'를 열었다. 그런데 이 일에는 최대한의 밀도와 용의주도함을 기울이면서도 그 작업이 '왜 사회학적일까?'라는 물음에 대해서는 빗나간 설명만 이루어질 뿐, 깊이 파고드는 설명이 빠졌다. 이것은 실로 상징적이다.

"여기에서 채용하는 시선이…사회학적인 이유는 두 가지 있다. 하나는 설명이 필요 없는 비교적 자명한 이유, 또 하나는 그렇게 자명하지 않은 이유다. 비교적 자명한 이유란 기술의 변화가 몇몇 '사회적' 측면을 예시하는 것만으로도 경제적 · 정치적 · 조직적 · 문화적 · 법적 변화이기도 하다는 점이다.…자명하지 않은 이유에 대해서는…과학지식사회학을 끌고 오는 것이 타당하다.…만약 과학지식사회학이 가능하다면 반드시 기술지식사회학도 가능할 것이다."[29]

STS는 애초부터 사회 편에서 이해할 수 있는 과학이나 기술 측면의 해명을 표어로 내걸었다. 그럼에도 과학기술 지식에 관한 흥미로운 극소 정치(精緻)주의와 사회에 관한 이른바 거대 '블랙박스주의'가 공존하는 시선을 생산했을 뿐이다[예로서 매켄지의 작업에서 사회란 개발의 중요 인물인 찰스 드레이퍼(Charles S. Draper) 자신 및 그가 이끄는 연구실과 직접 관련 있는 군부, 대학의 연구실, 정부 기관, 싱크탱크, 기업에 한정되었을 뿐 냉전 체제 하의 일반인, 냉전 구조를 규정하는 국제 교섭과 회의의 교류, 냉전 구조를 유지하는 담론을 생산한 학자 집단, 냉전 구조의 최대 혜택을 입은 군 · 산 · 학 복합체의 내부 구조, 또는 화기관계용 정밀기기업계, 스페리(Sperry) 회사 같은 관련 기업의 행동이나 의혹에 대해 파고든 분석은 별로 등장하지 않는 것 등]. 따라서 이런 시선이 예로 등장하는 상태는 조금 역설적이다.

물론 이 상태는 군사 기밀에 관한 기술의 '블랙박스'를 연다는 매켄지의 주 목적에 비추어 볼 때 별 부족함이 없다. 하지만 부정적 자기언급이 부재한 조건에서 지극히 다양한 목적, 문제, 사례,

쟁점 등에 접근할 때조차 STS 종사자가 그런 시선을 음으로 양으로 답습했다는 상황은, 개척 과정의 학제간 연구인 STS가 이미 상호불모화의 국면으로 들어섰음을 암시한다. '블랙박스'에 넣어버린 사회의 다양성을 '블랙박스'로부터 끄집어내 과학기술 지식의 서술과 비슷한 밀도로 대칭적으로 기술·분석·설명하는 독자적인 논의 영역을 개척해야 한다. 이를테면 과학기술의 사회문제를 이해하는 일반인들의 틀과 공식적인 틀이 공존하는 상태(예로서 안전 선언으로는 일반인들이 안심하지 않는 상태)가 과학·기술·사회 계의 생성·발전·쇠퇴를 둘러싼 메커니즘을 해명해야 한다. 과학기술사회학의 상호작용론이 제기하는 이런 과제는 위에서 말한 시선을 채용하지 않으면 표면으로 떠오르지도 않는다.[30]

지적 생산재로서 STS의 핵심을 내재적으로 검토해 보면 STS는 부정적 자기언급을 결여하고 있고 폐쇄적인 학제간 연구의 경향을 띤다. 학제간 연구에 의한 정치한 성과로 인해 원래 STS가 외치던 취지, 즉 과학과 기술에 얽혀 있는 다종다양한 사회적 측면을 해명하는 중요성과 일반인들이 원하는 과학기술의 사회문제를 해결하는 중요성을 간단히 지나쳐 버리는 상호불모화의 경향을 드러내기 때문이다. 그러면 지적 소비재로서 STS의 대중 노선에 대해서는 어떻게 이야기할 수 있을까? 똑같이 이야기할 수 있을까, 그렇지 않을까? 이제 이종교배의 이념에 비추어 이 질문을 새겨 보고, STS의 대중 노선이 안고 있는 문제 상황을 명확하게 살펴보자.

3

닫힌 대중 노선

여기에서 말하는 지적 소비재로서 STS(이하 3절에서는 STS라고만 표기)는 다양한 지역의 다양한 운동과 함께 전개되어 왔다. 그렇기 때문에 지적 생산재로서 STS와는 다를 뿐 아니라 담론군의 이론적 기초를 이루는 핵심 부분을 특정할 수 있는 구조를 갖추고 있지 못하다. 오히려 각각의 논자가 각각의 상황에 대응해 각가 안고 있는 로컬한 주제에 대해 나름의 방식으로 담론을 내놓는 흐름이 지배적이다. 예를 들면 인종, 소수민족, 성, 연령, 특정 종교, 특정 지역, 계층, 포스트콜로니얼리즘(post-colonialism), 동물의 권리 등 주제는 실로 다채롭다.[31] 여기에서는 이렇게 폭이 넓은 지적 소비재로서 STS의 대중 노선 가운데 전문가와 비전문가 사이의 이종교배를 지향하는 두 논자의 담론을 중심으로 오늘날 이종교배의 대중 노선이 직면한 문제 상황을 살피고자 한다.

최초의 논자는 스티브 풀러(Steve Fuller)다. 그는 컬럼비아 대학에서 사회학과 역사학을 배우고 케임브리지 대학에서 과학철학 석사학위, 피츠버그 대학에서 과학철학 박사학위를 취득했다. 현재 영국의 워릭 대학(Warwick University) 사회학 교수로 재직 중이다. 1987년 《사회인식론》(Social Epistemology)이라는 잡지를 창간했고, 이 잡지의 편집자이기도 하다.

풀러는 엄청난 다산의 학자로, 적어도 현재까지 일곱 권의 단행본을 출간했고 현재 진행 중인 저작도 한둘이 아니다.[32] 그의 많은 저작물 가운데 주목해야 할 것은 과학·기술·사회의 경계에서 발생하는 사건에 초점을 맞추어 전문가와 비전문가 사이를 잇는 회로를 찾아내려 한다는 점이다. 자신의 생각을 처음으로 정식화한 《사회인식론》에서 그는 이렇게 웅변한다. "현상은 과학 행정관이 되어 버린 곳에서 스스로의 불행한 의사결정을 정당화하기 위해 대학 시절 학습한 어설픈 과학철학을 끌어온 결과다." "사회인식론은 실천적 관심을 갖는다." "사회인식론의 종사자가 제시하려는 것은 지(知)를 운용한 성과가 여러 지(知)의 생산자가 산출하는 사회관계에 의해 어떻게 영향을 받는가 하는 점이다."[33]

전문지식을 생산하는 환경 설정에 대한 그의 강력한 관심은 10년 뒤 일반 독자 및 학부생을 위해 집필한 《과학》(Science)에서도 줄곧 유지되어 다음과 같이 표명된다. "나는 두 가지 양상의 모델(아카데믹 과학에서 비아카데믹 관심으로 이끄는 다분야횡단적·문제해결적 과학으로 이행해야 한다고 주장하는 논의)에 반대한다. 비아카데믹한 관심이 점점 더 아카데미즘의 연구를 추동하는 오늘날의 흐름을 부정하기 때문이 아니다. 반대의 이유는 바로 이들 모델이 아카데믹 학자에게 전문 분야에 갇혀 있거나 비아카데믹한 관심으로 나아가는 것 중 하나를 선택해야 한다고 전제하기 때문이다. 제3의 길이 있다." 풀러가 주목하는 것은 시장의 소비자가 만족하는 것으로 환원할 수 없는 회로, 즉 전문가와 시민을 잇는 회로다. 그런 문맥에서 주로 과학론자가 담당하는 일본 합의회의[공모로 뽑힌 일반 시민에게 전문가가 정보를 제공하면 시민이 정책적 틀을 정리해 공표하는 것으로, 덴마크에서 시작한 실험적인 시도를 가리킨다(제5장에서 논의하겠다)]가 '뜨거운 기대'를 모으고 있다.[34]

풀러는 학문의 상아탑 안에 틀어박혀 있으면서 일상 세계의 주민을 계몽하거나 일상 세계의 다양하고 한없는 요구에 일일이 대꾸하려고 하지 않는다. 그는 학문을 성립시키는 전문가(특히 그것이 지닌 비판적 기능)와 비전문가 사이를 잇는 회로를 독자적으로 구축하려고 한다. 이런 점에서 그는 대중 노선을 통해 전문가와 비전문가 사이의 이종교배를 지향하는 가장 눈에 띄는 논자라고 할 수 있다. 그렇다면 풀러의 논의는 이종교배를 시도할 때 상호 불모화를 회피하기 위한 기준으로서 부정적 자기언급을 어느 정도 체현하고 있을까?

우선 모 분야에 대한 자기언급을 살펴보자. 모 분야인 과학철학에 대한 풀러의 자기언급은 일일이 셀 수 없다. 그가 출간한 일곱 권의 단행본을 정리해 보면, 그 안에서 언급한 과학철학자는 프랜시스 베이컨(Francis Bacon), 데이비드 흄(David Hume), 장 자크 루소(Jean-Jacques Rousseau), 임마누엘 칸트(Immanuel Kant), 게오르크 헤겔(Georg Hegel), 콩트, 찰스 퍼스(Charles Peirce) 등 고전

사상가들을 비롯해 루돌프 카르납(Rudolf Carnap), 비트겐슈타인(Ludwig Wittgenstein), 마이클 폴라니(Michael Polanyi), 스티븐 툴민(Stephen Toulmin), 윌러드 콰인(Willard van Orman Quine), 키스 캠벨(Keith Campbell), 힐러리 퍼트남(Hilary Putnam), 칼 포퍼(Karl Popper), 임레 라카토스(Imre Lakatos), 토머스 쿤, 파울 파이어아벤트(Paul Feyerabend), 래리 로단(Larry Laudan), 이언 해킹(Ian Hacking) 같은 현대 과학철학자까지 종횡무진해 박람기적 과학철학사를 방불케 한다.

전체적으로 풀러의 자기언급은 능숙하고 날카롭다. 앞에서 본 지적 생산재로서 STS의 엘리트 노선을 걷는 논자가 보여 주는 모 분야에 대한 자기언급 방식(예로서 모 분야에 대한 의례적 자기언급, 모 분야 지식의 몰자각적 전용 등)과는 좋은 대조를 이룬다. 예컨대《과학철학과 그 불만》(Philosophy of Science and Its Discontents)이라는 책에서 그는 이렇게 말한다. "《과학철학》(Philosophy of Science)이나《영국과학철학잡지》(British Journal for the Philosophy of Science)와 같이 세계를 대표하는 과학철학 잡지는 사람들에게 다음과 같은 염려를 안겨 줄 것이다. 즉 더욱 비판적이고 엄밀하게 '철학적인' 작업 기준이 어떤 개별 분야에도 있을 법한 정상과학(normal science) 기준에 의해 교체되고 있다는 염려 말이다. 과학철학의 논문에 어느 정도의 철학이 있느냐는 그 논문이 고찰하는 분야의 상투적인 지식에 얼마나 도전하느냐에 따라 대략 짐작해 볼 수 있다."[35] "내가 시도하려는 것은 적당주의라고 불리는 비판의 방식을 비판하는 것이다. 예를 들어 분석철학자는 임기응변주의자다. 그들은 비판 대상의 인물이 설정한 가정을 믿지 않으면서도 그것에 기대어 비판하기 때문이다. 이 점에서 나는 고전적인 소피스트와도 통하는 특성을 발견했다."[36]

이와 같이 자신의 모 분야에 대한 사실상의 부정적 자기언급은 곳곳에서 보인다. 이는 풀러가 자신의 모 분야인 기존의 과학철학과 뚜렷이 거리를 두고 있음을 말해 준다.[37] 다시 말해 모 분야에 대한 자기언급만 보면 지적 생산재로서 STS의 엘리트 노선을 걷는 논자와는 대조적이다. 모 분야에 대한 다양하고 다량의 부정적 자기언급을 통해 그는 어째서 이끼와 문과 사이에 걸친 기존의 학제간 연구(예로서 과학철학도 원래는 하나의 학제간 연구 시도였다)가 아닌 전문가와 비전문가 사이의 이종교배여야 하는가를 말한다. 한마디로 풀러의 담론은 자신이 어디에서 온 누구이고 어떤 생각으로 이야기하는지를 누구나 알기 쉽게 보여 주는 지적 솔직함을 갖추고 있다.[38] 그는 적어도 자각적이거나 무자각적으로 모 분야와의 관계를 불명료하게 만듦으로써 상호불모화의 함정을 초래하는 것과는 비교적 다른 지점에 서 있다.

그는 이종교배를 시도함으로써 어디로 향하고자 하는 것일까? 지향하는 지(知)와 현실적인 교섭 사이의 기리에 대한 부정적 자기언급이라는 또 다른 측면이 이 물음에 대답할 열쇠를 쥐고 있다. 아쉽게도 풀러의 논의는 이런 종류의 부정적 자기언급을 전혀 보여 주지 않는다. 여기에 대해서는 두 가지 이유를 들 수 있다. 하나는 지향하는 지(知)의 모습(풀러의 경우 사회인식론)에 관한 일종의 성공 이야기에 흡수당한다는 것이다. 일종의 성공 이야기란 지향하는 지(知)의 모습이 규범적 당위(이러해야 한다거나 또는 이러해서는 안 된다는 형식)에 의해 주어지고, 현실적인 교섭의 시도가 오로지 그 당위의 기준에 의해서만 일원적으로 평가받는다. 다시 말해 '공적 영역에서 과학의 민주화에 공헌해야 한다'는 당위에 비추어 유력하다고 여겨지는 과학철학의 교섭 시도(예로서 앞에서 검토한 STS의 엘리트 노선 등)가 줄곧 비판받다가 결국은 지향해야 할 지(知)의 모습으로서 사회인식론이 등장한다는 것이 성공 이야기의 공통 내용이다.[39]

이것은 오랜 수난 끝에 구원의 세계가 나타난다는 성서의 서사에 버금간다. 이런 이야기는 규범적 당위가 누구에게나 그럴듯한 내용일수록 폐쇄적 논의가 되는 경향이 있다. 동시에 부정적 자기언급의 여지는 점점 빈약해진다. 이를테면 실험실 내부의 연구에 몰두함으로써 실험실 외부에서 진행되는 사회현상에 대해 몰비판적인 '표면적 급진주의'(surface radicalism)의 예로서 미셸 칼롱과 브뤼노 라투르의 행위자 연결망 이론을 예로 들 수 있다. 그리고 "타인의 불행, 즉 민주화로 인해 프랑스 기술자 집단의 지위가 저하함으로써 어부지리를 얻은 전형적인 존재"라고 그것을 언급한 데 대해 시원한 반론을 찾아내기는 쉽지 않다. "행위자 연결망 이론은 기술 구조를 작동시키는 일원적 국가 기구가 더 이상 존재할 수 없는 사회를 설명한다. 그것은 어떤 사회일까? 만인이 위임한 전체주의 체제, 한마디로 '유연한 파시즘' 국가인 것이다."[40]

유력하다고 여겨지는 과학철학에 관한 다른 교섭의 시도(예로서 도널드 매켄지의 기술구성주의적 연구, 토머스 쿤의 패러다임론 등)를 행위자 연결망 이론으로 치환해 보아도 결과는 마찬가지다. 만일 교섭의 상호 시도 사이에 미묘하고 본질적인 차이가 존재하더라도 전문가와 비전문가 사이의 이종교배를 지향하는 관점을 유지한다면, 전문가 사이의 이종교배 교섭의 시도 전체를 한 덩어리로 묶어 놓는 한편 대중의 이익을 내세워 '엘리트주의적' '의례에 기운 정치적 무능력'이라고 비판하는 것은 늘 가능하다. 이는 마르크스(Karl Marx)의 국민경제학 비판 이래 동서양을 막론하고 답습해 온 방식이다.

일반적으로 전문가 사이의 이종교배를 지향하는 엘리트 노선은 항상 전문가와 비전문가 사이의 이종교배를 지향하는 대중 노선에 의해 비판을 받는다. 거꾸로 대중 노선은 엘리트 노선 전체를 한 덩어리로 묶어 비판한다. 말하자면 수평적 이종교배와 수직적 이종교배의 상호 위치 관계만으로 정해지는 회로에서 엘리트 노선은 대중 노선에 의해 일괄 비판받고 패배한 끝에 사라질 운명에 처한다. 즉 대중 노선의 부정적 자기언급에 대한 가능성은 처음부터 가로막혀 있다. 결론적으로 풀러가 펼치는 논의의 구조는 고전적인 성공 이야기의 형태를 충실하게 답습하고 있다(예로서 가장 전형적으로는 과학사·과학철학에서 STS를 거쳐 사회인식론에 이르는 성공 이야기를 참조하라).[41] 그런 만큼 지향하는 지(知)의 모습과 현실적인 교섭 사이의 거리에 대한 부정적 자기언급이 보이지 않는 것은 당연하다고 하겠다.

부정적 자기언급이 존재하려면 전문가가 전문지식의 문제점에 대해 자기언급을 하고, 비전문가가 일상지식의 문제점에 대해 자기언급을 하는 것이 필요하다. 그러나 안타깝게도 풀러의 논의는 어느 쪽 절차로 나가는 회로도 결여하고 있다. 지향하는 지(知)의 모습과 현실적인 교섭 사이의 거리에 대해 부정적 자기언급이 보이지 않는 또 하나의 이유는 이렇다. 예컨대 "'과학'(또는 '지식 생산' 또는 '탐구')의 일반적인 목적과 수단에 대해 논의할 수 있는 학문의 열린 공간"을 회복해야 한다는 규범적 당위를 바탕으로 '과학의 민주화'를 주장한다고 하자.[42] 그러나 '열린 공간'의 주인이 누구일 수 있는가에 대해서는 거의 아무것도 정해진 것이 없다.

그렇기 때문에 비전문가가 그 공간의 주인일 수 있는가에 대해 명확히 말하지 않는다. 더군다나 비전문가가 일상지식의 문제점에 대해 자기언급을 하는 문제군의 가능성은 사실상 등한시하고 있다. 방대한 과학철학사의 지식이 담겨 있는 그의 저작을 비전문가가 읽어 내기를 바랄 수는 없다. '열린 공간'에는 풀러라는 학자와 그의 동료가 존재할 뿐이다. 한편 풀러가 학문의 문제점에 대해 전문가로서 자기언급을 하고 있느냐 하면, 부정적으로 대답할 수밖에 없다. 전문가로서 자신을 규정한다면 자기언급을 하지 않을 수 없는 내재적 문제점에 대해 그는 언급하지 않는다.

내재적 문제점이란 학설을 다룰 때의 논증 절차 및 학설 이외의 대상을 다룰 때의 실증 절차를 결여하고 있는 점이다. 한 예를 들어, 행위자 연결망 이론에 대한 언급을 자세히 들여다보면 그것은 세 가지 주장으로 이루어진다.

①행위자 연결망 이론은 물적 환경을 바탕으로 생겨날 만해서 생겨났다. "파리학파가 STS 연구의 전위적 위치를 차지하고 있다면, 그것은 단지 파리학파가 놓인 물적 조건이 시장의 압력으로 움직이는 학문 세계 전체의 경향과 맞아떨어졌기 때문이다." ② 그 물적 환경이 무엇인지 정해 놓는다. 한편으로는 나폴레옹 시

대에 출범한 그랑제콜(Grandes Écoles)[1]의 일각을 이루는 국립파리 고등광산학교의 기술관료 양성 지향이, 다른 한편으로는 미테랑 정권 시대에 출범한 국가 주도형 전략연구에 의한 '기술문화' 달성 지향(과학기술에 의해 경제적 성공을 달성하는 지향)이 효과를 발휘하고 있다. ③ ①과 ②를 통해 얻은 결론. "행위자 연결망 이론은… 정치체제의 형이상학적 정당화를 제공한다."[43]

①은 지식사회학에 친숙하다면 한 번쯤 본 적이 있는 존재 피구속성에 관한 주장이고, ②는 '기술관료' '국가주도형'처럼 대다수에게 낯익은 키워드를 통해 그것을 지시하는 주장이다. 하지만 ①과 ② 각각에 대한 증거, 나아가 ①을 ②로 특정하는 개별 주장(파리학파의 기술관료 양성 지향이 미테랑 정권 이후의 '기술문화' 달성 지향과 연결됨으로써 파리학파가 융성해졌다는 주장)에 대한 증거는 어디에도 제시되지 않는다. 따라서 아무리 있을 법하다는 인상을 풍길지라도, ③의 결론은 입증도 반론도 불가능하다. 이 경우뿐 아니라 기술의 구성주의에 따른 작업의 선례를 제공한 것으로 알려진 도널드 매켄지를 '자칭 사회주의자'(self-styled socialist)라고 주장하는 경우에도, 나아가 "서양 세계가 과학 진보의 세계적 배후 조종자일 수 있었던 시대의 과학관에 서양이 줄곧 매달려 있다"는 논란을 일본이 제시한다고 주장하는 경우에도, 똑같은 사정을 엿볼 수 있다(전자의 경우는 특히 논증을, 후자의 경우는 특히 실증을 결여하고 있다).[44]

내가 파리학파나 도널드 매켄지 또는 일본을 옹호하려는 것이

---

1 최고의 인재를 양성하기 위한 프랑스 고유의 엘리트 고등교육기관. 이른바 '대학 위의 대학'으로 알려져 있다.

아니다. 어떤 대상에 관한 어떤 내용의 주장도 전문가와 비전문가 사이의 이종교배를 지향한다는 것이 논증이나 실증의 절차가 결여된 것에 대한 변명이 될 수는 없다. 아무리 의문의 여지가 없는 규범적 당위(예로서 '과학의 민주화'를 추진해야 한다)를 내걸었다고 해도 전문가가 논증이나 실증의 절차를 결여한 주장을 제시할 특권을 허용받는 것은 아니기 때문이다.

스티브 풀러의 대중 노선은 모 분야에 대한 부정적 자기언급을 보여 주는 반면 지향해야 할 지(知)의 모습과 현실적인 교섭 사이의 갈등에 대한 부정적 자기언급은 결여했다는 앙금을 남긴다. 다시 말해 기존의 교섭 시도(예로서 전문가들의 수평적 이종교배인 과학철학)를 반면교사로 삼아 지향해야 할 지(知)의 모습(예로서 '과학의 민주화')을 이끌어 내는 점에서는 날카롭고 설득력이 있다. 그러나 지향해야 할 지(知)의 모습에 비추어 자신의 교섭 시도(전문가와 비전문가 사이의 수직적 이종교배를 시도)를 평가하는 점에서는 상호불모화(예로서 전문가의 지적 독점을 민주화의 필요에 따라 바꾸는 것과, 품질 보증의 기준이 확실하지 않은 지식을 전문지식으로 비전문가에게 제공하는 것을 혼동함)의 리스크를 회피하는 방법을 결여하고 있다.

이렇게 보면 풀러의 담론은 이론의 핵심이 폐쇄적인 이종교배의 경향을 지니는 STS의 엘리트 노선과 차별화하는 데는 성공했지만, STS 업계의 집안 이야기로만 시종일관한다. 그래서 전문가와 비전문가 사이의 이종교배를 시도하는 배경, 즉 일반인이 과학기술의 사회문제를 해명하고 해결하기 어렵다는 점에서는 엘리트 노선과 다를 바가 없다. 왜냐하면 이종교배를 담당하는 타자(일반인 비전문가)와 상대방 담당자인 전문가(자신)의 관계를 제시하는 구상력의 결핍, 말하자면 폐쇄적인 대중 노선 상태에 머물러 있기 때문이다.

풀러는 '과학의 민주화'라는 이름 아래 품질이 확실히 보증되지 않은 지식을 전문지식으로 비전문가에게 제공하는 염려스러운 가능성을 생각하지 못했다. 그것은 조지 오웰(George Orwell)의 《동물농장》(Animal Farm)과 같이 인간의 지배로부터 동물의 전면적 해방을 호소하는 돼지가 다른 동물들을 완전히 지배하는 상태보다는 이종교배를 담당하는 전문가와 비전문가의 관계를 제시하는 구상력의 결여(또는 구상력의 희박) 상태를 보여 준다. 따라서 전문지식의 품질 보증을 유지하면서 전문가와 비전문가의 관계를 깊이 파고듦으로써 둘의 관계에 대해 어떻게 전체적인 구상을 제시할 수 있을까? 이것에 의해 지향하는 지(知)의 모습과 현실적인 교섭 사이의 거리에 대한 부정적 자기언급의 성패가 달렸다.[45)]

한편 스티브 풀러와 대조적인 입장에서 전문가와 비전문가 사이의 이종교배를 지향하는 또 한 사람으로 쉴라 재서노프(Sheila Jasanoff)가 있다. 대조적으로 보이는 입장에서 발언하는 그녀의 담론에 주목해 보더라도 풀러의 문제가 이종교배의 성패를 쥐고 있다고 여겨진다. 재서노프는 래드클리프 칼리지에서 수학을 전공하고 본 대학에서 언어학 석사학위, 하버드 대학에서 언어학 박사학위와 변호사 자격증을 취득했다. 현재 하버드 대학 케네디 스쿨에서 과학과 공공정책 강좌의 교수를 맡고 있다. 그녀의 남편도 하버드 대학 언어학 강좌 교수이고, 아들은 하버드 대학에서 얼마 전 박사학위를 받았으며, 딸은 하버드 칼리지를 졸업하는 등 온 가족이 하버드 대학과 인연이 깊다. 그녀가 현재까지 간행한 단행본은 두 권이다. 경력을 볼 때 풀러와 가장 큰 차이점은 바로 그녀가 연구직 외에 과학기술 정책과 관련된 다양한 공직을 역임했다는 점이다. 미국과학재단, 미국과학아카데미, 미국의학협회(Institute of Medicine), OTA(Office of Technology), 미국국가연구위원회, OECD 등 그 범위가 매우 넓다.

풀러의 담론과 대조적으로 재서노프의 담론 중 두드러지게 중요한 특징은 공공정책의 채널을 통해 전문가와 비전문가 사이의 이종교배를 지향한다는 점이다. 이런 지향성을 갖고 그녀가 제시한 사고방식은 정책을 입안할 때 과학을 활용한다는 뜻의 '규제과학'(regulatory science)이다. 이를 중심으로 한 그녀의 시도는 1절에서 정의한 이종교배의 이념에 비추어 어떻게 평가할 수 있을까? 우선 모 분야에 대한 부정적 자기언급은 어느 정도 인정할 수 있을까? 그녀가 훈련받은 분야가 복수 존재하므로 정확하게는 모 분야가 복수 존재한다고 해야겠지만, 그녀의 STS 작업 중 자기언급을 인정할 만한 모 분야는 사실상 하나로 모아진다. 그것은 그녀가 하버드에서 변호사 자격을 취득할 때 전문 직업 지식을 제공한 법학이다.

이 점에 대해서는 두 번째 단행본 《법정의 과학》(Science at the Bar)이 적절한 재료를 제공한다. 이 책의 목적은 "민주주의 사회에서 서로 대립하는 지식이나 다양한 가치관, 서로 다른 전문지식을 법적 과정이 어떻게 조정하고 있는지 이해하는" 것이다.[46] STS의 문맥에서 법에 대한 부정적 자기언급은 제7장 '법과 유전자변형 기술의 만남'에서 단적으로 나타난다. 서두의 집필 목적에 이어 저자는 이렇게 말한다. "법적 과정에서 과학과 기술이 어떻게 전개되고 있는가를 주의 깊게 관찰해 보면, 미국의 정치 생활에서 과학과 기술이 접하는 위치를 충분히 이해하는 것은 불가능하다."[47] 이 서술을 읽으면 법학의 전문지식을 과학 및 기술의 전문지식과 대치시키는 단순한 서술이 떠오르지만, 저자의 관점이 단순하지 않다는 것을 제7장의 내용을 더 살펴보면 알 수 있다.

제7장에서 말하는 유전자변형 기술이란 1971년 안 연구가 집단이 동물의 종양 바이러스 DNA를 박테리아에 삽입하는 실험에서 착안해 탄생한 DNA 변형에 관한 기술을 가리킨다. 제7장은 DNA 변형 기술의 규제에 대한 논의와 정책을 둘러싸고 생물학자, 의학자, 동물병리학자, 국립위생연구소(NHI)의 위원회, 과학기술정책국(OSTP)의 실무팀, 연방최고재판소, 하급재판소, 백악관, 주(州) 당국, 환경보호청, 식품 기업 등등 입장이 다른 주체들이 이해관계를 다투는 과정을 묘사한다. 이 묘사에 많은 지면을 할애함으로써 이해 조정의 과정과 과학 및 기술의 사회적 측면이 거의 등치되어 있기 때문에 현상론에 끌려다니는 편향도 없지 않다. 또 이해를 조성하는 무대인 법정과 민의를 반영하는 장(場)이 암묵적으로 등치되어 약간 도식적인 해석에 치우쳐 있다고 보인다.

그러나 법정 논쟁술을 담은 법학의 전문지식을 방패로 삼아 "민주주의 사회에서 서로 대립하는 지식이나 다양한 가치관, 서로 다른 전문지식"을 조정하는(또는 조정하는 과정을 이해할 수 있는) 관점에만 기대 모 분야인 법학을 언급하는 것은 아니다. 왜냐하면 다음과 같은 미묘한 형태의 부정적 자기언급을 볼 수 있기 때문이다. 유전자변형 기술로 태어난 동물의 특허권을 두고 벌인 법적 다툼에 대해 그녀는 이렇게 말한다. "특허권 문제에 대해 법적으로 한정된 최고재판소의 문제 제시는 이 문제의 도덕적·윤리적 측면을 둘러싸고 전개 가능한 정책에 대해 광범한 공적 논의를 억제했다." 바꾸어 말하면 "생명공학의 진보라는 관점에서 돌이켜 보면 이것은 '조작된'(staged) 갈등(conflict)이었다…는 감회를 금할 수 없다." 즉 "대립과 해결이라는 형식적인 외견을 빌려 좁게 한정된 기술적 이론의 여지만 남겨 놓고는, 법의 엄숙한 권위를 빌려 그 여지를 완전히 봉쇄해 버리는 의식"이 아니었을까 하는 감회였다.[48)]

여기에서는 과학자와 기술자의 법에 대한 무지나 오해를 한탄하며 과학과 기술이 일으키는 사회문제에 대해 법률 전문직의 참여 확대를 강조하는 담론과도 다르고, 반대로 기술의 쟁점에 대한 법정의 무지를 한탄하며 법정 개혁을 강조하는 담론과도 미묘하게 다른 부정적 자기언급이 나타난다. 그것은 미리 법의 합리성이 지닌 한계(실정법의 해석을 통한 판단과 쟁점의 결론이 맞아떨어지지 않는 상태)를 설정하고 논리를 펼친다는 의미의 부정석 자기언급이다. 이 점에서 재서노프는 비판의 형식에 호소하는 풀러의 부정적 자기언급과는 또 다른 방식으로, 즉 과학과 기술이 얽힌 복잡한 경계 사례를 통해 법학의 전문지식이 지닌 현실처리 능력의 한계를 솔직하게 인정함으로써 지적 겸허함을 보여 준다. 따라서 적어도 모 분야와의 관계를 자각적·무자각적으로 불명료하게 만들어 상호불모화의 함정에 빠지는 상태와는 비교적 거리가 멀다.

그러면 이종교배를 시도함으로써 재서노프는 어디로 가려 하는 것일까? 지향하는 지(知)의 모습과 현실적인 교섭 사이의 거리에 대한 부정적 자기언급이라는 또 하나의 측면이 이 물음에 답할 열쇠를 쥐고 있다. 이 관점에서 재서노프의 논의를 바라보면 아쉽게도 부정적 자기언급의 여지가 결핍되어 있다고 하지 않을 수 없다. 지향하는 지(知)의 모습(재서노프의 경우는 규제과학)과 현실적인 교섭 사이의 거리를 거의 자각하고 있지 못하기 때문이다.

'과학론의 이론적인 세계와 과학 정책의 실무적 관심을 잇는 학제 연구의 추진'을 지향하는 그녀의 첫 단독 저서《제5부문: 정책 입안자로서의 과학고문》(The Fifth Branch: Science Advisers as Policymakers)[49]은 이 점을 들여다보는 절호의 검토 재료를 제공한다. 특히 제4장 '동료의 평가와 규제과학'은 문제를 누구에게나 알기 쉽게 드러내고 있다. 사람에 따라서는 현학적으로 보일지도 모르는 풀러의 필치에 비해 재서노프의 글은 매우 읽기 쉽다. "과학지식의 품질을 보증하는 절차로서 동료의 평가가 틀림없다고는 결코 말할 수 없다." 재서노프는 이 주장에서 출발한다.[50]

"평범한 과학자가 중요한 논문의 진가를 꿰뚫어 보지 못하고 학술 잡지에 게재하기를 거절하는 등 어떤 주장의 진가를 알아볼 때까지 엄청난 시간이 걸리기도 하고" 소속 기관의 권위를 등에 업고 편을 들어주는 일도 있다. 전문적 능력을 갖춘 품질 보증이 아니라는 이유는 앞에서 말한 대로 적정한 평가를 바탕으로 적절하게 자원을 배분하지 않았기 때문이라고 지적할 수 있다.[51]

동료의 평가로 품질을 보증해 왔다고 여겨지는 아카데미과학

(research science)을 무턱대고 존중하는 것은 재고해 봄 직하다. 하물며 아카데미과학의 높이에서 규제과학을 내려다볼 이유는 어디에도 없다. 규제과학에는 정해진 시간 안에 결론을 내라고 요구하기 때문에 빚어지는 강한 불확실성, 즉 아카데미과학과는 처음부터 인연이 없는 제약 조건이 있다. 따라서 규제과학은 아카데미과학의 기준과 똑같은 기준으로 평가받을 이유가 없으며, 그 자신의 기준으로 독자적 평가를 받아야 한다는 주장이 나온다. "동료의 평가가 규제과학에 부여하는 이점은…실물 없는 거래일 가능성이 있다. 전문 분야의 훈련이나 견지를 공유하는 과학자 사이에서 합의를 얻는 가장 효과적인 방법이 동료의 평가라고 한다면, 정치적 압력, 규제 실시의 데드라인, 불확실한 이론적·방법론적 제약 조건 등이 존재하는 상황에서 동료의 평가가 이루어진다고 해도 그 효과는 별로 미덥지 못할 것이다."[52]

이런 인식에 따라 재서노프는 아카데미과학과의 대비를 통해 규제과학의 특성에 대해 자기언급을 한다. 이러한 특성의 대비는 머릿속에서 빚어낸 유형이라기보다 현실로 실태가 이미 존재하고, 그것을 이해하기 위해 표현한 경향이 짙다. 재서노프가 이 책을 간행하기 전부터 많은 사람들이 예상하지 못한 지구환경 문제가 등장했고(예로서 성층권 오존층 파괴 문제, 지구온난화 문제, 환경호르몬 문제 등등), 인공물(주로 화학물질)의 총량 규제를 쟁점으로 삼는 정책적 측면의 과학 활동이 이미 나타나고 있기 때문이다.[53] 특히 미국과학아카데미의 각종 위원회가 작성하는 방대한 분량의 리포트가 상징하듯(예로서 단발적인 리포트라도 일반 서적의 분량을 넘는 것이 적지 않다), 제3자로서 적지 않은 과학자가 의례적이지 않은 형태로 정책 과제에 관여하고 있을 뿐 아니라 사회와의 경계에서 발생하는 사건에 대해 과학자가 고문을 맡는 새로운 역할을 제도화해 왔다. 재서노프는 미국과학아카데미의 공직을 역임하는 과정에서 새로운 역할을 관찰할 기회가 있었다. 이에 이 책은 환경보호청과 식품의약품국(Food and Drug Administration) 및 그 위원회라는 두 가지 규제 기관에 초점을 맞추고 있다.

그러므로 규제과학-아카데미과학이라는 유형적 대비에만 매달려 미세하게 공을 들인 부정적 자기언급이 소개를 도식적으로 파고들어서는 곤란하다. 물론 정책 입안 담당자인 비전문가와 과학자 및 법률 전문가 사이의 현대적 이종교배의 실태는 유형적 대비에 의해 또렷이 두드러진다. 문제는 규제과학이 지향하는 지(知)의 모습에 의해 어떤 부정적 자기언급이 가능한가라는 것이다. 이 점에서 보면 재서노프의 규제과학을 원용한 논의는 안타깝게도 사실이 이러하다고 기술하는 것인지, 특정 관점에 비추어 사실을 분석하는 것인지, 이러해야 한다는 규범적 이념을 말하는 것인지, 그다지 명료하지 않다.

이 점은 규제과학이 실태를 축약해 표현하는 기술(記述) 개념인지, 사실 분석을 위한 특성 관점을 이념형에 끼워 맞춘 분석 개념인지, 규범적 이념을 기술한 규범 개념인지 등이 문맥에 따라 분명하지 않다는 점과 대응한다. 그 결과 규제과학을 둘러싼 논의를 독자가 평가할 때 한 가지 기준을 상정하기는 지극히 곤란하다. 동시에 규제과학을 둘러싼 논의에 대한 부정적 자기언급도 곤란하다. 한 예를 들어 보자. 앞에서 동료의 평가가 품질을 보증하는 절차로서 불완전하다는 논점이 규제과학을 둘러싼 논의의 전제라고 했다. 재서노프는 위 책 '참으로 받아들여진 평가'(credu-lous review)라는 부분에서 이 전제를 다음과 같이 이야기한다.

동료의 평가에 대한 이상화된 설명이 말하는 바는 이렇다. 논문의 독창성, 방법론적 신뢰성, 추론 등을 냉정하게 심사하는 것은 논문의 개정을 요구하는 주심이다. 주심은 공평할(즉 어느 쪽으로도 기울지 않을) 뿐 아니라 비판적이기도 하다. 하지만 독창성이 없거나 표절이거나 방법론적 잘못이나 추론의 오류를 포함한 논문이 과학의 세계에서는 주심의 심사를 통과해 버리는 일이 있다고 알려져 있다.[54]

위 인용문에서 앞 단락은 이념을 기술한 반면 뒤 단락은 현실이 이념에 합치하지 않음을 기술하고 있다. 이렇게까지 상투적인 이념을 갖고 들어오면 대개 현실은 이념과 합치하지 않을 것이다 (즉 앞 단락이 방법론적 이념형으로 갖고 들어왔다면 고정관념일 뿐 아니라 사실 분석에는 거의 의미가 없다고 여겨진다). 문제는 만일 동료의 평가가 품질을 보증하는 절차로서 불완전하다는 것이 사실이라고 할 때, 규제과학은 어떤 태도를 취하느냐 하는 것이다. 만약 규제과학을 둘러싼 논의가 사실에 입각한 것이라면, 그러한 불완전함이 어느 정도 개인적인 일탈행동의 사례에서 유래하는지 아니면 어느 정도 동료의 평가를 채용한 품질보증제도의 부실함을 보여 주는 사례에서 유래하는지 이를 확정하는 일이 필요하다. 만약 전자의 사례가 대부분이라면, 문제는 과학자 개인의 행동에 대한 윤리 규정으로 귀착한다. 또한 후자의 사례가 대부분이라면, 문제는 부실한 품질보증제도의 원인을 제거하는 제도의 재설계로 귀착한다. 어느 쪽이냐에 따라 동료의 평가가 품질 보증의 절차로서 불완전하다는 의미 및 그에 대한 대책은 달라진다.

유감스럽게도 현재는 어느 쪽인지 정해지지 않았다. 더구나 아카데미과학 성악설을 채용하지 않는다면, 그것만으로 어떻게 규제과학을 끌어내는 직접적 근거가 될 수 있는지를 알 수 없다. 사실에 입각하면 규제과학을 이끌어 낼 근거는 아직 제대로 규정되지 못한 상태다. "규제과학의 가장 두드러진 특징 중 하나는 지식을 생산하고 품질을 보증하는 과정에서 정부나 산업의 관여가 비교적 강하다는 점이다."[55] 다시 말해 대학 이외의 제도적 환경에서도 과학을 연구하는(예로서 과학자의 고문 기능을 제도화하고 정책 입안 과정에 활용하는) 현실과 부딪치게 된다.

이 책의 첫머리에는 동료의 평가에만 호소하는 '기술관료적 접근'과 일반인들의 참가에만 호소하는 '민주적 접근' 모두 비판의 대상이 된다고 적혀 있다.[56] 그러나 그것은 독자적인 이념에 의한 제3의 접근이 있기 때문이라기보다는 어느 쪽도 과학자의 고문 기능이 제도화되고 정책 입안 과정에 과학의 전문지식을 활용하기에 이르렀다는 실태를 띠르지 않기 때문이나고 해야 정확할 것이다. 그런 의미에서 규제과학이란 눈앞의 실태를 그대로 축약해 표현하는 기술 개념에 머무른다. 부정적 자기언급이 보이지 않는 것을 당연하다고 할 수 있을지도 모른다.

재서노프가 전문가와 비전문가 사이의 이종교배에 관여하고 있음은 틀림없다. 하지만 그것은 과학자나 법률 전문가와 일반인 사이가 아니라 정책 입안 과정에 관여하는 실무자와 일반인 사이의 이종교배를 말한다. 스티브 풀러의 '민주화'와 마찬가지로 재서노프도 '대중에 의한 통제'(popular control)를 언급하는 것이다. 그러나 두 사람이 규정하는 비전문가는 과학자보다는 비전문가이지만 일반인이나 정책 입안에 종사하는 실무자와는 매우 자질이 다르다. 또한 부정적 자기언급 없이 실태만 이야기하기 때문에 과학자와 실무자 사이의 관계로부터 거리를 두고 그것에 대해 독자적 구상을 제시하지는 못한다. 물론 그런 실태를 자세히 밝혔다는 점에서는 재서노프의 시도가 지닌 의의가 크다. 반면 전문가의 작업으로서 실태를 이야기한다고 보기에는 사실에 입각한 근거가 불명료하고 약간의 의문이 남는다.

이렇듯 재서노프의 논의에 비추어 보면, 전문지식의 품질 보증을 유지하며 전문가와 비전문가의 관계에 대해 대국적인 구상을 제시하는 일의 중요성이 표면으로 떠오른다. 풀러와 대조적인 입장에 서서 전문가와 비전문가 사이의 이종교배에 접근하고 있는 작업에 대해서도 동일한 사정의 중요성이 저절로 떠오른다. 즉 전문가와 비전문가 사이의 이종교배를 시도함으로써 전문가의 지식 생산과 시민 참여의 올바른 교섭이 어마어마하게 중요하다.

동시에 여기에는 심각한 곤란함이 깔려 있다. 특히 브라이언 윈(Brian Wynne)은 기술 평가(technology assessment)를 사회적 합의 형성을 위한 정치적 수사라고 지적하고, 핵폐기물을 둘러싸고 영국에서 발행한 윈즈케일(Windscale) 원전 사고에 대한 조사보고서를 의례적인 합리성으로 분석함으로써 이 문제를 주도적으로 비판했다. 그가 화학물질 규제에 관한 리스크 분석에서 읽어 낸 '지적 빈곤의 덫'(poverty trap)은 그러한 '올바른 교섭'이 지닌 특수한 곤란함이 어떤 구조를 갖고 있는지를 웅변한다. '지적 빈곤의 덫' 이란 학문의 미발달로 인해 강력한 사회적 요구를 촉진시키고, 강력한 사회적 요구가 근시안적 연구를 촉진시키고, 근시안적 연구가 학문의 미발달을 더욱 촉진시킨다는 악순환의 구조를 말한다.[57]

이를테면 생체에 미치는 화학물질의 영향에 관한 리스크 분석의 미발달(매개변수가 너무 많아 엄밀한 실험이 사실상 곤란한 데서 유래하는 깅한 불확실성 등)은 한정된 시간과 자원으로 화학물질을 규제하기 위해 엄밀한 실험을 대신할 수단을 강구하는 강력한 행정적 요구를 촉진시킨다. 또한 강력한 행정적 요구는 엄밀한 확인 실험이 이루어지지 않으리라고 짐작하면서도 신속하고 간편하게 리스크를 분석하는 근시안적 연구(1차원 척도를 사용한 리스크 평가 등)를 촉진시킨다. 그리고 근시안적 연구는 학문의 리스크 분석의 미발달을 촉진시킨다(현업의 규제, 행정의 정책적 유효성과 연관된 분야에서 이런 악순환을 관찰할 기회는 일일이 꼽을 수 없을 정도다).

전문가와 비전문가 사이의 이종교배에 대한 대조적인 시도는 어느 것이든 악순환의 덫에서 빠져나가는 방법을 찾아내기는 커녕 지향하는 지(知)의 모습과 현실적인 교섭 사이의 거리에 대해 부정적 자기언급을 하지 않는다. 참으로 각각의 입장에서 '지적 빈곤의 덫'을 깨닫고 있는지 심히 의심스럽다. 만약 깨닫고 있으면서 모르는 척하는 것이 아니라면, STS의 대중 노선은 엘리트 노선과 다른 의미에서 부정적 자기언급을 결여한 폐쇄적인 이종교배가 될 수 있다. 즉 전문가의 지식 생산과 시민 참여의 융합이라는 가면을 쓰고 '지적 빈곤의 덫'을 한없이 반복하는 상호불모화로 빠져든다.

어느 노선이든 상호불모화가 완성된다면 과학 · 기술 · 사회의 경계에서 발생하는 예측 불가능한 사건에 부딪치는 일반인들의 실감과도 거리가 멀고, 또 부정적 자기언급을 자랑스럽게 여기는 연구자의 실감과도 거리가 먼 상태가 될 것이다. 그것은 어떤 상황과도 늘 연관된 새 비즈니스로서 존속하는 상태, 즉 애초의 상투형과는 이질적인 상태를 실현할 듯하다. 그 모습은 STS가 오직 STS 종사자를 위해 존재하는 상태와 그리 다르지 않다. 그렇게 되면 STS든 STS가 아니든 유감스럽게도 학제간 연구에서 상호풍부화를 기대하기 어렵다.

이종교배의 이념에 비추어 보면 1970년대의 서구, 특히 유럽에서 출발해 1980년대 이후 본격적으로 전개해 온 STS의 엘리트 노선과 대중 노선은 둘 다 부정적 자기언급을 결여했다. 그 때문에 각자의 이해관계에 따라 한쪽 노선을 그대로 답습하다 보니 이종교배라는 이념을 실현하지 못했다는 것을 이상의 검토를 통해 심작할 수 있다. 그러면 이종교배의 이념은 이과와 문과 사이의 기존 학제간 연구의 시노와 어떤 점에서 구별할 수 있고, '지(知)의 실패'를 극복하기 위한 원칙으로 볼 때 어떻게 적극적으로 표현할 수 있을까? 문제를 푸는 실마리는 전문가와 비전문가의 관계에 놓여 있다.

4

전문가와 비전문가의 합작 조건

과학기술 및 사회의 진보와 발전에 의해 생겨나는 다양한 문제를 해결하기 위해 자연과학자와 인문 · 사회과학자 등이 협력해 전체적으로 참여해야 할 연구를 추진한다. 또 새로운 학문의 패러다임 창출로 나아가는 자연과학과 인문 · 사회과학의 통합 및 발전을 촉진하는 작업을 추진하는 것이 중요하다.

이 인용문은 학자가 쓴 책에 나오는 글이 아니다. 과학기술회의 정책위원회가 정리한 〈2001년도 과학기술진흥에 관한 중점 지침에 대하여〉라는 문서(2000년 6월 29일자) 중 '기타, 특히 중시해야 할 사항'으로 붙인 대목이다. 20세기 말부터 21세기에 걸쳐 지(知)의 경계를 넘나들기, 특히 자연과학과 인문 · 사회과학 사이를 넘나드는 연구에 매진할 필요성을 주장하는 행정 문서가 일본에 등장한 것이다. 글자 그대로 20세기 마지막 달을 눈앞에 둔 2000년 11월 28일, 학술심의회 학술연구체제 특별위원회 인문·사회과학연구에 관한 실무팀이 제출한 답변(심의의 정리)에도 다음과 같은 글이 눈에 띈다.

> 인문·사회과학의 연구자 대다수는…과학기술의 발전이 가져다준 문제에 대응하는 데 무관심하지 않다. 오히려 개별적인 참여가 곳곳에서 이루어지고 있다.…사태는 결코 비관적이지 않다. '이래서는 안 된다'는 위기감이 '경계'(border)를 넘어 아직 현실에서 공유되고 있지 않지만, 이에 대한 유효한 촉매를 던지기만 한다면 금방이라도 반응이 일어날 것이다.…구체적으로는 여러 차원의 방책을 떠올릴 수 있다.…과학기술 자체를 각 분야가 협동해 연구하는 프로젝트의 지원, 이른바 'STS'(Science, Technology and Society 또는 Science and Technology Studies) 등의 프로젝트 연구의 지원.[58]

이 행정문서는 과학·기술·사회의 경계에서 발생하는 사건을 사회문제로 파악하고 지(知)의 경계를 넘어 그것의 해명과 해결에 기여하는 새로운 학문의 성립을 시사한다. 이는 전후 일본의 학술정책사상 유례없는 현상이다. 이제까지 새로운 학문 분야의 필요성을 오래전부터 느껴 행정 조치를 처음으로 강구하는 예도 적지 않았기 때문이다.[59] 때마침 서구에서는 STS라고 이름 붙인 학제간 연구의 시도가 속도를 내고 있었다. 여기에서는 이 상황을 사회적이고 행정적인 요구와 학문의 동향이 일치하는, 즉 수요와 공급이 일치하는 유례없는 기회로 포착하고 서구의 STS라는 학제간 연구 시도를 관계자들이 하나가 되어 총력을 기울여 도입하고 소화하고 정착시킨다는 것이 하나의 시나리오일 것이다.

그런데 이것만으로 과학·기술·사회의 경계에서 발생하는 사회문제를 해명하고 해결할 수 있다고 생각하는 것은 근시안적이다. 전문지식의 품질 보증을 유지하며 일반인의 과학 및 기술의 사회문제를 해명하고 해결한다는 행위와는 독립적으로 그때그때마다 담론 게임이 한없이 계속될 가능성이 STS라는 학제간 연구에 포함되어 있기 때문이다. 상호불모화의 가능성을 회피하는 수단은 두 가지다. 전문가와 비전문가의 관계를 대국적이고 구체적으로 제시하는 것, 그리고 부정적 자기언급, 특히 지향하는 지(知)의 모습과 현실적인 교섭 사이의 거리에 대한 자기언급이다. 여기에서는 이 두 가지에 초점을 두고 '지(知)의 실패'를 극복하기 위한 원칙으로서 이종교배의 이념을 표현할 수 있는 방법을 모색한다.

우선 전문가와 비전문가의 모습을 좀 더 구체적으로 살펴보자, 전문가와 비전문가는 상호 의존적이다. 다시 말해 전문가가 누구인가는 비전문가와 어떤 관계를 맺느냐에 따라 정해진다. 그리고 전문가와 비전문가 사이의 관계를 정하는 중요한 조건 중 하나는 전문지식의 유무 여부다. 즉 전문지식을 갖추고 있기 때문에 전문가일 수 있고, 전문지식을 갖추고 있지 않기 때문에 비전문가라는 것이 기존에 통용되는 최대 공약적인 사고방식이다.[60] 그러면 전문지식은 어떤 특성을 지녔을까?

전문지식은 비전문가의 신뢰를 받는다. 비전문가는 전문가의 전문지식을 신뢰하기 때문에 전문가의 작업 결과에 따라 행동한다. 이것이 이 물음에 대한 고전적인 대답이다.[61] 이 말은 맞는 말이다. 그러나 비고전적인 대답은 모든 것을 수렴하지 못하는 기타의 특성이 전문지식에 존재한다는 복잡한 사실로부터 출발한다. 특히 전문지(知)의 실패는 비고전적인 대답에 선례를 제공한다. 예를 들어 보자.

1986년 1월 28일 오전 11시 48분(미국 동부 표준시간), 미국 플로리다 주 케이프 카나베랄에 있는 케네디우주센터의 39번 B 발사대에서는 여섯 명의 승무원과 한 명의 민간인이 탑승한 스페이스 셔틀 챌린저호가 지상을 떠났다.[62] 그리고 두 번 다시 지상으로 돌아오지 못했다. 우주개발 사상 최초의 민간인을 태운 챌린저호는 73초 후에 폭발했고 대서양에 파편이 떨어졌다. 이 일로 민간인과 승무원 일곱 명이 모두 생명을 잃었다. 우주개발 계획에 처음으로 비전문가로서 참가한 민간인 여성 고등학교 교사 크리스타 매콜리프는 궤도 위에서 수업을 할 예정이었고, 우주개발 계획의 전문가 집단인 NASA(National Aeronautics and Space Administration)는 스페이스 셔틀의 상업적 이용을 확립할 작정이었다. 그러나 매콜리프는 목숨을 잃었고 NASA는 스페이스 셔틀의 상업적 이용을 철회했다. 비전문가도 전문가도 다 목적을 달성하지 못한 것이다. 우주개발 사상 최악의 사고라고 일컬어지는 이 사고의 원인에 대해 대통령특별위원회의 보고서는 이렇게 말한다.

챌린저호의 사고 원인은 우현 고체 로켓 부스터의 후부 접합부에서 압력 실(seal)이 파괴된 데 있다. 파괴의 원인은 다수 요인의 영향을 받기 쉬운 잘못된 설계를 채용한 데 있다.…챌린저호 발사 결정은 잘못이었다. 결정을 내린 사람들은 발사를 앞두고도 문제가 발생했다는 점을 깨닫지 못했다.…만약 결정을 내린 사람들이 문제를 전부 알았다면 51-1(챌린저호를 가리킴)을 1986년 1월 28일에 발사한다는 결정을 내리지 않았을 것이다.[63]

'문제'란 고체 로켓 부스터의 접합부를 연결하는 멈춤쇠에 해당하는 부품(이른바 O링)의 신뢰성에 있었다. 이 점에 대해서는 대통령특별위원회의 일원이었던 물리학자 리처드 파인만(Richard Feynman, 1918-1988)이 이미 상세하게 정리해 놓았다.[64] 파인만은 발사 당일 저온(섭씨 4도)의 영향으로 O링의 탄성이 저하했다는 기상 조건의 문제점을 비롯해 O링의 신뢰성에 문제가 발생한 또 다른 배경에 대해서도 이런저런 지적을 해 놓았다.[65]

그런데 이상하게도 그의 대중적인 문제 설명에 일관해서 등장하지 않는 부분이 있다. 당일의 기상 조건이나 기술자·관리자·대통령의 판단 잘못 등 천재나 인재의 요인으로 수렴되지 않는 우주개발 관계자 집단의 구조가 그것이다. 이 경우 특히 O링을 포함한 고체 로켓 부스터의 설계와 신뢰성 검사에 관여한 NASA의 마셜우주비행센터와 계약한 사이오콜(Thiokol)사 사이에 이루어진 거래의 구조를 생각해 봄 직하다. 이 거래에 대해서는 미묘한 사정에 관한 내부 자료 조사 및 실태 답사를 계속해야 추적할 수 있다. 사회학자 다이앤 본(Diane Vaughan)은 9년의 세월을 들여 우주개발 관계자 집단의 구조 해명에 도전했다. 그리고 대중적인 설명의 '블랙박스'가 되어 온 두 가지 중요한 사실을 알았다.

첫째, 직장 집단의 거래까지 파헤치면 적어도 사고가 일어나기 약 9년 전인 1977년으로 문제를 소급할 수 있다(이미 그 시점에 고체 로켓 부스터의 미세한 회전 연동에 의해 접합부에 틈이 발생하는 현상이 관찰되었다). 둘째, 그 이후 약 9년에 걸쳐 접합부를 잇는 공작법이 공업 기준을 위반했는데도 그것을 허용하는 문화가 마셜우주비행센터와 계약업자인 사이오콜사 두 직장 집단 사이의 거래를 통해 형성된다.[66] 한마디로 알려진 이야기를 통해 짐작할 수 있는 것보다 훨씬 장기적이고 구조적인 '상시적 일탈'이 우주개발 관계자 집단 안에서 일어나고 있었다. 사고는 일어날 만해서 일어났다는 말이다.[67] 전문직 집단이라고 해도 직장으로 보면 복수의 소집단이나 소조직으로 나뉘고, 각 소집단이나 소조직 사이의 일상적 교류가 전문지식의 품질 저하를 은폐하는 일도 있다는 것을 이 예는 가르쳐 준다.[68]

전문지식의 특성을 둘러싼 이상의 비고전적인 해답도 고전적인 해답과 마찬가지로 거짓을 말하지 않았다고 한다면, 전문가와 비전문가의 관계는 현재 다음과 같은 상태에 놓여 있을 것이다. 한편으로는 평범한 일상생활을 영위하는 비전문가의 삶은 전문가의 작업을 믿고 있으며, 전문가의 작업에 필수적인 전문지식에 의존하지 않고서는 아무리 해도 성립할 수 없다. 다른 한편으로는 어떤 이유로(예로서 '상시적 일탈') 전문지식의 품질이 평범한 비전문가의 삶에 지장을 초래할 만큼 저하할 경우, 전문지식은 그 사실을 타자의 눈에 보이지 않게 은폐하는 역할도 할 수 있다. 그 순간 전문지식은 더 이상 발전할 가능성이 없고, 발전하는 것처럼 보이는 것에만 자원을 이용하기 시작한다. 당연하게도 비전문가의 이의 제기만 관찰해서는 이 사실을 보지 못하고 지나치게 된다. 전문지식은 비전문가가 신뢰할 수 있을 때도 있고 그렇지 못할 때도 있다. 그러면 어떤 경우에 신뢰할 수 있고 어떤 경우에 결코 신뢰할 수 없는 것일까?

일단 전문지식을 신뢰할 수 있는 경우와 그렇지 못한 경우에 선을 긋고, 이 양면성을 포괄하는 전문지식을 표현할 수 있도록 다음과 같은 사고방식을 제안한다. 전문지식이란 특정한 사정에 내해 무언가를 판단할 때 겉모습과 내용을 구별할 수 있게 작용하는 지혜의 하나다. 겉모습이란 갖고 있는 수단에 의해 직접 확인할 수 있는 그럴듯함(예로서 확실한 듯함, 그럴싸함 등)을 가리킨다. 내용이란 갖고 있는 수단에 의해 직접 확인할 수 있는 상태를 가리킨다. 겉모습과 내용이 합치하는 경우도 있고 그렇지 않은 경우도 있다. 미묘한 사정일수록 합치하지 않는 경우가 적지 않다.

그리고 비전문가가 겨우 허용할 수 있는 한도 안에서 전문지식에 대해 이의를 제기하는 경우, 겉모습과 내용을 구별하는 지혜가 전문지식 자체에 대해서도 적용되는 회로가 전문가에게 열려 있을 때 전문지식을 신뢰할 수 있다. 반내로 처음부터 그 회로가 닫혀 있을 때는 전문지식을 신뢰할 수 없다. 그렇기 때문에 전문가란 특정 사안에 대해 겉모습과 내용을 구별할 수 있는 지혜를 후천적 훈련으로 갖춘 사람이다. 비전문가란 특정 사안에 대해 그런 지혜를 갖추지 못했기 때문에 특정 사안에 대해 판단하고 행동할 때 전문가의 도움이 필요한 사람이다.[69]

한마디로 전문가와 비전문가의 관계 속에서 부정적 자기언급의 원칙이란 신뢰할 수 있는 전문지식과 그렇지 못한 전문지식을 비전문가가 구분하기 위한 중요한 기준이다. 겉모습과 내용을 구별하는 전문가의 입장에서 말하면, 그것은 다른 사람 눈에 띄기 어려운 전문지식의 품질 저하를 방지하는 원칙이다. 그것은 설령 전문지식의 품질이 저하하더라도 그 사실을 전문지식의 발전으로 포장해 합리적으로 설명하지 않는(감추지 않는) 것이다. 또 비전문가가 허용할 수 있는 한도의 불이익 때문에 전문지식이 발전할 싹을 간과하지 않는 것이다.

물론 전문지식의 이의 제기는 기업 제품에 대한 소비자의 고충이나 불만 처리와는 성질이 다르다. 제품의 생산자와 소비자가 대치하는 장면은 제조자에게 책임을 묻는다는, 매우 한정된 특수한 장면이다. 전문가와 비전문가의 관계를 둘러싼 이의 제기란 그런 장면 말고도 다양한 장면을 포함한다. 예를 들어 이의 제기의 종류는 자동차, 컴퓨터, 휴대전화 같은 소비재뿐만 아니라 공장이나 공장이 계약한 회사에서 사용하는 비품, 설비, 공정 같은 생산재도 포함한다. 댐, 고속도로, 공항, 하천 부지, 폐기물 처리 시설, 무인 및 유인 인공위성(통신, 기상 관측, 군사 목적 등) 같은 공공재도 포함하는 것이다. 또한 물건뿐만 아니라 비능률적인 관청의 창구, 의료 사고와 사죄를 재생산하는 병원, 서비스의 질이 담당자의 손에 달린 복지시설, 경영책임을 지지 않는 경영 조직, 방치된 불량 채권, 누적 재정적자 등의 사회 조직, 사회제도, 사회기구 또는 사회 시스템 전체의 특정 상태도 포함한다.

나아가 앞서 언급한 사고의 원인 규명의 예처럼 문제가 발생했을 때 전문지식에 근거해 판단하는 것도 포함한다. 그리고 그러한 이견에 전문지식이라는 의장을 씌운 다양한 담론도 포함한다. 현대 사회에서는 어떤 사안에 대해서 전문가라고 해도 다른 사안에 대해서는 영락없이 비전문가일 수밖에 없다. 이런 의미에서 모든 사람이 비전문가로서 살아가는 생활에서 전문지식과 이와 연관된 불이익이 전부 이의 제기의 내용이 된다. 그리고 이의 제기라는 화살은 전문가를 겨냥한다.

이렇듯 전문가와 비전문가는 속인적(屬人的) 실체가 아니다. 그들은 전문지식의 종류가 다르면 서로 바뀔 수 있는 관계적인 개념이다. 비전문가의 이의 제기와 아울러 전문지식에 대한 전문가의 부정적 자기언급을 통해 과학·기술·사회의 경계에서 발생하는 문제의 해명과 해결을 지향하는 행위는 과연 전문가의 행위라고 할 수 있을까? 아니면 전문가의 행위가 아닐까? 그렇기도 하고 그렇지도 않다.

그렇다는 대답은 과학·기술·사회의 경계에서 발생하는 현상의 해명과 문제 해결을 그때마다 임기응변에 맡기는 것은 하늘에 운을 맡기는 것과 같기 때문이다. 아무리 강한 불확실성을 동반한다고 해도 주어진 상황에 충실하게 논증과 실증을 통해 주도면밀하게 현상을 해명하고 신중하게 문제 해결의 방책을 궁리하며 자각적으로 의사를 결정하는 것, 이것이 인간과 동물을 구별하는 최대 특성이다. 비록 상황이 현상 해명과 문제 해결을 허용하지 않는다고 해도 끝까지 포기하지 않고 인간다운 특성을 유지하는 것이 전문가의 행위여야 한다. 하늘에 운을 맡기는 것은 그렇게 한 다음이라도 가능하다.[70]

그렇지 않다는 대답은 그렇다는 대답의 이유와 반대다. 전문가가 주어진 상황에서 마지막까지 포기하지 않고 계속 노력해도 강한 불확실성에 의해 전문가의 행위가 별 효과를 내지 못하는 사태가 충분히 있을 수 있다. 이를테면 제1장에서 '지(知)의 실패'를 언급한 대로, 최선의 전문지식을 동원해도 예측할 수 없는 사고나 생각지 못한 실패에 대해 책임 구명의 문제가 남는다. 그때 과연 하늘에 운을 맡기는 수밖에 없을까? 그렇지 않다. 최선의 전문지식을 동원해 현상을 해명한 결과 전문가는 문제 해결의 방책을 비전문가에게 제시하고, 비전문가는 전문가에게 그 시점에서 느끼는 불이익을 전달한다. 그래서 전문가와 비전문가의 합의 아래 납득할 수 있는 의사결정을 하고 응분의 책임을 지고 행동과 결과를 선택하는 길이 존재한다. 이렇게 의사를 결정하고 결정의 결과를 받아들임으로써 인간은 인간다울 수 있다.

이런 일은 전문가만의 행위는 아니다. 전문가와 비전문가의 합작이라고 말해야 할 것이다. 애초 모든 사안에 대한 전문가는 있을 수 없다. 그렇다면 예측 불가능한 현상을 해명하고 문제 해결에 관여하는 사람은 전문가인 동시에 비전문가일 수밖에 없다. 결국 상호풍부화를 가능하게 하는 이종교배에 기여하는 전문가의 파트너, 그것이 좋은 비선문가일 것이다. 이것이 '지(知)의 실패'를 극복하기 위한 원칙으로서 이종교배의 이념이 이야기하는 바다. 그렇다면 좋은 비전문가의 조건이란 무엇일까? 마지막으로 전체의 결론을 정리하고 이제까지 오랫동안 등한시해 온 좋은 비전문가의 조건을 다루며 제1장에서 정리한 개방형 지침이 '지(知)의 실패'를 극복하는 데 대한 새로운 함의를 짚어 보고자 한다.

4장의 내용을 다음 네 가지로 요약할 수 있다.

①과학·기술·사회의 경계에서 발생하는 예측 불가능한 사건의 현상 해명과 문제 해결에는 상이한 지(知)의 경계를 가로지르는 이종교배의 이념이 요구된다. 부정적 자기언급은 학제간 연구의 통념과 이종교배의 이념을 구별하는 결정적 특징이다. 부정적 자기언급은 상호불모화를 피하기 위해 필수임에도 불구하고 이제까지 학제간 연구의 통념에 의해 등한시되었다.

②기존의 학제간 연구 시도인 STS의 엘리트 노선의 핵심 담론을 비판적으로 검토해 보면, 지향하는 지(知)의 상태와 현실적인 교섭 사이에 대한 부정적 자기언급이 명확하게 결여되어 있다. 그 결과 상호불모화의 경향이 있을 뿐 아니라 이를 뒷받침하는 현상을 관찰할 수 있다. 즉 한편으로 일반인 비전문가가 과학

기술의 사회문제를 해명하고 해결할 것을 외치지만, 다른 한편으로 일반인 비전문가가 과학기술의 사회문제를 해명하고 해결하는 데 내재적으로 연결되지 않는 성과를 끝없이 생산할 수 있다. 또 관계자가 아닌 제3자의 눈에는 보이지 않는 지(知)의 품질 저하를 점검하는 회로가 지(知)의 영위 내부에 없다.

③기존의 학제간 연구 시도인 STS의 대중 노선의 두 가지 대극적인 담론을 비판적으로 검토해 보면, 둘 다 문제를 안고 있다. 즉 모 분야에 대한 부정적 자기언급은 존재하지만, 지향하는 지(知)의 모습(전문가와 비전문가 사이의 이종교배)과 현실적인 교섭 사이의 거리에 대한 부정적 자기언급은 결여되어 있다. 그 결과 둘 다 상호불모화의 경향을 띤다. 따라서 학문의 미발달은 강력한 사회적 요구를 재촉하고, 강력한 사회적 요구는 근시안적 연구를 재촉하고, 근시안적인 연구는 학문의 미발달을 촉진하는 악순환에 무관심한 채 전문가와 시민의 융합을 계속 외친다.

④그렇기 때문에 비전문가가 전문지식을 신뢰할 만한 상태를 계속 유지하는 것이 부정적 자기언급을 통해 이종교배의 이념을 실현하기 위한 최초의 방책이 된다. 메타 입장에 서고자 하는 이과와 문과 사이의 학제간 연구도 예외일 수 없다. 말하자면 사람 눈에 띄기 어려운 전문지식의 품질 저하를 방지해야 한다. 만일 전문지식의 품질이 낮아질 경우 그 사실을 전문지식의 발전으로 포장해 합리적으로 설명하지 않아야(감추지 않아야) 한다. 또 비전문가가 허용할 수 있는 한도의 불이익을 통해 전문지식이 발전할 싹을 간과하지 않아야 한다. 이런 이종교배의 이념에 의해 '지(知)의 실패'를 극복하는 행위는 전문가와 비전문가의 합작이다.

물론 이것은 이과와 문과 사이에 있었던 기존의 학제간 연구 시도인 STS와 어떤 차이가 있는지에만 주목해 얻은 결론일 뿐이다.[71] 하지만 거기에는 기존 학제간 연구의 모습을 독립적으로 간파해 낸다는 의미도 들었다. 핵심은 좋은 전문가의 파트너로서 좋은 비전문가란 어떠해야 하느냐에 달렸다.

　이제까지 좋은 전문가의 조건에 대한 논의는 있었지만 좋은 비전문가의 조건에 대한 논의는 거의 없었다. 제4장의 결론은 전문가와의 합작을 성립시키는 좋은 비전문가의 조건이 적이도 두 가지 있다는 것을 가르쳐 준다. 하나는 전문지식의 품질 저하로 인해 일어난 불이익에 대해 전문가에게 제대로 이의를 제기해야 한다는 것이다. 또 하나는 비전문가도 일상지식에 대해 부정적 자기언급을 시도해야 한다는 것이다. 전자는 비전문가의 전문가에 대한 태도 및 행동을, 후자는 비전문가 스스로에 대한 태도 및 행동을 기술하고 있다. 각각 아주 당연한 말이지만 모두 등한시해 왔다. 비전문가가 전문가에게 이의를 제기할 때 당연히 누려야 할 이익을 누리지 못하거나 불합리한 불이익을 당했다는 태도와 행동을 드러내는 장면도 적지 않게 목도한다. 그러나 이종교배의 이념 아래 '지(知)의 실패'를 극복하는 전문가의 파트너로서 비전문가의 이의 제기에 플러스의 가치를 부여한 적은 없었다.

　바꾸어 말하면 비전문가가 전문지식의 품질 저하에 대해 이의를 제기할 때 그것이 이종교배의 이념에 의한 '지(知)의 실패'를 극복하려는 전문가의 시도만큼 가치 있다고 간주한 적이 없었다. 물론 비전문가의 이의 제기만으로 이종교배의 이념을 실현하고 '지(知)의 실패'를 극복할 수 있는 것은 아니다. 전문가의 파트너인 비전문가에게는 그에 합당한 태도 및 행동의 원칙이 있다. 전문가가 전문지식에 대해 부정적 자기언급을 하는 것과 마찬가지로, 비전문가도 일상지식에 대해 부정적 자기언급을 하는 것이 원칙이다. 이종교배에서 이 원칙의 중요성 역시 이의 제기의 중요성과 마찬가지로 등한시되어 왔다. 일상지식은 우리의 일상생활을 성립시키는 자명하고 친근한 것이기 때문에 누구나 그것에 대해 부정적 자기언급을 할 가능성을 생각하지 못하기 때문이다.

이를테면 비전문가(또는 그 대변자)가 전문가에 대해 이의를 제기하는 직접적인 근거는 특정한 비전문가(또는 그 집단)가 당하는 개별적 불이익이다. 하지만 이의 제기가 당사자뿐 아니라 비전문가에게도 설득력을 갖기 위해서는 개별적 불이익보다 보편적 불이익으로 일반화할 수 있는 근거가 필요하다. 그러나 일반화의 도구로 등장하는 것이 비전문가의 일상지식이다. 일상지식은 인류의 행복, 공공의 복지, 시민의 이익 같은 키워드로 뒷받침된다.

전문지식 안에서는 이런 키워드를 명확하게 정의하지 못한다. 그렇지만 지극히 탄력성 있고 풍부한 문맥과 다양한 입장과 이해관계, 여러 비전문가의 개별적 이익을 일반화하는 데는 대단히 편리하다. 그것은 불이익의 종류가 다른 전문가들을 상호 연결해주는 데 중요하다. 반면 그 편리함 때문에 개별적 불이익을 내세워 물적 보상을 위한 도구가 되어 버리고, 전문지식 사이의 이종교배와 '지(知)의 실패'의 극복에도 도움이 되지 못할 가능성이 있다.

이를테면 비전문가(또는 그 대변자)의 불이익을 일반화하려는 인상관리(impression management)**²**에만 매달릴 수 있다. 그러면 물적 보상을 해야 할 불이익, 보편적 불이익, 그리고 그런 불이익에 근거한 전문지식의 품질에 대한 이의 제기가 인상관리의 수완이나 목소리의 크기 때문에 무시당할 위험도 있다.[72] 일상지식에 대한 비전문가의 부정적 자기언급이란 무엇이 실질적으로 정의이고 무엇이 정의가 아닌지를 판단하는 기준을 제시하고 누구나 그러한 위험을 알 수 있도록 밝히는 행위를 말한다. 따라서 좋은 비전문가란 결국 그렇게 작용하는 집합적 지식을 형성하고 전문지식의 품질 저하를 초래한 불이익에 대해 제대로 이의를 제기할 수 있는 비전문가(또는 그 대변자)를 가리킨다.

좋은 비전문가의 조건을 이렇게 전망함으로써 제1장에서 제시한 개방형 지침에 새로운 행위를 읽어 낼 수 있을 것이다. 개방형 지침에 따른 참여형 의사결정이 '지(知)의 실패'의 극복으로 이어지려면 좋은 비전문가의 존재가 필수다. 더군다나 참여형 의사결정이 비전문가에게 가져다주는 무한 책임의 가능성을 회피하려면 좋은 비전문가가 반드시 필요하다. 다시 말해 전문지식에 대한 이의 제기와 일상지식에 대한 부정적 자기언급을 하지 않는 나쁜 비전문가가 무한 책임을 짊어질 가능성이 존재한다.

종래와 같이 비전문가가 전문지식이 초래하는 결과에 대해 이의 제기만 하는 사고회로와 행동회로에 머문다면, 개방형 지침이 보급되고 정착할수록 비전문가는 좋든 싫든 불확실성과 리스크를 둘러싼 의사결정에 대해 응분의 책임을 져야 한다. 이 상태

---

2 사람, 물체, 사건에 대한 다른 이들의 지각에 영향을 주려고 시도하는 의식적이거나 무의식적인 목표 지향적 과정.

를 회피하기 위해서는 불확실성과 리스크 같은 문제에 대해 전문가와 비전문가는 이종교배에 의해 '지(知)의 실패'를 극복하는 파트너라는 사고회로와 행동회로를 채용해야 한다. 그리고 전문지식에 대한 이의 제기와는 독립적으로 필요에 따라 일상지식에 대한 부정적 자기언급도 함으로써 집합적 지식을 키워야 한다(예로서 비전문가가 인상관리와 지식을 구별하는 집합적 행위에 이르지 못함으로써 그 나름대로 결과를 받아들일 수밖에 없다고 해도, 종래처럼 그 결과의 책임을 전문가에게만 돌리는 일은 점점 어려워질 것이다).

이것은 '지(知)의 실패'에 관여하는 좋은 비전문가의 조건이라는 관점에서 개방형 지침의 함의를 고려하며 얻은 하나의 가능성일 뿐이다. 실제로는 이 가능성이 그대로 현실에서 드러난다기보다 이제까지 검토하지 않았던 구체적인 인간과 사회의 모습에 의해 영향 받을 것이다. 그러면 과학·기술·사회의 경계에서 발생하는 예측 불가능한 사건에 비추어 볼 때 살아 있는 인간의 모습과 사회의 모습은 어떤 것일까? 또 그것은 앞에서 말한 가능성에 어떤 영향을 미칠까? 제5장에서 이 점을 언급할 것이다. 그리고 이제까지 얻은 결론을 총괄함으로써 더 넓은 시야에서 이 책의 결론을 매듭짓고 가능한 제언을 내놓고자 한다.

5

자기언급 · 자기조직형 제언

0

들어가는 말

학문은 실제에 별로 도움이 되지 않는다고 한다. 맞는 말이다. 실생활에 도움이 되지 않는 것을 두고 고상하다고 큰소리치기보다는 사람들에게 도움이 되는 것이 있다면 으스대지 말고 조용히 학문의 성과를 내놓는 것이 오히려 품격 있다. 학문은 비판적이어야 한다고도 한다. 맞는 말이다. 고금동서를 불문하고 예스맨만 모인 국가나 조직은 오래가지 못한다. 한편 학문은 시대의 권력자나 대중에게 따끔한 소리를 들려주는 방법을 예부터 개발해왔다. 학문은 알기 쉬워야 한다고 한다. 맞는 말이다. 매우 당연한 사실을 전문용어로 바꾸어 말하는 것이 학문의 방식이라는 오해는 여전하다. 학문은 외국산 쟁점에만 매달리는 담론에 독자적 메시지가 있는지 없는지 또렷하게 밝혀내는 데 망설여서는 안 될 것이다.

이렇게 보면 학문이라는 지(知)의 영위는 유용해야 하고 비판적이며 알기 쉬워야 한다는 결론이 나올 듯하다. 더할 나위 없는 견해로 보인다. 그런데 잠깐만! 정말 그럴까? 이 물음은 이제까지 얻은 지식을 거시적으로 규정하는 중요한 실마리를 제공한다. 학문이라는 지(知)의 영위가 유용해야 하고 비판적이며 알기 쉬워야 한다는 견해가 지당하다고 하자. 그렇다면 무엇을 유용하다고 하고, 무엇을 비판적이라 하며, 무엇을 알기 쉽다고 해야 할까?

생리학과 과학기술 정책으로 학사학위와 석사학위를 받고 EU 위원회에서 오랫동안 전략연구(strategic research)에 관여한 다음, 철학 박사학위를 받고 현재는 영국의 대학에서 철학 교수를 역임하고 있는 영국인 연구자와 전략연구에 대해 논의한 적이 있다. 그때 그가 이런 말을 했다. 전략연구란 어떻게(how to)에 관한 물음에 대답하는 것이 아니라 거대 문제(big question)에 관한 야심적인 기초 연구다. 그것이 얼마나 두껍게 축적되어 있느냐에 따라 정책이나 행동의 유효성이 정해진다. 여기에는 학문의 연구자와 현장 사이에 벽이 있을 리 없다. 다만 예외가 있는데, 그것은 후발국이다. 후발국일수록 학문에 투자하지 않거나 학문이나 학식 경험자에게 의존해 일을 해 간다. 그 때문에 실제 여러 현장에서는 학문이라는 지(知)의 위력을 신뢰하지 못하는 경향이 있다.[1)]

돌이켜 보면 그가 말하고자 한 핵심은 전략연구의 본래적 의미를 어떻게(how to)라는 절차론으로 축소시켜 이해해서는 안 된다는 점이었다고 생각한다. 하지만 이 말을 들었을 때 내 뇌리에는 다른 생각이 스쳤다. '그가 말한 후발국이란 일본이 아닐까?'

지극히 다양한 개개 학문의 내용으로 볼 때 일본이 후발국인지 아닌지는 알 수 없다. 적어도 학문과 여러 현장, 즉 학문과 사회의 관계를 보면 일본은 그가 말하는 후발국의 조건을 훌륭하게 갖추고 있는 듯하다. 과학·기술·사회의 경계에서 발생하는 예측 불가능한 사건에 대해 무언가를 정해야 할 때, 결정 방식의 이치를 자각해 찾아내는 새로운 지(과학기술사회학)라는 말을 학문으로 바꾸어 보면 금방 감이 올 것이다.[2]

이제까지 이 책에서 해명해 온 것처럼 과학·기술·사회의 경계에서 발생하는 예측 불가능한 사건을 둘러싸고 집합적 의사결정을 자각해 어떻게 끌어낼까라는 물음은 우리가 직면한 가장 중요한 문제 중 하나다. 관-민, 과학기술 추진파-비판파, 학자-시민운동가 등을 불문하고 이 문제를 해명하기 위해 과학·기술·사회를 잇는 새로운 지(知)를 추구해야 한다는 지적이 누차 있었다. 그런데 다양한 학문 생산 현장의 구조 변혁을 설계하고 실시하는 당사자든, 그것을 평가하는 평가자든, 새로운 지(知)를 탐구하기보다는 기존의 지(知)를 우선 활용하는 경우가 적지 않다. 관-민, 과학기술 추진파-비판파, 학자-시민운동가 등을 불문하고 새로운 전문지식의 성립을 요구하는 목소리가 공공연한 이상,[3] 그 목소리는 학문 생산 현장에 닿지 않을 수 없다. 나아가 과학·기술·사회를 잇는 새로운 지(知)의 확립을 요구하는 일에 찬성만 있을 뿐, 반론이 있다는 말은 들은 적이 없다.

그러면 남는 가능성은 하나밖에 없다. 학문 생산의 현장에서는 새로운 아카데믹 프로그램의 위력, 즉 새로운 지(知)의 위력을 누구도 믿지 않을 가능성이다. 그야말로 후발국의 조건을 실로 훌륭하게 갖추고 있는 것 아닐까? 그런 상황이라면 새로운 지(知) 의 유용성과 비판성을 알기 쉽게 구명하는 일을 진지하게 추구하 는 인재가 나타난다 해도, 이 나라에서는 누구나 그런 사람이 소 수자로서 불이익을 당할 뿐이라는 것을 익히 알고 있다. 학문 생 산 현장의 구조 변혁이 이루어지지 않는다고 해도 하등 이상하지 않다.

5장의 목표는 '지(知)의 실패'를 회피하고 극복하기 위해 이제 까지 얻은 다양한 지식(예로서 역전달의 원칙, 개방형 지침, 상호풍부화와 상호불모화의 판별, 좋은 전문가의 조건 등)이 후발국이라는 조건에 의해 훼손되지 않도록, 사회에서 '지(知)의 실패'를 회피하고 극복하는 행위가 차지하는 위상을 언급하고 구체적인 제언을 전망한다. 제 언의 방식은 과학·기술·사회의 경계에서 발생하는 문제와 자 기언급을 함께 살피고, 문제 해결을 위해 실행 가능한 과학·기 술·사회 계 전체의 변혁안을 전망하는 것이다(이하 그런 제언을 자 기언급·자기조직형 제언이라 약칭한다).[4]

우선 이제까지 얻은 여러 식견과 기술관료주의를 어떻게 판별 할 수 있는지 명확히 밝히고 그 사회적 위치를 규정한다(1절). 이 제까지 얻은 식견과 기술다중민주주의를 어떻게 판별할 수 있는 지 명확히 밝히고 그 사회적 위치를 정한다(2절). 그러한 사회적 위치를 바탕으로 '지(知)의 실패'를 회피하고 극복하는 시도를 제 도 검토에 의해 조직하는 제언을 구체적으로 제시한다(3절). 과 학·기술·사회의 경계에서 발생하는 예측 불가능한 쟁점을 상 징하는 점진형 문제(예로서 원자력과 GMO)에 주목하여 '지(知)의 실 패'를 회피하고 극복하기 위한 구체적 제언을 덧붙인다(4절). 마지막으로 전체 논의를 정리하고, 이 책에서 전개해 온 논의의 입장이 대칭적 아트(symmetric art)의 추진임을 서술한다(맺음말).

1

기술관료주의와 거리를 둔다

기술관료주의라는 말을 들으면 사람들은 무엇을 떠올릴까? 전후 일본에서는 고도성장이 한창일 때 공공사업계의 국회의원, 종합 건설 청부업자, 본고장 산업 등을 주요 파트너로 삼아 오직 국토 개발의 청사진을 서둘렀던 정책 지향형 토목계 기술자 집단이 지 배적 영향력을 행사한 이미지가 우선 떠오를지 모른다. 기술관료 주의라는 말 자체는 의외로 역사가 짧은데, 1919년 윌리엄 스미 스(William H. Smyth)가 사용한 것이 최초라고 한다.[5] 그에 따르면 기술관료주의, 즉 테크노크라시란 "합리화된 산업민주주의의 고 유한 실험적인 시도"를 가리킨다. 일반적으로는 "기술 전문가에 의한 사회나 산업의 통합"을 의미한다.[6]

애지자(愛智者), 즉 지혜를 사랑하는 이에 의한 사회 통합이라 는 사고방식은 플라톤 이래 줄곧 명맥을 유지했다. 기술관료주의라는 사고는 지(知) 일반을 사고하는 한편 철인정치(哲人政治) 이념은 고대 이래 경험칙의 집적으로 존재해 온 기술지식이 해석학의 틀 안에서 정식화되어 체계화됨으로써 성립된 19세기 이래의 과학기술을 사고한다. 해석기하학과 해석역학을 개척함으로써 선두에서 과학기술을 사유한 나라는 18세기 말부터 19세기의 프랑스였다. 인공물을 설계해 자연을 통제하듯 과학기술을 습득한 전문가가 사회를 설계한다는 생각이 등장한 나라도 프랑스였다. 공상적 사회주의의 제창자로서 우리의 기억에 남아 있는 생시몽(Saint-Simon)은 프랑스혁명 후 과학자와 산업가를 통해 사회를 재설계함으로써 사회 질서를 재건하려 했다. 그는 아마도 최초로 기술관료주의를 명시적으로 정리한 인물일 것이다.[7] 생시몽의 생각은 그의 제자 오귀스트 콩트가 계승했다. 주지하다시피 콩트는 지(知)의 3단계 법칙에 입각해 실증과학에 의한 사회의 재설계와 실증과학의 하나인 사회학(sociologie)의 성립을 주장했다.[8]

여기에서 기술관료주의 개념을 잘 정의해 두자. 기술관료주의의 내실은 그 담당자를 어떤 존재로 생각하느냐에 따라[예로서 '기술의 사무라이'[허버트 웰즈(Herbert G. Wells), '기술자 소비에트'[토머스 베블렌(Thomas Veblen)], '시민으로서의 과학자'[존 버널(John Desmond Bernal)], '시스템 설계자'[로버트 보구슬로(Robert Boguslaw)], '경세가적 기술가'[(미야모토 다케노스케(宮本武之輔)) 등등] 세부 특징이 여러 갈래로 나뉜다.[9] 그 생각의 골격을 지탱하는 요소는 적어도 세 가지다.

하나는 제1장에서 정리한 과학기술 선용론-악용론, 특히 선용론의 요소다. 과학기술은 어떤 목표에 대해서도 중립이고, 사용 방법이 선하면 사회에 이익을 가져다주고 선하지 않으면 불이익을 초래한다고 한다. 과학기술 선용론과 악용론은 표리일체의 관계다. 선용론에서는 과학자와 기술자의 강력한 리더십으로 과학기술을 선용하고 사회의 이익을 실현함으로써 사회에 공헌한다는 적극적인 지향성이 중심을 이룬다. 이것은 과학기술 선용론의 경우와 마찬가지로 제1장에서 서술한 보편주의의 원리와 사용자 책임의 원리를 채용한다. 한마디로 목적을 가리지 않고 사용자가 과학기술의 성과를 사용하면, 과학자와 기술자가 강력한 리더십을 발휘해 사용 방법을 컨트롤하고 그 결과에 책임을 진다는 사고방식이다.

또 하나의 요소는 사회를 구성하는 다양한 사람들의 몇몇 요구에 응답하는 데 머무는 것이 아니라 사회 상태를 근본적으로 변화시키려는 청사진을 제시하는 구조 변혁가가 되겠다는 의지다. 생시몽은 미국 독립전쟁과 프랑스혁명을 체험했고, 콩트는 만년에 인류교(人類敎)를 설파했다. 이런 에피소드가 상징하듯, 변혁의 의지 배후에는 혼란스러운 사회 상태에 대한 답답한 심정이 자리 잡고 있는 경우가 적지 않다.

마지막으로 구조 변혁가로서 사회에 공헌하고자 하는 과학자와 기술자이 사회적 처우를 개선하려는 측면, 즉 과학자와 기술자 자신의 지위 향상을 위한 풀뿌리 운동의 측면이 있다. 그 배후에는 대개의 경우 비교적 새로운 전문가 집단인 과학자 집단이나 기술자 집단이 사회 전체의 통합에 관한 정치적 의사결정 과정에서 발휘할 수 있는 유용성을 다양한 형식을 통해 스스로 호소하는 움직임이 존재한다.[10] 여기에서 말하는 기술관료주의란 과학기술 선용론에 입각해 한편으로는 사회적 구조 변혁, 다른 한편으로는 과학자 집단과 기술자 집단의 지위 향상을 동시에 달성하기 위해 과학기술 전문가를 통해 사회 설계 및 재조직을 위한 청사진을 제시하고 실현하는 사상과 운동이다.

이런 기술관료주의의 정의에 의하면, 이 책이 이제까지 전개한 '지(知)의 실패'를 회피하고 극복하기 위한 다양한 식견을 기술관료주의의 사고와 어떻게 구별할 수 있을까? 우선 이 책은 과학기술 선용론과 악용론으로부터 가능하면 거리를 두고, 과학·기술·사회의 경계에서 발생하는 예측 불가능한 사건을 이해하는 시점을 채용한다. 한마디로 과학기술 선용론을 채용하지 않는다는 점에서 기술관료주의와 구별된다.

그렇다면 사회 상태를 근본적으로 변화시키는 청사진을 제시하는 구조 변혁에 대해서는 어떨까? 이제까지 얻은 지식(예로서 역전달의 원칙, 개방형 지침, 상호풍부화와 상호불모화의 판별, 좋은 비전문가의 조건 등)이 구조재를 둘러싼 '지(知)의 실패'를 출발점으로 삼고 있듯이, 이 책도 대증요법에 의해 사회 상태가 변화하는 것은 곤란하다고 보고 과학·기술·사회가 상호작용하는 구조를 해명하고 변혁하는 데 초점을 맞추고 있다. 즉 구조 변혁의 의지라는 측면을 기술관료주의와 공유한다. 다만 장대한 변혁의 청사진을 제시한다는 방식은 공유하지 않는다. 그러한 청사진에는 현재의 사회가 도달해야 할 상태에 이르는 경로의 분석이 없고, 도리어 불합리한 현상을 망각시키는 유토피아를 제공함으로써 현실을 고정시키는 경우도 적지 않기 때문이다.

제1장에서도 이른바 근시안적 사안에만 매달려 초조해할 생각이 없다고 밝힌 바 있다. 따라서 현재 사회 상태와 동떨어진 유

토피아도 아니고, 변혁의 방향성을 제시하지 못할 만큼 상상력이 없지도 않은 중간 수준으로 구조 변혁의 의지를 품고 있다.[11] 역전달의 원칙, 개방형 지침, 상호풍부화와 상호불모화의 판별, 좋은 비전문가의 조건 등 '지(知)의 실패'를 회피하고 극복하기 위해 제시한 식견은 어느 것이나 중간 수준의 구조 변혁을 조준한다.

기술관료주의에 과학자와 기술자의 사회적 처우 개선을 요구하는 지위향상 운동의 측면이 있는 것처럼, '지(知)의 실패'를 역설하는 것에 '지(知)의 실패'를 회피하고 극복하려는 사람들의 시위향상 운동의 측면이 있을까? 이 책은 이과와 문과의 틈새에서 거의 진지하게 돌아보지 않았던 '지(知)의 실패'의 회피와 극복에 대해 새로운 전문지식(예로서 과학기술사회학은 하나의 후보가 될 수 있다)을 확립하고, 담당자를 육성하고, 그들이 사회 현장으로 들어가 각자의 역할을 해냄으로써 구조 변혁이 이루어지는 중요성을 고려한다. 따라서 그 담당자의 지위에 무관심할 수 없다. 다만 과학자와 기술자의 경우와 달리 그들은 감히 '지(知)의 실패'를 설파하고 그것의 회피와 극복을 이야기한다. 다시 말해 세상에 존재하지도 않고 공인받지도 못하는 행위를 이야기하기 때문에 그것은 지위향상 운동이 아니라 지위확보 운동이 될 것이다. 그렇다면 그 방법은 무엇일까? 전문가 집단이 사회 전체의 통합에 관여하는 정치적 의사결정 과정에서 유용성을 호소하는 일, 즉 기술관료주의가 보여 주듯 사회적 작용에 의한 지위향상 운동에 이르는 사고회로를 통해 지위확립 운동으로 나아갈 수 있을까? 그렇지는 않다. 이유는 두 가지다.

첫 번째 이유는 '지(知)의 실패'를 회피하고 극복하는 새로운 전문지식을 확립할 때 부정적 자기언급을 기본 원칙으로 삼는다는 점이다. 예를 들어 '지(知)의 실패'의 회피와 극복에 관여하는 담당자를 육성하고, 그들이 가입하는 학회를 결성하고, 학회가 그들의 업적에 점수를 주고, 마련한 지위에 그들이 올라가고, 나아가 차세대 담당자를 재생산하는 제도화의 사이클이 완성됨으로써 지위확립에 성공하는 사고회로로 수렴된다면, 그것은 부정적 자기언급이 기본 원칙일 수 없다는 것을 증명한다. 만약 새로운 전문지식을 확립할 때 부정적 자기언급을 기본 원칙으로 삼는다면, 학문의 제도화 사이클의 완성과 지위의 확립을 등치시키는 과거의 성공 기준이 새로운 전문지식에 어울리는 기준인지 아닌지를 다시 물어야 한다. 적어도 부정적 자기언급의 회로가 최초의 설정부터 작동하지 않는 새로운 전문지식이라면 구조 변혁과 아무런 인연이 없다. 그것은 고금동서에 흔한 기존의 구조가 실시해 온 이익 획득 운동과 별다를 바 없다.[12]

담당자의 지위를 둘러싸고 기술관료주의와 구별되는 또 하나의 이유를 살펴보자. 새로운 전문지식의 필요성을 호소하고 있음에도 전문가 집단이 형성되지 않을 뿐 아니라 선구적인 소수의 전문가도 사회 전체의 통합에 관여하는 정치적 의사결정 과정에서 멀리 떨어져 있다고 해도, '지(知)의 실패'의 회피와 극복을 지향하는 새로운 행위는 마이너스 측면만 있는 것은 아니다. 기술관료주의의 담당자인 과학자와 기술자가 사회 전체의 통합에 관한 정치적 의사결정 과정에서 멀리 떨어져 있다면, 기술관료주의가 내거는 사회적 구조 변혁도, 과학자와 기술자의 지위향상 운동도 막막해진다. 기술관료주의는 무엇보다 도움이 되는 지(知)

를 기대한다. 한편 '지(知)의 실패'를 회피하고 극복하는 일은 당장 도움이 되는 지(知)뿐만이 아니다. 그 지(知)는 사회 전체의 통합에 관여하는 권력자나 대중이 듣기 거북한 말도 할 만큼 비판적이어야 한다. 또한 보통 사람이라도 전체를 바라보는 상상력만 있으면 이해할 수 있을 만큼 알기 쉬워야 한다. 특히 비판적인 면은 '지(知)의 실패'를 회피하고 극복하는 운용의 성질을 명확하게 밝히는 데 중요하다.

물론 기술관료주의도 이른바 세상을 바로잡기 위해 비판을 펼치는 일이 드물지 않다. 그러나 사회 상태의 배후에 있는 사회 전체의 통합 목표를 위해 비판을 펼치는 일은 드물다. 사회 전체의 통합 목표를 실현하려 한다면 사회 상태를 근본적으로 변혁해야 하고, 이를 위해 '기술의 사무라이'(허버트 웰즈), '기술자 소비에트'(토머스 베블렌), '시민으로서의 과학자'(존 버널), '시스템 설계자'(로버트 보구슬로), '경세가적 기술가'(미야모토 다케노스케)와 같이 뜻을 품은 과학자와 기술자가 선구자가 되어 사회 구조를 비판하는 경우가 아주 많다. 그때 염두에 두는 목표는 인류의 행복, 공공복지, 시민의 이익 등 일반적인 것을 비롯해 '현대의 유토피아'(허버트 웰즈), '사회주의 과학'(존 버널), '신유토피아'(로버트 보구슬로), '아시아를 부흥시킬(興亞) 기술'(미야모토 다케노스케) 같은 좀 더 실체적인 것에 이르기까지 다양하다. 어느 것이든 거의 명확한 주어진 위치를 부여받는다.[13]

이에 반해 '지(知)의 실패'를 회피하고 극복하는 행위는 무엇을 인류의 행복이라 할까, 무엇을 공공의 복지라고 할까, 무엇을 시민의 이익이라고 할까를 비판적으로 살펴본다. 또는 실체적인 목표라면 그 목표를 내거는 것이 과학·기술·사회 계에 어떤 의미를 지닐까를 비판적으로 살펴본다. 또 그 목표가 나타난 구체적인 사회 상황(예로서 식민지 쟁탈, 전쟁, 혁명, 거품경제, 사회 동란, 군비 경쟁)으로 거슬러 올라가 하나하나 점검한다. '지(知)의 실패'를 회피하고 극복하는 행위는 구조 변혁이라는 목표를 자명한 것으로 보지 않는다. 반대로 목표가 불명료한 경우에는 그 구체적 의미를 명확히 밝히고, 그 목표를 내거는 것이 처음부터 과학·기술·사회 계에 바람직한지 비판적으로 살펴본다.

사회 전체의 통합에 관한 정치적 의사결정 과정에서 사회에 유용성을 호소하는 것만으로는 충분하지 않다고 보는 사고회로는 세속에 얽매이지 않고 논리적으로 비판할 수 있는 위치를 취할 수 있다. 세속에서는 의리를 내세운다고 반드시 덕이 실현되는 것은 아니다. 요컨대 문제는 '지(知)의 실패'를 회피하고 극복하는 행위의 담당자가 비판자로서 존속할 수 있는 지위를 확립하는 것이다. 또한 한때 무시를 당하더라도 그들이 제시하는 비판이 계통적으로 축적됨으로써 전체 행동의 자유로운 상태가 늘어나는 것이 중요하다.

세상 사람들이 생각도 못하는 일을 생각하는 사람은 문인, 지식인, 학자, 경세가 같은 범주에 속한다. 특히 고전적인 문인이나 지식인의 놀라운 관점, 처세, 시야를 개별적으로 접해 본 사람들로 인해 그들은 신화를 만들어 내기도 한다. 그저 시장에서 승리하는 것이 정의가 되는 세상이라면, 신화 속 목가적인 비판 정신의 부활에 기대를 걸어 봤자 소용없다. 그리고 보통 사람들의 생각을 넘어서는 뛰어난 사람이 사라지는 일은 없다. 인류의 계통

진화 과정에서 재능 있는 사람의 분포가 단기간 크게 변화하는 일은 없다. 재능이 있는 사람은 신화와 무관할지는 몰라도 여전히 존재한다.

세상 사람들이 생각하지 못한 일을 쉽게 생각하는 사람은 문인, 지식인, 학자, 경세가 같은 범주에 속한다. 아마도 신화와 무관한 존재로서 눈에 띄지 않게 가만히 숨 쉬고 있을 것이다. 그리고 '지(知)의 실패'를 회피하고 극복하는 행위가 비판자를 얻으려면 적절한 인재, 즉 세상 사람들이 생각하지 못한 일을 쉽게 생각하는 재능 있는 사람을 획득해야 한다. 그러나 이 나라 일본에서는 문인, 지식인, 학자, 경세가 같은 사람을 지적 엔터테인먼트 담당자로 여길 뿐 아니라 그들 역시 '지(知)의 실패'를 회피하고 극복하는 과학·기술·사회 계의 구조 변혁에서 멀리 떨어져 있다. 그러므로 '지(知)의 실패'를 회피하고 극복하는 행위는 문인, 지식인, 학자, 경세가처럼 세상 사람들이 생각하지 못한 일을 쉽게 생각할 수 있는(예로서 절차론을 뛰어넘는 전체적 전환의 제안을 학문에 의해 계통적으로 제출할 수 있는) 사람들에게 기회를 열어 두고, 과학·기술·사회 계의 구조 변혁에 대해 건설적으로 비판하도록 적극 그들의 지위를 확립해야 한다.

'지(知)의 실패'의 회피와 극복은 구조 변혁의 의지를 기술관료주의와 공유한다. 그러나 유토피아로 흘러가기 쉬운 변혁의 장대한 청사진을 제시하는 일은 절제한다. 그리고 보통 사람의 상상력에 호소해 가능한 변혁의 전략과 논리를 제시한다. 나아가 기존의 구조를 전제로 한 지위향상 운동이 아니라 눈앞의 상태를 직시하며 비판자의 지위를 확립하고자 한다. 이것이 바로 기술관료주의와는 명료하게 선을 긋는 지점이다.

2

기술다중민주주의와 거리를 둔다

"인간은 인간에게 결코 복종하지 않지만 정의 또는 법률에 복종한다고 할 수 있다."[14] 19세기 전반기 뉴잉글랜드 사회의 자치단체(commune)를 자세히 관찰하고, 거기에서 민주주의의 원형을 찾아냈다고 알려진 프랑스의 정치사상가 알렉시스 드 토크빌(Alexis de Tocqueville)이 한 말이다. 이 말은 민주주의의 원리가 얼마나 사람을 해방시키는 이념으로 가득 차 있는지를 잘 전해 준다. "인간은 인간에게 결코 복종하지 않는다." 즉 인간은 프랑스혁명 이전처럼 절대군주를 섬기는 구체제의 봉건적인 비인격적 지배-예속 관계에 결코 가담하지 않으려 한다. 그러면 인간은 무엇에 가담하는가? '정의' 또는 '정의'를 체현하는 무언가(예로서 법 등)에 가담한다. 인간은 원래부터 다른 사람을 따르는 것이 아니라 인간을 초월한 이념을 따른다. 이념이란 자유라든가 평등 같은 것이다. 자유나 평등의 이념이 그대로 실현되는 일은 없다. 왕정과 공화제가 무너진 프랑스혁명 이후 혼란기에 정계에 몸을 던진 토크빌은 이 점을 충분히 알고 있었다.

인간이란 있는 그대로의 존재가 아니라 오래 계속된 인격적 지배-예속 관계에서 탈피해 이념을 실현하기 위해 생각하고 행동하는 역동적 존재인 것이다. 이렇듯 민주주의란 역동적 인간관을 전제로 삼는다. 그리고 역동적 인간관이라는 전제 위에서 '어떻게 생각할까'라는 정치철학의 과제군과 '어떻게 행동하면 민의를 체현할까'라는 대표제의 과제군이 주어진다. 민주주의의 기초를 둘러싼 정치철학의 과제군은 말할 것도 없고, 누가 누구의 의사를 대표한다고 간주할까라는 대표제와 참여에 관한 과제군은 현재도 뜨거운 쟁점이다.[15]

한편 토크빌은 민주주의의 원리가 지닌 인간 해방적 측면의 부정적인 현실을 일찍부터 지적했다고 알려져 있다. 부정적인 현실이란 오늘날 말하는 대중사회의 상황이 민주주의에 미치는 위험성을 가리킨다. "여론의 힘은 이용하기 어렵다. 왜냐하면 그 명확한 한계를 전혀 알 수 없기 때문이다. 그리고 종종 여론의 한계 내에 머무르든 그 한계를 뛰어넘든 똑같이 위험하다."[16] 이런 위험을 막는 최후의 보루로서 그가 기대한 것은 사법제도였다. "그러나 최고재판소를 경솔하고 부패한 사람들이 구성하고 있다면 연방은 무정부 상태 또는 내란에 시달릴 염려가 있다."[17]

민주주의로 인해 토크빌이 근대민주주의를 사회학적으로 고찰한 150년 전보다 많은 사람들이 의사결정에 참여하게 되었다는 빛의 측면과, 익명의 대중이 이념이 아닌 군중심리에 휩쓸린다는 그림자의 측면이 표리일체라는 점은 익히 알려져 있다. 나아가 보통선거법의 실시, 전문적으로 분화한 국가행정 서비스에 대한 항시적 의존, 정치적 무관심의 팽배, 형해화한 정당정치, 정보 기술의 진전 등에 따라 빛과 그림자를 구별하기가 더 어려워졌다. 다시 말해 자립적인 개인의 판단을 전제한 민주주의와 군중심리에 따르는 대중민주주의 사이에 명확한 선을 긋는 것이 현실적으로 점점 어려워지는 것이다. 민주주의 국가를 세운 지 겨우 반세기가 지난 전후 일본에서 민주주의자 대다수가 아직껏 개인의 자립을 주상알 수밖에 없다는 사실이 그런 상황의 심각성을 상징한다.[18]

민주주의란 그 이념을 실현한 상태에 접근하려고 생각하고 행동하는 역동적 인간이 만드는 집합 현상이다. 따라서 유일한 정답은 존재하지 않는다. 민주주의는 어디까지나 계속적인 과정이다. 문제는 토크빌 이래 오랫동안 알려진 민주주의의 빛과 그림자의 표리일체 관계가 과학기술에 관한 쟁점을 둘러싸고는 보이지 않는다는 점이다.

과학기술사회학의 전사(前史)를 성립시킨 과학과 사회의 제도화론 계보를 살펴보면, 비록 양극단의 사상적 입장에 있는 사람들조차(예로서 사회주의 과학의 건설을 지향한 존 버널과 근대자본주의와 근대과학의 '친화성'을 역설한 로버트 머튼) 과학기술과 민주주의의 관계에 대해서는 1930년대부터 민주주의 사회에서만 과학기술의 참된 발전이 가능하다는 담론을 줄기차게 주장해 왔다. 그 담론에 등장하는 민주주의는 어디까지나 민주주의의 적대 세력(예로서 정치적 전체주의)에 대항해 민주주의 사회와 과학기술을 지킨다. 반면 민주주의에도 빛과 그림자의 측면이 공존하고 이 둘은 표리일체를 이룬다는 민주주의 내부의 모습을 꼼꼼하게 관찰하고 살피는 관점은 기묘하게도 거의 찾아볼 수 없다.[19]

토크빌 이래 민주주의를 둘러싼 지(知)의 전통에 비추어 보더라도 이 점은 실로 기묘하다. 위에서 말한 과학기술과 민주주의의 관계는 아직도 대다수의 담론을 지배하고 있다. 물론 오늘날의 쟁점은 1930년대처럼 민주주의를 위협하는 정치적 전체주의(예로서 나치즘, 파시즘)로부터 과학기술을 지키는 것이 아니다. 그것은 전문적으로 분화하는 과학기술에 대한 공공적 의사결정을 몇 명의 전문가에게 맡긴다면 기술관료주의로 이어진다는 위기의식을 전제로 어떻게 하면 시민을 참여시킬까라는 개방형 지침에 주목한다. 개방형 지침에 속하는 다양한 참여형의 합의형성 방법을 보면, 과학 · 기술 · 사회의 경계에서 발생하는 예측 불가능한 사건을 둘러싸고 앞서 언급한 과학기술과 민주주의의 관계에 대한 기묘한 관점이 지배적임을 알 수 있다.

과학기술을 둘러싼 의사결정 과정에서 참여형의 합의형성 방법을 고안해 도입한 시점은 그리 오래되지 않았다. 대부분의 방법이 1980년대 서구에서 등장해 서서히 도입되었다. 합의회의, 내추럴 스텝, 퓨처 서치, 보딩 회의, 퓨처 서치 회의, 시나리오 워크숍 등이 그것이다. 그 내용은 대상이 국가 차원인가 지역 차원인가, 의사결정이 통일된 견해 제시에 머무는가 행동계획(action plan)으로까지 나아가는가에 따라 매우 다양하다. 이것들은 시민이 직접 당사자가 될 가능성이 있는, 과학기술을 둘러싼 의사결정의 기술 평가(technology assessment)라는 문맥에서 등장했다.[20]

그중에서 합의회의를 살펴보겠다. 일본에서도 몇 번이나 실시된 이 회의는 개방형 지침에 관한 논의의 구체적 문맥을 친근하게 이해하게 해 준다.

합의회의란 과학 · 기술 · 사회의 경계에서 발생하는 미묘한 쟁점에 대해 몇 명의 비전문가(통상 열몇 명)에게 몇 명의 전문가(통상 몇 명)가 설명해 주고, 그 설명을 들은 비전문가들이 합의한 결과를 보고서로 발표하고, 그 쟁점을 의사결정 과정에 가능하면 반영하려고 하는 방법이다. 1980년대 중반 덴마크에서 고안되었고,[21] 1987년 덴마크에서 제1차 회의가 열린 이래 각국에서 시행되었다. 일본에서도 과거 6회에 걸쳐 개최했다.

앞에서 말했지만 한줌 참가자의 대표성을 담보하는 계통적 절차가 있는 것은 아니다. 그렇다고 무작위 표본 추출을 채용하는 것도 아니다. 그렇기 때문에 당연하게도 합의회의 결과는 누가 누구를 전문가로 인정하고 누가 누구를 비전문가로 인정할까에 대한 주최자의 생각에 전면적으로 의존한다.

물론 시민 패널은 공모를 통해 모집하고, 연령 · 성별 · 학력 · 직업 · 거주지역 등 이른바 주요 이력 부분이 균등하도록 고려해 선정한다. 또 주최자가 직접 특정 결과가 니보노복 토론의 과정을 통제할 수 있는 것이 아니라 늘 참가자의 상호작용 결과를 반영한다. 미묘한 사안에 관한 것이라도(또는 그렇기 때문에) 일반 시민, 즉 비전문가에게 보이지 않는 쟁점의 화제를 사회에 제공함으로써(합의회의는 매스컴을 활용해 사회에 정보를 제공하는 것에 열심이다) 과학 · 기술 · 사회의 경계에서 발생하는 예측 불가능한 사건에 대해 많은 비전문가의 관심을 모으는 각성 효과를 지닌다. 시행

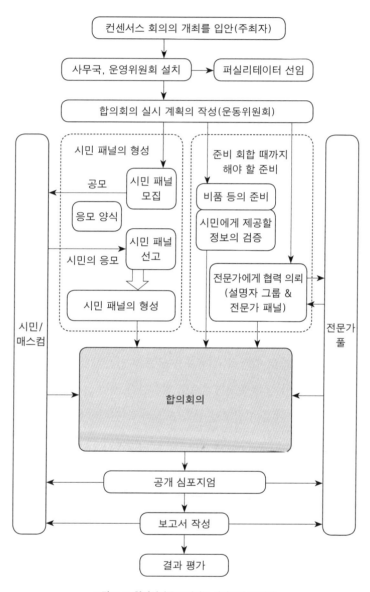

그림 5-1 합의회의를 구성하는 사람들과 그 역할

*「컨센서스 회의 실천 매뉴얼」('과학기술에의 시민 참가를 생각하는 모임', 2001년 11월)에 의함

단계이기 때문에 개선의 여지는 많겠지만, 시민의 참여를 통한 새로운 시도라는 점과 공동작업 자체가 무엇보다 소중하다. 그것은 아이디어와 유용성, 의의를 인정하는 데 인색하지 않다.

그러나 아무리 옹호하는 말을 늘어놓아도, 누가 누구를 전문가로 인정하고 누가 누구를 비전문가로 인정하는가라는 주최자의 생각에 거의 전면적으로 의존한다는 기본 특성은 변하지 않는다. 여기에서는 이 기본 특성에서 유래하는 합의회의의 근본적인 문제점을 언급하고자 한다. 이제까지 기본 특성은 물론 거기에서 유래하는 문제점도 제대로 지적하지 않았기 때문이다. 참여형의 합의형성 방법은 무엇이든 좋은 것이고, 시행 단계의 부족함은 시간을 들여 개선하면 언젠가 과학기술에 관한 민주적인 의사결정에 도달할 것이라는 전제만 고집한다면 문제의 해결은커녕 이해조차 하기 어렵다. 요컨대 이 기본 특성은 민주주의의 빛과 그림자라는 표리일체 관계에 어떤 의미를 지닐까?

이런 관점에서 합의회의의 양상을 바라보면, 민주주의의 빛과 그림자가 표리일체 관계로 공존할 수 있다는 관점이 거의 누락되어 있음을 알 수 있다. 민주주의의 외부 적대 세력에 관한 저항의 관점이 포장을 바꾸어 합의회의를 둘러싼 상황을 지배하고 있기 때문이다. 이 경우 외부의 적이란 정치적 전체주의가 아니다. 외부의 적은 오히려 몇 명의 전문가에 의한 의사결정 방식이다. 이미 개방형 지침을 정식화할 때 지적했듯, 과학·기술·사회의 경계에서 발생하는 사건에는 강한 불확실성이 따르는 일이 많다. 그리고 특정 쟁점을 둘러싸고 비전문가에게 전문가가 확정적인 진단(문제의 소재)과 처방(문제의 해답)을 제공할 수 있는 경우는 극히 드물다. 그렇다면 몇 명의 전문가에게 의사결정을 맡기는 합리적 근거는 존재하지 않는다. 이것이 비전문가가 시민으로서 참가하면 할수록 민주적인 결정이 이루어진다는 사고방식의 배경이다.

"일반 시민들이 과학기술에 참가할 기회이자 시민의 요청에 응하기 위한 시도"('유전자변형 농작물을 생각하는 합의회의' 개요와 시민 패널 모집에 대해, 기자 발표 자료, 2000년 7월 28일자)라는 전형적인 문구가 합의회의에 붙여졌다. 이때 이것은 의사결정에 유용한 힌트를 널리 알린다는 실리적 의미뿐 아니라 의사결정의 절차가 민주적이라는 사실을 널리 알리는 상징적 의미를 띤다. 이런 생각을 읽어 내기란 어렵지 않다. 그러나 몇 명의 전문가와 비전문가 시민을 대치시킨다고 해서 민주적인 의사결정이 이루어질 리 없다. 몇 명의 전문가에 의한 의사결정을 존중한다고 해서 끝날 일도 아니다. 문제는 전문가든 비전문가든 몇몇 소수 사람들의 참가가 마치 전체를 대표하는 것처럼 조작적으로 정당화되는 것이다. 문제는 이것을 스스로를 판별하는 회로, 즉 민주주의의 빛과 그림자를 판별하는 회로를 갖추고 있느냐 아니냐에 있다. 합의회의는 그런 회로를 갖추고 있다고는 보기 어렵다. 그 이유는 두 가지다.

내재적인 이유는 누가 누구를 전문가로 인정하고 또 비전문가로 인정하는 기준이 매우 모호하게 주최자에게 맡겨져 있다는 점이다. 예를 들어 합의회의의 전문가란 '과학기술에 관한 전문가'와 '주제에 대해 명확한 의견을 가진 사람들'을 가리키고, 이 회의의 '바람직한' 전문가란 다음과 같은 사람이라고 명시한다. "①최신의 지식을 갖추고 있고, ②전체상을 제시할 수 있고, ③조리 있게 설명할 수 있고, ④의견이나 질문을 솔직하게 들을 수 있는 사람."[22]

폭넓은 의미에서 전문가라는 말이 쓰이기는 하지만 명확하게 정의해서 사용한다면 그것 자체는 그리 문제가 되지 않는다. 문제는 폭넓은 전문가의 외연 안에서 비교적 한정된 의미를 지니는 '과학기술에 관한 전문가'라 하더라도 내실은 지극히 다양하다는 점이다. 합의회의의 주최자가 주목하는 불확실성을 내포한 주제(예로서 첨단 불임 치료, 유전자 치료, GMO)를 연구하는 과학자와 기술자 사이에서도 연구의 가능성과 위험성에 대한 견해가 크게 다른 경우가 드물지 않다. 나아가 특정 쟁점을 둘러싸고는 첨예한 대립과 논쟁이 존재할 수 있다(예로서 첨단 불임 치료를 둘러싼 개업의와 학회 사이의 대립 등).

합의회의처럼 미묘한 사안을 다루는 참여형의 합의형성 방법의 경우, 비전문가에게 설명하는 전문가들의 견해가 서로 크게 엇갈릴 가능성이 일상적으로 존재한다. 즉 합의회의의 '바람직한' 전문가에게 기대하는 조건, 특히 '전체상을 제시할 수 있다'는 조건을 특정 전문가에게 기대하는 것은 사실상 어렵다. 전문가에 따라 '전체상'이 다를 수 있기 때문이다. 따라서 견해를 달리하는 복수의 전문가를 균형 있게 모아 '전체상'을 구성할 수밖에 없다. 그런데 그것 자체가 고도의 전문성이 필요한 일이다. 정해진 준비시간과 자금으로 주최자가 사람들을 일시적으로 모아 몇 번의 준비모임을 통해 달성할 수 있는 일이 아니다(최악의 경우 주최자와 친분이 있는 전문가의 견해가 마치 정설인 것처럼 비전문가에게 '전체상'으로 제시되고, 그것을 바탕으로 보고서를 작성함으로써 시민의 합의가 형성된 것처럼 꾸밀 수도 있다).

그럴 경우 앞에서 제시한 '특정 사안에 대해 겉모습과 내용의 구별을 가능하게 해 주는' 전문가라는 정의에 비추어 보면 어떨까? 전문가는 '겉모습'과 '내용'을 구별하지 못하는 비전문가에게 이른바 정설이라는 '겉모습'을 통해 '내용'을 이야기해 주는 사람이다. 그런데 위에서는 전문가로 하여금 결과적으로 그런 정의에 어그러지는 역할을 하도록 할 가능성이 있다.

합의회의의 '과학기술에 관한 전문가'에는 '과학기술을 연구하는' 과학자와 기술자만 포함되는 것이 아니다. 거기에는 '과학기술에 관해 연구하는' 인문사회계 연구자도 포함된다. 인문사회계의 메타과학기술 전문가의 경우 과학자와 기술자 이상으로 서로의 견해 차이가 현저하다고 알려져 있으며, 특정 전문가가 비전문가에게 문제의 '전체상'을 설명하는 것은 한층 더 곤란하다. 합의회의에서 전문가가 비전문가에게 질문에 대답하거나 설명하는 장면은 인문사회계의 메타과학기술 연구자가 과학자와 기술자 사이에 대립하는 견해의 차이를 조정해 비전문가에게 '전체상'을 제시하는 것처럼 단순한 구조가 아니다. 오히려 과학자와 기술자 사이에 대립하는 견해가 인문사회계의 메타과학기술 연구자 사이에 대립하는 견해와 섞여 들고, 그 결과로 나온 '전체상'을 비전문가에게 제시하는 것처럼 복잡한 구조를 지닌다.

합의회의를 둘러싼 기존의 담론에서 과학기술의 전문가, 메타과학기술의 전문가, 나아가 과학기술의 전문가와 메타과학기술의 전문가 사이의 간섭 구조를 내포한 문제점을 지적하는 경우는 거의 없다. '겉모습'과 '내용'을 구별하지 못하는 비전문가에게 이른바 정설이라는 '겉모습'으로 '내용'을 이야기해 준다는 것은 전문가의 정의에 어그러지는 역할이다. 이런 결과를 초래할 위험성을 생각하면 사태는 더 심각해진다.

전문가의 설명을 들은 시민 패널이 작성한 최종 보고서의 결론 부분은 이러했다. "사회적 합의를 얻기 위한 사고방식의 수단을 사회과학의 분야가 다루어 준다는 것을 알았다.…국가는…과학기술에 관한 사회과학적 분석을 계발할 필요가 있는 것이 아닐까?"('유전자변형 농작물을 생각하는 합의회의'의 시민의 생각과 제안, 2000년 11월 4일자) 과학기술을 둘러싼 합의에 대해 사회과학적 지(知)가 이미 존재하기 때문에 그것을 많은 사람에게 알려 주는 것이 필요할 뿐이라는 구절을 보면, 그 위험성이 반드시 기우라고는 생각할 수 없다. 리스크론이나 개방형 지침에 여러 방법이 있는 것은 사실이다. 하지만 이 책 전체를 통해 제시해 왔듯, 국가가 비전문가를 계발할 만큼 충분히 확립된 '수단'이 존재한다고는 도저히 생각할 수 없다. 그럼에도 시민 패널의 토론을 거쳐 최종 보고서에 이렇게 기록한 전문가의 설명 내용이란 도대체 어떤 것이었을까?(안타깝게도 합의회의는 설명자인 전문가가 어떤 설명을 하고, 그것을 들은 시민 패널의 토론이 어떻게 진행되었는지는 공개하지 않는다).

민주주의의 빛과 그림자를 판별하는 회로를 합의회의가 갖추고 있다고 생각하기 어려운 이유는 또 하나 있다. 그것은 합의회의의 결과를 정책에 활용하는 방법에 대해 사회적 합의가 거의 존재하지 않는다는 것이다. 합의회의를 고안한 덴마크와 같이 입법부 안에 합의회의를 여는 정부의 기술위원회를 두고 있고(1995년 7월 31일, 기술위원회법 제375호에 의해 덴마크 기술위원회는 덴마크 의회가 설치한 독립 단체가 된다), 그 결과를 기술 평가의 일환으로 볼 수 있는 관례가 정착해 있으며, 직접민주주의의 전통이 있는 경우를 제외하면(네덜란드의 상황도 이것에 가깝다), 합의회의 방법을 채용하는 많은 나라에서는 회의 결과와 정책을 연결하는 회로의 제도화 및 작동, 그리고 작동의 모습을 누구나 이용하고 확인·실험할 수 있는 증거가 제대로 제시되지 않고 있다.

특히 일본은 합의회의의 결과와 정책을 잇는 회로가 제도화되어 있지도 않고, 그러한 회로의 운용이 관례로 확립되어 있지도 않다. 그렇다고 회의를 평가하는 회로가 공개되어 있는 것도 아니고, 직접민주주의의 전통이 있는 것도 아니다. 일본에서 합의회의란 정책 입안과 실행에 임하는 주체가 민의를 반영한다는 명분이 필요할 때 자기 멋대로 그 명분을 제공하는 수단이 될 가능성이 있다. 그런 경우 합의회의는 참여형의 합의형성 방법이라기보다 입안 및 실행 정책과는 무관하게 오직 주최자와 참여자의 만족도에 좌우되는 이벤트형의 인상관리 방법이라고 해야 정확할 것이다. 이벤트형 인상관리 방법(예로서 문자, 문서, 영상, 음성 등을 통해 일정한 방향으로 감정을 무리 없이 환기하고 유도하는 광의의 상징조작 기법)은 대중민주주의의 군중심리(민주주의의 그림자 부분)에 호소하는 위력 있는 방법 중 하나임이 이미 잘 알려져 있다.

합의회의의 내용을 내재적으로 음미하고 합의회의가 놓인 환경을 외재적으로 음미해도, 이 회의에는 아쉽게도 토크빌 이래 알려진 근대민주주의의 빛과 그림자라는 표리일체 관계를 진중하게 음미하는 관점이 지극히 빈곤하다. 참여형의 합의형성 방법이라는 형식이 미묘한 사안에 관한 과학기술의 민주주의를 담보하지는 않는다. 미묘한 사안에 관한 참여형의 합의형성 방법이라는 형태는 기술민주주의(민의를 반영하기 위해 민주적으로 의사결정을 하는 상태)와 기술다중민주주의(민의 반영이라는 이름을 빌려 이익을 유도하는 상태)라는, 비슷하지만 다른 두 가지 상태로 나아갈 수 있다.[23]

합의회의가 상징하는 참여형의 합의형성 방법 담론은 기술다중민주주의의 가능성을 이제까지 완전히 등한시했다. '지(知)의 실패'를 회피하고 극복하는 행위는 그 가능성을 뚜렷이 부각시킨다는 점에서 참여형의 합의형성만 기대하는 시도와 선을 긋는다 그러면 기술다중민주주의로 이르는 가능성을 배제하면서 앞에서 논한 기술관료주의와도 선을 그으려면 어떻게 해야 할까? 이제 기술관료주의나 기술다중민주주의와 선을 긋고 나아가 '지(知)의 실패'를 회피하고 극복하기 위한 제언을 구체적으로 내놓고자 한다.

3

밑바탕부터 제도를 재설계하자

'지(知)의 실패'를 회피하고 극복하는 행위와 기술관료주의를 구별하는 점은 두 가지다. 하나는 유토피아로 흘러갈지 모르는 변혁의 장대한 청사진 제시를 조금 절제하고, 보통 사람의 상상력에 호소해 가능한 변혁의 전략과 논리를 제시한다는 점이다. 또하나는 기존 구조를 전제로 한 지위향상 운동이 아니라 이른바 일반인들에게 은폐된 사안을 비판하는 비판사의 지위를 확립한다는 점이다. 한편 '지(知)의 실패'를 회피하고 극복하는 행위와 기술다중민주주의를 구별하는 점은 참여형의 합의형성 방법 안에서도 민주주의의 빛과 그림자라는 표리일체 관계를 꿰뚫어 본다는 것이다. 요컨대 한쪽으로는 기술관료주의, 다른 한쪽으로는 기술다중민주주의와 거리를 두며 일본 사회가 어느 한쪽으로 나아가는 회로를 차단할 방책을 어떻게 구체화할까?

우선 유토피아로 흘러갈지 모르는 변혁의 장대한 청사진 제시를 좀 절제하고, 보통 사람의 상상력에 호소해 가능한 변혁의 전략과 논리를 제시한다는 점에서 기술관료주의와 구별하는 것을 일본 사회에서 어떻게 실현해 갈 수 있을까? 여기에서 중요한 의미를 지니는 것이 부정적 자기언급의 원칙이다. 부정적 자기언급의 원칙은 학제간 연구 시도에 포함된 상호풍부화의 가능성과 상호불모화의 가능성을 구별하기 위해 도입했다. 그런데 유토피아로 흘러갈지 모르는 변혁의 장대한 청사진 제시를 좀 절제하고, 보통 사람의 상상력에 호소해 가능한 변혁의 전략과 논리를 제시하기 위해서도 그것은 중요한 역할을 수행할 수 있다. 유토피아로 흘러갈지 모르는 변혁의 장대한 청사진 제시의 문제점은 청사진의 목표를 자명하다고 여긴다는 것과, 현실의 사회 상태에서 그 목표에 이르는 경로를 분석하지 않는다는 점이다. 얼핏 보면 거창하지만 잘 들여다보면 내재적 이념이 빈약하다. 의외로 얄팍한 목표를 믿고 목표 달성의 근거는 불문에 붙인 채 타인에게 역설하는 경향이 있다(예로서 차기 과학기술기본계획에 일본이 향후 50년 동안 노벨상을 30회 수상하겠다고 외치며 지적 존재감이 있는 나라를 지향한 계획가 등이 있었다. 이것을 약간 스케일이 큰 꿈이면, 이 문서가 역사적인 문서가 될 가능성을 암시하는 목소리는 작지 않았다).[24]

이때 부정적 자기언급이란 목표의 타당성이든 목표 달성 수단의 타당성이든 달리 대안이 없는지 물어보고, 대안이 있다면 여러 대안의 이해득실을 따져 보고 대안이 없다면 그 근거(즉 왜 유일한 목표 또는 유일한 목표 달성 수단밖에 존재하지 않을까?)를 고찰하는 것을 가리킨다. 그러면 구조 변혁의 목표 및 목표 달성 수단의 타당성에 대한 부정적 자기언급은 어떻게 실행할 수 있을까? 과학·기술·사회의 교류를 둘러싼 구조 변혁의 청사진도 그렇지만, 일반적으로 부정적 자기언급은 당사자에게 늘 실행 가능한 것이 아니다. 또한 학문이 계통적 회의주의(자기의 주장도 타인의 주장도 증거에 비추어 똑같이 확인하려는 태도)를 제도적 규범으로 삼는다고 해서 부정적 자기언급이 계통적 회의주의로부터 자동으로 나온다고 보기도 어렵다. 계통적 회의주의를 제도적 규범으로 삼는 고전적인 과학자 집단을 끌고 들어와 과학·기술·사회의 관계에 대해 무언가를 이야기하는 것은 곤란하기 때문이다.[25]

한마디로 당사자에게 늘 실행 가능하지 않은 부정적 자기언급을 과학·기술·사회의 관계의 구조 변혁과 관련시켜 어떻게 실현하느냐가 문제다. 구조 변혁의 목표든, 목표 달성 수단이든, 변혁을 역설하는 사람이 안전한 장소에 몸을 두고 변혁을 역설한들 그런 담론은 책임(사안에 따라서는 품위)이 빠져 있을 뿐 아니라 많은 사람을 설득할 충분한 정당성을 결여하고 있기 때문이다. 만일 그런 종류의 담론에 의해 구조 변혁의 정책을 상명하달 식으로 입안하고 실행한다면, 변혁에 진지하게 임하는 사람들은 정당성을 찾지 못하고 필시 정책의 의도와 방향에서 동떨어져 버릴 것이다(예로서 합법적인 방임, 머릿수 맞추기 등). 그렇게 되면 전체적으로 변혁은 이루어지지 않고 과학·기술·사회의 관계는 전혀 변화하지 않을 가능성도 부정할 수 없다.

제언은 이렇다. 부정적 자기언급을 미리 고정시켜 제도를 재설계하면 어떨까? 이를테면 과학·기술·사회 사이의 구조를 정하는 데 큰 영향력을 지닌 돈의 흐름, 특히 사회가 과학기술에 투입하는 자금의 흐름에 개입하는 것이다. 사회가 과학기술에 투입하는 자금은 주로 특정 기관에 소정의 금액이 흘러 들어가는 경영비와, 심사를 통해 특정 프로젝트에 흘러 들어가는 경쟁적 자금으로 크게 나뉜다. 최근 경향의 특징은 경영비 부분을 줄이고 경쟁적 자금 부분을 늘림으로써 과학기술 활동의 방향이 사회의 바람직한 목표를 향하도록 통제하려는 점이다. 그런 통제 방식을 정당화하기 위해 외부 평가, 설명 책임 같은 키워드가 등장한다.

이 자리에서 그런 통제 방식 및 정당화의 옳고 그름은 굳이 논하지 않겠다.[26] 결론은 과학기술의 사회적 통제 수단으로서 경쟁적 자금의 비중이 증대하는 경향이 존재한다면, 경쟁적 자금의 배분 방식 안에 부정적 자기언급을 미리 고정시켜 제도를 재설계해야 한다는 것이다. 우선 과학 · 기술 · 사회의 교류에서 구조 변혁의 목표 및 목표 달성 수단의 타당성에 대해 부정적 자기언급을 조건으로 내거는 변혁의 논리와 전략에 관한 연구를 공모한다. 동시에 부정적 자기언급을 넣지 않는다는 조건으로 똑같이 변혁의 논리와 전략에 관한 연구를 공모한다. 전자에 대해서는 부정적 자기언급을 중요시하는 복수의 심사자가, 후자에 대해서는 부정적 자기언급이 있든 없든 똑같이 보는 복수의 심사자가 독립적으로 심사한다. 그 결과 부정적 자기언급을 전제로 한 입장과 그렇지 않은 입장에서 채택한 한 쌍의 연구를 일정 기간(1-3년) 동등한 조건으로 경쟁시켜 보고, 각각의 입장에서 변혁의 논리와 전략에 대한 제언을 동시에 요구한다. 그리고 그때그때마다 한쪽의 정책 입안과 실행의 담당 주체가 한 쌍의 제언 중 한쪽을 채용하거나 채용하지 않는다.

다시 말해 경쟁적 자금의 연구 조성금 배분을 둘러싸고 여러 입장의 제언에 대해 공모와 심사를 독립적으로 행하고, 변혁의 논리와 전략의 제언이라는 동일한 성과에 대해 동등한 조건으로 실질적으로 경쟁하는 것이다. 민(民), 관(官)을 불문하고 경쟁적 자금 배분의 방식 안에 입장의 차이를 설정해 놓는 제도 설계는 거의 없다. 이렇게 설계하면 응모하는 쪽과 심사하는 쪽 사이에 미묘한 사안을 둘러싸고 날카롭게 대립하는 입장 차이를 사전에 회피할 수 있다.

나아가 이렇게 하면 어떤 입장의 심사자가 어떤 연구를 채택했는지, 각각의 입장에 근거한 제언을 담당 주체가 어떻게 채용하거나 채용하지 않았는지가 투명해질 것이고, 지(知)와 사회의 경계에 걸쳐 있는 책임의 소재를 명확하게 밝힐 수 있다. 일반적으로 이제까지는 세금으로 꾸려지는 관 부문의 자금 배분, 특히 경쟁적 자금 배분은 누가 어떤 이유로 어떤 연구를 채택하고, 그 연구가 어떤 성과를 낳았는지(낳지 않았는지) 거의 공개하지 않았다. 그 때문에 사실상 폐쇄적인 관계자 집단 안에서 제대로 된 동료의 평가 없이 의례적 평가가 이루어지고, 배분의 지속적 성장에 기여하는 가능성을 입증하기 어려웠다.[27]

게다가 이런 방식은 여러 입장의 후보 설정에 적지 않은 시사점을 던져 준다. 우선은 입장(또는 연구의 초점 또는 전제)의 차이를 미리 명시한 제도의 재설계에 의해 경쟁적 자금 배분을 구체화하고, 과학·기술·사회의 교류에서 구조 변혁이라는 목표 및 목표 달성 수단의 타당성에 대한 부정적 자기언급의 유무라는 입장의 차이를 명시한 사업을 운용해 보면 어떨까?[28]

문제는 경쟁적 자금 분배의 쟁점에만 있는 것이 아니다. 또 입장(또는 연구의 초점 또는 전제)의 차이를 이분법적으로 표현할 수 있는 것도 아니다. 나아가 제3의 입장 또는 그 이상까지 세분화해 입장을 설정하지 않으면 미묘한 사안에 관한 쟁점의 구조가 적확하게 제도에 반영되지 않을 가능성도 있다. 따라서 경쟁적 자금배분에 대한 입장(또는 연구의 초점 또는 전제) 명시형의 제도 재설계는 일반적으로 그림 5-2와 같이 표현할 수 있다.

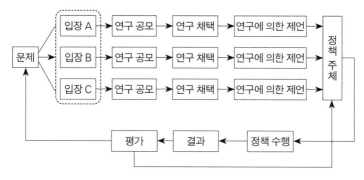

그림 5-2 입장 명시형의 제도 재설계 개념도

* 그림에서 문제에 접근하는 입장이 A, B, C 세 가지라는 것은 예시를 위한 편의적 표현이다.

그러면 이것은 기존의 구조를 전제로 한 지위향상 운동과 어떻게 구별할 수 있을까? 여기에 대해서는 기존의 학제를 거의 망라한 학회에 관한 제언이 의미가 있을 것이다. 일본에서는 기존의 학제를 거의 망라한 학회라고 해도 대부분이 일본학술회의의 인가 단체다. 일본학술회의에 등록하지 않은 단체는 학회라는 이름으로 누릴 수 있는 여러 이익(학회지를 발송할 때 우편요금 할인, 학회지에 대한 과학연구비에 의한 간행 조성금의 배분, 과학연구비 심사위원 선출 권한, 사회적 인지 등)을 누릴 수 없다. 거꾸로 말하면 일단 일본학술회의의 인가를 받고 등록하면 이익 배분에 거의 자동으로 참여하게 되는 구조다. 그래서 학회를 조직하는 것 자체가 기득권이 되고, 학회의 기득권을 유지하고 확장하는 것이 중시되는 평가 시스템이 생겨난다(지적 리더십과 조직적 리더십이 혼동되는 경향).[29] 그 결과 해당 분야의 지(知)의 전선을 거의 반영하지 않는 구태의연한 지(知)의 재생산에 돈·사람·물자·정보가 이용되는 사태가 생겨나기 쉽다.

이런 구조에서는 학회를 자칭하는 조직이 집결해 있는 모 분야에 대해 당사자(기존의 각 학회 구성원)에게 부정적 자기언급을 기대하는 것은 도저히 무리일 것이다. 일본의 모든 학회가 그렇다고 말하는 것은 아니다. 어떤 조직이든 조직을 운영하려면 인재가 필요하다. 요컨대 일종의 공공사업을 방불케 하는 구조가 존재하기 때문에 역동적 이종교배에 의해 새로운 학술 분야를 개척하고, 규모도 작고 조직화도 느슨하지만 활동성이 높은 문제 영역에 필요한 자원 분배가 적정하게 이루어지지 않는다. 그저 선례를 답습하며 조직화와 조직의 규모를 확대하는 데 뛰어난 분야에 기득권화한 자원 분배가 이루어진다. 단적으로 개발도상국형 자원 배분의 구조적 가능성이 내재해 있다.

어떻게 하면 좋을까? 제언은 두 가지다. 우선 학술 연구의 향상 발달을 꾀한다는 본래 목적에 실질적으로 도움이 되도록 현행 학회의 인가와 등록 기준을 변경하는 것이다.[30] 활동 기간, 구성원 자격, 구성원 수, 운영 상황 등에 관한 형식적 기준을 중심으로 일률적으로 심사·인가·등록하는 현행 기준으로는 역동적 이종교배에 의해 새로운 학술 분야를 개척하는 연구자들, 규모도 작고 조직화도 느슨하지만 활동성이 높은 기존 분야 돌파형의 연구자 집단이 사회적으로 인정받지 못할 가능성이 높다. 비록 그들이 학술 연구의 향상과 발달에 공헌하고 있음에도 말이다.

그러므로 기존 분야의 연구자 중심의 기존 학회와는 별도로 역동적 이종교배에 의해 새로운 학술 분야를 개척하는, 비교적 소규모에 기동적이고 활동성이 높고 고밀도인 기존 분야 돌파형 연구자 집단을 학회와 동격의 지식 생산 집단으로서 인정하고 등록시키는 제도를 창출하는 것이 바람직하다. 물론 그런 지식 생산 집단의 활동성이 건전하게 발휘되고 있다면 일부러 등록을 하지 않아도 좋을 듯하다. 그러나 역설적이게도 과학과 기술 등 전문지식을 추구하는 행위가 제도화된 지 오래되었기에 제도적 정당성을 확보하지 못한 활동은 기존 지(知)의 틈새에 묻혀 사실상 존재하지 않는 것처럼 취급받는 일이 적지 않다(원자력, 환경, 생명 등을 둘러싸고 과학·기술·사회의 경계에서 발생하는 미묘한 사안의 쟁점을 공적으로 논의하기 위해 설치한 학회, 심의회, 간담회, 위원회, 조사회 등의 구성원은 개개인 쟁점에 직접 관여한 신문지식을 갖춘 전문가라기보다는 어쨌든 제도적 정당성을 확보한 직함을 가진 누군가인 경우가 적지 않다). 그렇다면 성립기에 있는 기존 분야 돌파형의 시도는 일률적으로 겉모습의 판단(예로서 제도의 부재)이 내용적 가능성의 판단을 대신할지도 모른다. 나아가 미묘한 사안의 쟁점에 대해 전문지식에 의해 판단해야 할 부분까지 전문지식의 담당자가 아닌 사람이 판단하고, 그 결과를 많은 사람이 감수할 수밖에 없을지도 모른다.

그런 연구자 집단을 인정·등록하는 기준의 하나로서 기존의 모 분야에 대한 부정적 자기언급을 제언하고 싶다. 기존의 모 분야에 대한 부정적 자기언급이라고 해서 막무가내 식의 비판을 권장하는 것은 아니다. 목적을 위한 비판과 부정적 자기언급에 포함된 내재적 비판을 등치시켜 버린다면 겉모습을 판단해 내용적 가능성에 대한 판단을 대신하는 것이나 다를 바 없다. 기존의 모 분야에 대한 부정적 자기언급은 그 자체가 전문지식의 표현이다. 전문지식의 품질을 보증하는 모 분야에 대한 부정적 자기언급에 의해 기존 분야 돌파형 연구자 집단을 기존 학회와 병행해 인정·등록하는 제도를 재설계해야 한다. 이로써 앞에서 말한 이유로 공동화할지도 모르는 현행의 학회 인정과 등록의 행정 구조를 변화시켜 나가야 한다.

　또 하나의 제언은 학회와 기존 분야 돌파형 연구자 집단의 복선 구조로 다중화된 학회 인정과 등록의 대상에 대해 자원 분배의 기회를 똑같이 열어 주자는 것이다. 바꾸어 말하면 학회가 아니라 기존 분야 돌파형 연구자 집단으로 인정받고 등록하는 것이 사원 배분에 불리해지는 형식적 차별을 일체 폐기하고, 각각의 활동성 평가에 의해 자원을 배분하는 부명한 회로를 창출하자는 것이다. 그렇게 하면 자원 배분에 참여하기 위해 무턱대고 구성원 수를 늘리는 데 노력과 시간을 들이고 지적 생산의 활동과 성과의 질을 저하시키는 학회 인정과 등록 행정을 둘러싼 전형적인 본말전도 상태를 방지할 수 있다. 그리고 무엇보다 지적 생산의 실태에 따라 자원을 배분하는 상태에 다가갈 수 있다.

　한편 '지(知)의 실패'의 회피와 극복을 기술다중민주주의와 구별하려면, 민주주의의 빛과 그림자라는 표리일체 관계를 참여형의 합의형성 방법(예로서 합의회의) 안에서도 꿰뚫어 보아야 한다. 기술다중민주주의와의 구별을 구체화할 때 역전달의 원칙 및 좋은 비전문가의 조건이 중요한 의의를 지닌다.[31] 제언은 이렇다. 합의회의 전문가가 비전문가에게 질문에 대답하거나 설명하는 경우, 전문가의 담론을 그대로(즉 가공하지 않고) 전부 사후에 공개한다. 동일한 쟁점에 관심을 모으고, 전문 분야는 같지만 견해가 다르거나 합의회의에 참여하지 않은 광범위한 전문가에게 당시의 대답과 설명 내용이 적정하고 타당한지에 대해 평가를 받는다. 적어도 계통적이고 투명성이 높은 사후 평가가 뒤따르지 않는 합의회의가 상징하는 참여형의 합의형성 방법은 민의의 반영이라는 명분이 필요할 때 멋대로 명분을 제공하는 수단이 될 가능성을 부정할 수 없다.

실로 유감스럽게도 오늘날 계통적이고 투명성이 높은 사후 평가는 제도화되어 있지 않다. 오히려 사태는 거꾸로다. 합의회의는 '합의를 형성하려는 논의는 가치가 있다'("당신입니다. 과학기술의 미래를 정하는 것은!" "과학기술에 대한 시민 참가를 생각하는 모임" 팸플릿에 의함)고 주장하면서도, 누가 어떤 설명을 하고 어떤 발언을 했는지, 어떤 교류를 통해 보고서 작성에 이르렀는지를 확인하는 회로가 보고서 외에는 전혀 개방되어 있지 않다. 합의회의 주제인 미묘한 사안에 대해 어떤 참가자가 어떤 논의를 했는가에 따라 보고서의 내용이 크게 달라진다는 사실은 잘 알려져 있다. 회의의 비참가자(전문가든 비전문가든, 글자 그대로 일반 시민이든)가 보고서의 내용을 직접 눈으로 확인하기 위해 입수할 수 있는 자료는 상세한 정보가 누락된 형태로 가공된 축약판 보고서일 뿐이다. 이런 상황은 전문가가 정리한 보고서의 진위를 비전문가가 직접 눈으로 확인하는 상황과 별반 다를 바가 없다.

사후 평가를 통해 전문가의 대답이나 설명이 적정하고 타당하지 않을 가능성이 있다고 판단된다면, 전문 분야는 같지만 견해가 다르거나 합의회의에 참여하지 않은 광범위한 전문가가 참여하는 대항 합의회의를 실시하자고 제언하고 싶다. 동일 쟁점에 대해 서로 독립적으로 개최하는 합의회의와 대항 합의회의의 결과, 각각 따로 참가한 비전문가의 보고서 내용이 우연히 일치한다면, 그 내용은 단일한 합의회의에서 나온 결과보다 민의를 반영한 합리적 근거를 갖추고 있을 가능성이 높다.

다른 한편, 참여형 합의형성(예로서 합의회의)의 한쪽 당사자인 비전문가가 군중심리에 호소하는 민주주의의 빛과 그림자 부분을 회피하고 극복하기 위해서는 어떤 제언이 필요할까?[32] 비전문가가 인상관리를 판별하는 데 불가결한 부정적 자기언급이 누구에게나 늘 가능한 대안이 아니라는 점이 문제다. 특히 비전문가가 자명하게 여기는 일상지식에 대해 스스로 부정적 자기언급의 회로를 어떻게 확보할 수 있을까?

제언은 이렇다. 현재 비공개인 시민 패널의 교류를 사후 그대로(즉 가공하지 않고) 공개한다. 그렇게 함으로써 동일 쟁점에 관심을 모으고, 주요 이력(연령, 성별, 주거 지역, 직업 등 프로필)은 동일하지만 견해를 달리하거나 합의회의에 참여하지 않은 비전문가가 보고서의 결론이 아니라 작성 과정을 확인하게 한다. 다시 말해 인상관리가 개입함으로써 적정하고 타당한 논점이 최종적으로 보고서에서 배제되지는 않았는지에 대해 부정적 자기언급을 하게 한다.

이 제언은 전문가에 의한 계통적이고 투명한 사후 평가와 나란히 비전문가에 의한 사후 평가를 제도화하자는 것이다. 그리고 사후 평가의 결과 인상관리에 의해 적정하고 타당한 논점이 제3자의 눈에 보이지 않도록 배제되었을 가능성이 있다고 판단될 경우, 동일 쟁점에 관심을 모으고 주요 이력은 동일하지만 견해를 달리하는 합의회의의 비참가자인 비전문가들에 의해 대항 합의회의를 개최하자고 제언한다. 독립적으로 개최한 대항 합의회의의 보고서 내용이 다른 비전문가의 보고서와 우연히 일치할 경우, 그 내용은 단일 합의회의에서 나온 결과보다 민의를 반영한 합리적 근거를 강하게 갖추고 있을 것이다.

이와 같이 제도의 재설계를 둘러싸고 부정적 자기언급을 활용한 제언에서 공통적인 것은 다양한 입장을 공개하고 명시해 자원을 배분하거나 의사를 결정하려는 지향성이다. 그러면 경쟁적 자금, 학회, 합의회의 같은 과학 · 기술 · 사회를 잇는 제도의 재설계를 뛰어넘어 개별 과학기술의 사회문제에 대해 그러한 지향성을 이렇게 진새될 ㅏ 있을까? 이제 개별적인 세언을 제시하려고 한다. 문제는 과학 · 기술 · 사회의 경계에서 발생하는 사회문제의 형태에 달렸다.

4

원자력과 GMO 문제에 대한 제언

1973년 10월 8일 오후 10시 1분 질소석유화학 고이(五井)공장의 폴리프로필렌 플랜트에서 갑자기 정전이 발생했다. 작업장은 플랜트의 긴급정지 명령을 내렸다. 그런데 작업원의 실수로 밸브가 하나 열린 상태가 되었다. 게다가 그 밸브와 접속된 파이프가 떨어져 있었다. 중합기(重合器) 안에 있던 고압의 원료가 개구부에서 분출해 60미터까지 흘러나갔고 불이 붙으면서 폭발했다. 작업상은 즉사했고 실수를 저지른 작업자는 2년 동안 병원에 입원해 치료 후 법의 심판을 받았다.[33]

　작업자의 실수가 있었다고 해도 그 실수가 대형 사고로 이어지지 않도록 설계된 안전책(가림판을 세우는 것, 안전밸브의 확인 등)이 충실하게 실행되지 않았다는 것이 재판의 쟁점이었다. 이에 따라 기소 사실을 규명하는 전문가로서 검찰관은 작업자의 태만을 지적했다. 과연 맞는 말이다. 그런데 당시 나카오카 데쓰로(中岡哲郎)의 심문조사에 의해 다음과 같은 사실이 동시에 밝혀졌다. 즉 그간 중합기가 빈번하게 고장이 났고(여덟 시간마다 내부를 청소해도 막히는 사고가 일어났다), 안전책을 충실하게 실행하면 현장의 작업이 불가능했다는 것이다. 이것은 장치를 설계한 기술 전문가의 설계 책임과, 장치의 결함에도 불구하고 일상적 조업을 인정한 경영 전문가의 운전 책임을 부각시켰다. 그러나 공공의 장에서 전문가의 책임 소재를 명확히 따지는 것은 사실 매우 어렵다. 전문가의 잘잘못을 판단하는 것은 전문가이기 때문이다.

경영 전문가의 책임 가능성이 존재한다고 해도 법정에서 그것을 입증하는 절차를 제시하지 않으면 검찰관이라는 전문가에게 인정받을 수 없다. 그리고 평범한 비전문가가 그런 입증을 해내기란 사실상 거의 불가능하다. 마찬가지로 기술 전문가의 설계 책임 가능성이 존재한다고 해도 그것을 비전문가가 입증하는 것 역시 거의 불가능하다. 나카오카 데쓰로는 전문성에 대해 이의를 제기한 경우 일반적으로 '비전문가 취급'을 하는 것이 얼마나 '엄청난 위력을 발휘하는'지 그 정황을 지적한다. "'이곳이 폭발하면 어떻게 됩니까?' '그런 일은 일어나지 않아요, 아하하. 100킬로의 내압 시험을 거쳤으니까요. 집에서 쓰는 냄비처럼 생각하면 곤란해요.'…전문가 사회의 분위기에 익숙해질수록 '그런 일은 일어나지 않아요, 아하하'에 저항하는 것은 어렵다."[34]

전문지식을 습득하기 위해 장기간의 교육과 훈련 기간이 필요하다는 사실로 보면, 그것은 어떤 의미에서 자연스러운 반응이다. 그리하여 사고는 전문가의 손으로 솜씨 좋게 처리되고 사회는 원활하게 운영된다. 여기에서 책임을 추궁당한 대상은 현장에서 즉사한 작업장과 2년 동안 입원해 겨우 목숨을 건진 실수한 작업자이며, 추궁당하지 않은 대상은 장치를 설계하거나 일상적 불량 상태가 지닌 중요성을 깨닫지 못하고 운전을 시킨 사람들이다. 풍요로움을 상징하는 고도성장의 한가운데에서 나카오카 데쓰로는 이렇게 말한다. "이래서야 죽은 자가 편안히 눈을 감지 못한다."[35)

이런 사고는 우리가 과학 · 기술 · 사회의 경계에서 발생하는 예측 불가능한 사건을 파악할 때 떠올리는 가장 대중적인 선례다. 이는 전후 일본의 고도성장을 이끈 일등 산업의 하나인 화학 플랜트 사고에 국한되지 않는다. 거의 같은 시기(1974년 6월 19일)에 미국 테네시 주 갤러틴 화력발전소(단위출력 22만 5천 kW)에서 발생한 터빈 파열 사고 등 성격이 비슷한 사고가 적지 않다(이 사고는 재료에 결함이 있는 장치가 엿새 동안 일상적 불량 상태였다가 정지한 직후 가속하던 중 매분 3만 4천 회전에서 갑자기 파열했다).[36)

일반적으로 거대 장치 플랜트에서 구조적 결함이 있는 플랜트의 일상적 불량 상태를 간과함으로써 불량 상태가 한꺼번에 증폭하는 사고의 경우, 대증요법을 넘어서는 사고 처리가 이루어지지 않는 상황이 계속된다. 이 사례는 제1장에서 정리한 구조재를 둘러싼 '지(知)의 실패'를 가장 잘 보여 준다. '가장 잘 보여 주는 부분'이라고 한 까닭은 사고의 원인과 결과를 구성하는 사건이 비교적 경계가 확실한 현장에서 발생했기 때문이다. 즉 어디에서 어디까지 현장이고, 어디에서 어디까지 현장이 아닌지를 비교적 명료하게 정할 수 있다. 그런 전형적인 예가 거대 장치 플랜트에서 '쾅' 하고 발생하는 폭발 사고이니, 그런 유형의 문제를 '폭발형 문제'라고 부르기로 한다.

반면 이 책에서는 어디에서 어디까지 현장이고, 어디에서 어디까지 현장이 아닌지를 비교적 명료하게 정할 수 없는 문제도 똑같이 현대의 '지(知)의 실패'라고 말해 왔다. 과학·기술·사회의 경계에서 발생하는 미묘한 사안에 관한 쟁점이라고 서술한 문제군이 그것이다. 이들 쟁점의 특징은 문제의 원인과 결과가 미치는 시간적·공간적 규모가 '폭발형 문제'에 비해 엄청나게 크다(시간적으로는 몇 세대, 공간적으로는 글자 그대로 지구환경 전체에 미치는 경우도 적지 않다). 그 때문에 더욱 본질적인 불확실성을 안고 있다. 그런 유형의 문제는 일정 시점에 문제의 심각성을 단정하기가 곤란하고, 과학·기술·사회 계의 어느 부분도 현장이 될 가능성이 존재한다. 그런 뜻에서 여기에서는 이를 '점진형 문제'라고 부르기로 한다. '지(知)의 실패'를 회피하고 극복하기 위해 이제까지 얻은 다양한 지식(역전달의 원칙, 개방형 지침, 상호풍부화와 상호불모화의 판별, 좋은 비전문가의 조건 등)은 폭발형 문제와 점진형 문제에 똑같이 적용된다. 하지만 개별적인 제언을 구체화하려면 문제의 형태에 따라 제언하는 것이 바람직하다.

여기에서는 본질적인 불확실성을 내포한 현대의 '지(知)의 실패'를 상징하는 점진형 문제, 특히 원자력과 GMO 문제에 대해 제언하고 싶다. 점진형 문제에 공통적인 큰 특징 중 하나는 강한 불확실성 때문에 문제의 전체상을 꿰뚫어 보는 것이 매우 어려운데도 기성사실이 선행한다는 점이다. 발전용 원자로는 에너지 문제나 지구환경 문제를 해결하는 데 공헌한다(예로서 발전 단가에서 차지하는 연료비용이 재래 화력보다 적기 때문에 더 안정적인 에너지 공급원인 발전용 원자로 1기는 재래 화력보다 탄산(炭酸)가스 배출을 0.5퍼센트 줄여 준다). 반면 그것은 종합적인 안전성, 특히 늘어나는 플루토늄의 처분에 대해 확정적인 방책을 찾지 못한 채 이미 일본 소비 전력 수요의 30퍼센트 이상을 담당하고 있다. GMO는 식량 문제나 인구 문제 해결에 공헌한다. 반면 그것은 종합적인 안전성, 특히 생태계에 미치는 영향을 둘러싸고 확정적인 확인 및 검증 절차를 찾아내지 못한 채 수입에 의존하는 일본의 식품(식용유, 간장 등), 종자, 사료, 비료 등의 형태로 이미 시장에 나돌고 있다.

이런 상태는 기성사실을 변경하기 위한 총 비용이 방대하기 때문에(기회비용까지 포함한 총 비용은 정확하게 계산하는 것이 불가능하다) 기성사실의 전면적 변경을 회피하는 방향으로 기득권을 발생시키고, 불확실성에 대처하기 위한 정책의 선택지를 미리 일정한 범위로 한정시키는 경향을 띤다. 발전용 원자로든 GMO든 종합적인 안전성을 확보하려면 반드시 적어도 몇 세대에 걸친 시간이 경과해야 한다. 따라서 일정 시점에 맞추어 실험·관찰·측정 같은 과학적 방법으로 확정된 판단을 내리기는 곤란하다. 그럼에도 특정 쟁점을 둘러싼 정책적 판단이 부단히 요구된다(예로서 핵연료 사이클이 막혀 있는데도 고차원 폐기물 처분 방식을 판단하는 기준이나 처분지의 선정 등 개별 과제의 기준이 요구되기도 하고, 유전정보 차원의 기능 특허를 인가하는 상품화 전략의 옳고 그름을 확정하지 못했는데도 분별 표시의 기준이 요구된다).

한마디로 발전용 원자로든 GMO든 판단의 재료가 미리 충분하게 주어진 상태에서 판단한다는 정공법으로 논의하면 거의 수습하기가 불가능하다. 그렇기 때문에 기성사실의 부분만을 전제로 삼은 기술적 판단에 갇혀 버리기 쉽다(문제점을 기술적 형태로 한정하는 것은 미묘한 사안에 관한 쟁점을 둘러싼 논의를 수습하는 첫걸음인 경우가 많다).[37] 그 결과 정책을 입안하는 관료도, 최대한 이해 관심을 갖고 정책을 지켜보는 기업 담당자도, 정책의 심의회에 불려나간 학자도, 정책을 비판하는 저널리스트도, 미묘한 사안에 관한 쟁점의 중요한 지점에 대해 그 판단과 근거를 유보한 채 궁색한 정책 논의를 펼칠 수밖에 없다. 그러나 가장 궁색한 처지에 내몰리는 대상은 따로 있다. 즉 그런 사안인 줄 모른 채 문제의 전체상이라고 제시한 궁색한 정책 논의만 보고 의견을 표명하거나 태도를 결정해야 하는 시민이라는 이름의 일반인들이다.

문제는 궁색한 처지에 머무르지 않는다. 무엇보다 문제인 것은 기성사실을 토대로 한 기술적 판단에 갇혀 버린 궁색한 정책 논의가 초래한 정책의 선택지만으로는 점진형 문제에 내포된 강한 불확실성에 의해 정책이 잘못될 가능성이 높다는 점이다. 그렇게 되면 무엇을 위한 정책인지 불분명해지고 본말이 전도된다. 그때 미묘한 사안에 관한 쟁점을 둘러싼 논의를 수습하는 일이 미묘한 사안에 내포된 강한 불확실성에 대비할 여지를 도리어 좁혀 버린다. 강한 불확실성에 대비하려면 무엇을 알고 무엇을 모르는지에 대해 최대한 정확한 정보가 꼭 필요하다. 또 어떤 입장이나 전제 아래 어떤 정책이 나오는지, 선택지에 대해 최대한 다양한 정보가 필수다.

이에 대해서는 이렇게 제언하고 싶다. 미묘한 사안에 관한 과학기술의 사회문제, 특히 원자력이나 GMO 같은 점진형 문제에 대해서는 특정 쟁점을 둘러싼 과학적 증거가 존재하는(하지 않는) 범위, 여러 입장이나 전제 및 정책의 선택지에 대해 될수록 정확하고 다양한 정보를 망라해 한군데에 모으고 계통적으로 보전·정리·분류·갱신함으로써 만인에게 제공하는 '세밀기록관리기관'의 설치를 요구한다. 나아가 이과와 문과의 적당한 부분에서 전문지식으로 훈련받은 세밀기록물관리사가 기존의 지(知, 예로서 도서관정보학 등)의 형식적 정보 지원 서비스를 뛰어넘는 공적이고 실질적인 정보 활용 서비스를 제공해야 한다고 요구한다.

이것은 실행하는 데 대단한 자원이 필요하지 않을 뿐 아니라 모든 사람이 큰 의의를 기대할 수 있는 제안이다. 여기에는 미묘한 사안에 관한 사회문제를 위해 정부가 새롭게 위원회를 만드는 불필요한 이중작업을 할 필요가 없다. 제2장에서 지적했듯 과학·기술·사회의 경계에서 현실적으로 예측 불가능한 사건이 발생한 경우 심의회, 간담회, 위원회, 조사회, 연구회 등 여러 자리를 만들어 관·산·학·민 각 부문의 참여자가 의견을 나누는 것이 통례였다. 이에 비해 일정 정도 이상의 권한을 갖춘 공적 자문의 징(예로서 조사회 이상 등)에서 펼쳐지는 논의를 그대로 정확하게 재현하고 분류해 기록보관소에 보관하고 공개하는 것만으로도 충분히 의미가 있다. 다만 제3자가 미묘한 사안에 관해 누가 발언했는지 모르게 하는(즉 책임 소재를 불명료하게 해 버리는) 방식으로 논의하지 않기 위해 당연히 발언자의 이름과 직함을 전부 공개해야 한다(현행은 부분적으로 공개하거나 요약만 공개하는 경우가 많다).

세밀기록관리기관의 설치 형태는 공정성 및 중립성을 유지하기 위해 관·산·학·민의 어느 부문에도 직접 속하지 않는 제3

자 기관이 바람직하다(예를 들어 일본학술회의를 제3자 기관으로 삼아 재편성하고, 세밀기록관리기관을 운영하게 하는 것도 충분히 실행 가능하다고 본다). 그리고 모든 간행물을 국립국회도서관에 납본하도록 의무화해 적어도 공적 자문의 장에서 있었던 모든 발언록과 당일 배부한 자료가 빠짐없이 정확하게 재현·분류·보관·공개되도록 법률로 정하는 것이 바람직하다. 그리고 나서 세밀기록관리기관과 관·산·학·민의 부문에 속하는 임의의 조직·단체·집단과 공동 주최로 공개 세밀기록물을 토대로 논의하고 제언하는 심포지엄, 워크숍, 패널 토론회, 연구회(예로서 비전문가를 포함한 다양한 사람들이 회피하고 싶은, 모든 사람과 관련된 리스크 목록을 작성하는 패널) 등을 적절하게 기획하고 실행하기를 희망한다(그 결과는 다시 한 번 세밀기록관리기관에 의해 재현·분류·보관·공개하고 만인의 평가를 받는다).

미묘한 사안의 쟁점에 관한 개방적인 정보 집적소는 이른바 고속도로와 똑같은 공공재(公共財)에 속한다. 그러한 공공재가 존재하지 않는 곳에서 이해관계가 다른 시민에게 시의적절한 합의를 요구하는 것은 마치 경주 자동차로 일반도로를 달리라는 것과 같다. 그런 상태라면 목적지에 도착하는 과정에서 수습하기 곤란한 혼란(또는 문제의 유보)이 발생하는 것은 필연적이나.

당사자인 시민의 의견을 구하고자 한다면, 모든 사람이 미묘한 사안에 관한 문제의 지평을 공유할 수 있도록 공공재로서 정보 집적소를 제공하는 것이 의견을 구하는 쪽의 예의일 것이다. 그런 준비가 없다면 정책을 입안하고 실행하는 주체가 스스로 의사를 결정한 다음, 그 결과를 만인에게 공개하고 모든 책임을 지는 것이 도리일 것이다.

이제까지 서술한 것을 정리해 얻은 결론을 다음 네 가지로 집약할 수 있다.

①'지(知)의 실패'를 회피하고 극복하는 행위는 유토피아로 흘러갈지도 모르는 변혁의 장대한 청사진 제시를 절제하고, 보통 사람의 상상력에 호소해 무엇을 위한 변혁인지 분명하게 밝히고 변혁이 가능한 전략과 논리를 제시해야 한다. 나아가 그것은 기존의 구조를 전제로 한 지위향상 운동이 아니라 대안 가능성을 모색하는 비판자라는 지위를 확립하는 측면을 지닌다(이상 두 가지 점에 의해 기술관료주의와 선을 긋는다). 다른 한편, 민의를 반영하기 위한 민주적인 의사결정과 참여형의 합의형성 방법을 동일시하는 데 신중해야 한다. 그런 동일시에는 민의를 반영한다는 명분의 대중조작을 통해 이익을 유도할 가능성도 적지 않다고 보기 때문

이다(그럴 가능성을 자각적으로 회피하려고 하는 점에서 기술다중민주주의와 선을 긋는다).

②보통 사람의 상상력에 호소해 무엇을 위한 변혁인지를 밝히고 변혁이 가능한 전략과 논리를 구체화하기 위해 경쟁적인 자금 분배에 대해 입장명시형 제도를 재설계하라고 제언한다. 다시 말해 미묘한 사안에 관한 쟁점을 둘러싸고 경합하는 연구의 입장과 전제를 명시해 독립적으로 공모와 심사를 시행한다. 또 변혁의 논의와 전략에 대해 제언한다는 동일한 성과를 위해 동등한 조건으로 실질적으로 경쟁하고, 각 제언의 결과가 어떻게 다루어지는지도 공개한다. 즉 연구의 초점이 되는 입장과 전제의 차이를 미리 자금 배분의 과정에 집어넣자는 제언이다.

③기존 구조를 전제로 한 지위향상 운동이 아니라 대안의 가능성을 모색하는 비판의 모습을 구체화하기 위해 학회의 인정과 등록을 다원화한다. 또 다양한 지식 생산 집단에 자원을 분배할 때 형식적 기준에 의한 일체의 차별을 철폐하고, 지식 생산 활동과 성과의 질에 의해서만 자원을 분배할 것을 제언한다. 특히 형식적 기준을 채우는 데는 열심이지만 실질적으로는 공동화하는 기존 학회의 그늘에 가려져 있으면서, 모 분이에 내린 부성식 사기업급에 의해 학술의 새로운 전선을 실질적으로 개척하는 기존 분야 돌파형의 연구자 집단이 자원 배분의 대상에서 배제되지 않도록 하는 것이 중요하다.

④민주주의의 빛과 그림자라는 표리일체 관계를 참여형의 합의형성 방법 안에서도 꿰뚫어 보는 관점을 구체화하기 위해 참여형의 합의형성 방법(예로서 합의회의)의 과정과 결과에 대한 전문

가 및 비전문가의 계통적이고 투명한 사후평가를 각각 독립적으로 제도화할 것을 제언한다. 그리고 하나의 쟁점에 관심을 모으고, 전문 분야는 같지만 견해를 달리하는 합의회의의 비참가자인 비전문가들이 개최하는 대항 합의회의를 제언한다. 나아가 미묘한 사안에 관한 과학기술의 사회문제, 특히 점진형의 문제에 대해 정보를 개방하는 세밀기록관리기관의 설치를 제언한다.

이 책에서 얻은 '지(知)의 실패'를 회피하고 극복하는 지식(역전달의 원칙, 개방형 지침, 상호풍부화와 상호불모화를 판별하는 부정적 자기언급의 원칙, 좋은 비전문가의 조건 등)에서 나오는 제언은 이뿐만이 아니다. 관청, 대기업의 연구개발 부문, 벤처 기업, 대학, 박물관, 연구소, 싱크탱크, 출판사, 방송국, 신문사, 국제기관, NGO, NPO 등 다양한 지식 생산의 개별 현장에서 개별적인 제언과 이것들을 가로지르는 과학 · 기술 · 사회 계 전체의 구조 변혁에 관한 제언이 나오기를 기대한다. 앞에서 말했듯 현실의 사회 상태와 동떨어질 만큼 유토피아적이지도 않고, 그렇다고 변혁의 방향성을 보여 주지 못할 만큼 상상력이 작동하지 않는 중간 차원의 지침으로서 이 책은 '지(知)의 실패'의 회피와 극복을 말했다. 이런 지침을 개별 상황에 적용하고 일반화하는 것은 충분히 실현 가능한 이후의 과제일 것이다.

여기에서는 이후 과제의 바탕이 되는 이 책의 결론이 결국 어떤 입장인가를 더 적극적으로 서술하고자 한다. 이 책의 전체를 돌이켜 보면 서로 대립하는 양극단 입장을 발판으로 논의를 전개했다. 대립하는 양극의 입장이란 과학기술 선용론-악용론, 천재와 인재, 문제 규정자와 당사자, 전문가와 비전문가, 과학기술결정론과 사회결정론, 신기술의 빛과 그림자, 상호풍부화와 상호불모화, 기술관료주의와 기술다중민주주의 등을 말한다. 처음부터 이 책에서 언급한 지(知)는 날카롭게 대립하는 문과와 이과의 대극적 입장을 포섭한다.

이 책의 결론은 양극단의 어느 입장으로 귀착하지 않고 어느 입장에도 똑같이 거리를 두고 있다. 이른바 데칼코마니라고 할 입장에 서 있다. 양극단의 입장을 절충하기 위해서도 아니고, 제3의 입장을 제시하기 위해서도 아니다. 이분법적으로 입장을 설정하면 순식간에 보이지 않게 되는 문제가 존재한다. 그러한 문제는 오랫동안 지(知)와 사회의 경계에 파묻혀 누구의 눈에도 보이지 않는 맹점이 됐고, 그런 문제를 제대로 인지하고 대증요법의 반복을 통해 해결하려고 하는 것이 현재의 과학·기술·사회 계 자체의 존속을 좌우하는 열쇠라는 점을 명백하게 말하기 위해서다.

어떤 일에도 양면이 있다. 하나의 측면에 초점을 맞추면 다른 측면은 보이지 않는다는 일반론을 주장하려는 것이 아니다. 이 책의 입장은 그런 문제가 과학·기술·사회 계에 존재하는 이상 어떤 입장을 취하든 그러한 맹점이 불가피하게 생겨난다는 주장이다. 결국 이 책의 키워드인 '지(知)의 실패'는 그런 맹점이 구조재가 되어 발현하기까지의 모든 과정을 가리킨다. 단순화를 위해 2장에서 정리한 것처럼, 과학·기술·사회 계를 과학기술 복합체와 사회로 이루어진 계로 생각하고 그런 계가 위치하는 공간에 우리가 존재하며 계를 관찰하고 있다고 한다면, 어떤 입장에 대해서든 불가피하게 맹점이 나온다고 주장했다. 그것은 과학기술이 문제를 해결함과 동시에 생산하는 것이고, 과학·기술·사회 계가 사회와 나선으로 결합된 구조를 갖고 있다고 주장하는 것이다.

이와 같이 이 책의 입장을 모델화해 나타내면 결국 과학·기술·사회 계의 성공(문제 해결)과 실패(문제 생산)에는 경계가 존재하지 않고, 양자가 연속으로 이어져 있다. 군이 성공이냐 실패냐를 정의한다면, 어느 순간의 성공 또는 실패에 대한 경향이라고 정의할 수밖에 없다. 이 책에서 군이 '지(知)의 실패'라고 명명한·것은 다음과 같은 이유 때문이다. 과학·기술·사회 계의 맹점이 초래하는 구조재에 관한 문제는 전체 구조를 갖는다. 그런데도 문과든 이과든 어떤 지(知)의 분야도 이것을 직시하지 않았고, 아직까지 모 분야의 국소적인 최적 해답을 전체의 최적 해답인 것처럼 위장하려고 애쓰는 것처럼 보이기 때문이다. 즉 대증요법을 거듭하면 언젠가 문제가 해결될 것 같은 환상을 계속 생산함으로써 문제의 전체 구조를 도리어 가려 버리고, 지(知)와 사회의 구조를 바꾸기 위한 제언이나 노력의 부재를 늘 방치하고 있는 것이다.

지(知)의 세계에서는 현실에 대한 여러 시뮬레이션이 가능하다. 따라서 현실 세계의 실패보다 지(知)의 세계의 실패가 훨씬 낫다. '지(知)의 실패'를 통해 현실 세계의 실패를 회피하기 위한 다양한 정보를 얻을 수 있기 때문이다. 현실에서 예측 불가능한 실패를 경험했다고 해도 인간과 사회는 그 실패로부터 많은 것을 배울 수 있다. 학습의 결과 다른 궤도를 택할 수 있다. 지(知)의 세계에도 현실 세계에도 가능성은 아주 풍부하다.

지(知)의 세계이든 현실 세계이든 실패에도 여러 종류가 있다. 대개의 실패는 회복 가능하지만, 드물게는 계속 악영향을 미치는 실패도 존재한다. 지(知)의 세계에서는 실패를 깨닫지 못하는(또는 깨닫지 못하는 척하는) 실패가 이에 해당한다. 현실 세계에서는 실패가 계기가 되어 어느 방향으로 현상이 옮겨 가기 시작해 멈출 수 없는 비가역적 현상을 유발하는 치명적인 실패가 이에 해당한다. 여기에서 '지(知)의 실패'가 가리키는 바는 후자의 의미에서 현실 세계의 실패를 목격할 가능성과 전자의 의미에서 지(知)의 세계의 실패를 저지를 가능성이다. 이 가능성이 실현될 경우 우리는 학습의 기회를 잃어버린 채 치명적 실패로 향할 것이다.

　인간과 동물을 구별하는 것은 눈앞에 보이는 세계에 따라 그 세계가 지금 보이는 모습과 다른 모습일 수 있다는 것을 생각하는 힘이다. 인간은 세계를 대할 때 눈앞에 보이는 세계가 전부가 아니라는 것을 아는 힘을 갖고 있다. 현실 세계에서 찾아낸 문제가 심각하면 심각할수록 지(知)의 세계에서는 생각하는 힘의 여유가 필요하다. 만약 지(知)의 세계의 어디에도 힘의 여유가 존재하지 않는다면, 우리는 축 늘어진 용수철처럼 가소성을 잃고 눈앞에 보이는 실제 세계에 따라 그 세계가 지금 보이는 모습과 다른 모습일 가능성을 생각해 낼 힘을 잃는다. 학습의 기회를 잃은 채 치명적 실패를 향해 가는 것은 그런 경우다.

　그런 경우가 구체적으로 어떤 경우인지 누구도 사전에는 대답할 수 없다. 학습의 기회를 잃은 채 치명적 실패로 향해 가는 상태, 지(知)의 세계에 힘의 여유가 존재하지 않는 상태에서는 우리가 어디쯤 와 있는지 모르기 때문이다. 극단적인 예를 든다면 정책 연구의 대명사가 과학·기술·사회 계 전체의 통치에 직접 관여하는 관 부문의 시책[주어진 조건 아래 최선의 방책이든 실정(失政)이든] 을 정당화하는 논리나 데이터를 찾아내는 일이라면, 그것은 지(知)의 세계에 여유가 없는 상태에 가깝다. 그런 의미의 정책 연구를 생산하고 재생산하는 일에만 지(知)의 세계를 위한 사람·물건·돈·정보 등의 자원을 투하한다면, 과학·기술·사회 계의 통치에 관여하는 사람들의 자기평가가 최고에 달하더라도 계 전체가 자멸하는 것은 아마도 시간문제일 것이다.

과학기술의 현장과 가까이 살아가는 사람도 있고, 평생 과학기술과는 인연이 없는 삶을 살아가는 사람도 있다. 과학기술에 (프로 과학자나 기술자로서, 또는 호사가로서) 적잖이 흥미를 보이는 사람도 있고, 가능하다면 과학기술에 관한 이야기는 의무교육 과정의 이과 과목으로 끝내고 싶은 사람도 있다. 그러나 '지(知)의 실패'는 모든 사람이 만들어 낸 상태다. 또 그 영향은 만인에게 미친다. '지(知)의 실패'는 과학기술 고유의 문제가 아니다. 모든 사람이 속한 과학·기술·사회 계의 문제다. 그것을 회피하고 극복하기 위해서는 계 전체가 나서서 과학·기술·사회의 경계에서 발생하는 예측 불가능한 사건 가운데 무엇을 기존의 지(知)로 삼고 무엇을 미지의 지(知)로 삼을까에 대해 다시 점검하는 것이 필요하다. 그러한 지(知)의 재산 목록을 재점검해야만 비로소 미묘한 사안에 관한 과학기술의 사회문제를 둘러싸고 각자가 무엇을 옳다고 할지에 대해 현실적인 발판을 얻을 수 있다.

그렇기 때문에 '지(知)의 실패'를 회피하고 극복하기 위해 이 책에서 제시한 다양한 지식과 의견은 모두 방법론적 불가지론과 연관시켜 이해하는 것이 바람직하다. 일단은 불가지론이라는 방법론적 태도에 입각해 문제 상황에 접근하는 태도를 견지함으로써 위력을 발휘하리라고 생각한다. 일상의 잡다함은 편법으로 결정론적으로 처리하면서 일상의 행위에 중대한 영향을 미칠지도 모르는 불가지의 영역으로 한 발 들어가고자 하는 작은 도전과 대면함으로써 그것은 위력을 발휘할 것이다.

이 책은 1998년 9월부터 1999년 10월까지 13개월 동안 영국에서 연구하는 동안 착상을 얻었다. 그 기간에 과학기술과 사회의 관계에 대해 가능하면 넓은 시야로 고찰하기 위해 영국에서 열한 곳, 프랑스에서 두 곳의 연구기관을 방문했고, 그중 몇 군데에서는 상연과 세미나를 열었다. 그렇게 공적·사적으로 다양한 경험을 축적했고, 이 책의 핵심은 그때 생각한 것이다.

　생각이 있다고 그대로 작품이 되지는 않는다. 무형의 무언가에 명료한 형태[지(知)의 실패]를 부여하고 하나의 작품으로 엮기 위해 재능이 없는 나는 끝이 나지 않는 퇴고에 시달려야 했다. 퇴고 작업은 신음 소리가 났지만 책의 골격은 의외로 수월하게 정해졌다. 아마도 13개월 동안 이국에서 숙고할 수 있는 환경을 만난 덕분에 나도 모르는 사이에 구상이 숙성되었을 것이다. 그런 뜻에서 시간이 천천히 흘러가는 듯한 영국의 풍토가 이 책을 낳은 부모일지도 모른다. 영국에 있는 동안은 이 책의 내용에 직접 관련된 일을 하지 않았기 때문에 일본에 돌아와서 책을 쓰기 시작했다. 그 시기 전후로 발표한 논문을 일부 활용했는데 상당한 수정을 거쳐 원본과 달라졌지만, 첫 게재 지면을 밝혀 놓는다. 나머지 약 5분의 4에 해당하는 부분은 새로 집필했다.

* 〈연구활동의 사회적 의의〉, 《고등교육연구기요》 제16호, 1999년, pp. 1-14.
* 〈문화로서의 근대 기술: STS 상호작용 모델 시점〉, 가토히사타케(加藤尚武)·마쓰야마 주이치(松山壽一) 편저, 《과학기술의 행방》, 전환기의 필로소피 제3권, 미네르바쇼보, 1999년, pp. 163-184.
* 〈사회 안의 지의 역할〉, 《과학》 제71권 제10호, 2001년, pp. 1320-1327.
* 〈지의 상호 풍부화와 상호 불모화〉, 《사상》 제931호, 2001년 11월, pp. 79-100.

일본에 돌아와 뜻하지 않게 이 책의 구상 일부를 이야기할 기회가 있었기에 내용을 개선할 수 있었다. 그것들은 통상산업성 원자력사회과학에 대한 검토회, 문부과학연구비 기초연구B '현대의 사회철학연구'[대표자 다카헤이 히데토모(高弊秀知)] 연구회, 일본 기계학회 기술과 사회 부문 에너지와 사회동태(動態) 연구회 예회, 합동심포지엄 '전환기의 필로소피와 시대의 행방', 문부과학성 과학연구비 창성적(創成的) 기초연구비 '과학과 사회 타당성 조사'[대표자 나가쿠라 사부로(長倉三郎)] 연구회, 총합연구대학원 대학공동연구회, 총합연구개발기구 전략적 연구 테마에 관한 연구회, 사회·경제시스템학회 제20회 기념대회 기획분과회 등이다. 각 기회마다 유익한 지적을 보태 주신 분들께 감사드린다.

　데이터를 수집하고 정리하는 과정에 오타이 다쿠시(大谷卓史, 도쿄 대학), 다테이시 유지(立石裕二, 도쿄 대학), 신보 이쓰키(新保齋, 이과학연구회)에게 도움을 받았다. 깊이 감사드린다. 이 책의 내용에 잘못이 있다면 그 책임은 온전히 필자인 나의 몫이다. 13개월 동안 외국에서 연구할 수 있도록 도와준 직장 동료와 형제들, 이 책의 완성까지 무형유형의 도움을 준 여러분께 감사드린다. 또한 내 세미나와 강의, 여러 논의와 조사에서 신선한 자극을 느끼게 해준 학부생, 대학원생 모두에게 감사의 뜻을 전하고 싶다. 이와나미서점의 기시모토 도시오(岸本登志雄)는 이 책을 읽기 쉽도록 글을 고치는 데 수고를 아끼지 않았다. 마지막으로 이 책의 내용에는 2001년 문부과학성 과학연구비 보조금 맹아적 연구 '과학기술 정책과 시민참가의 관계 연구'의 성과가 포함되어 있다는 것을 밝혀 둔다.

제1장 사고는 왜 없어지지 않을까

1) V. H. H. Green, *The Universities*(Penguin, 1969), 安原義仁 · 成定薰 역,《영국의 대학: 그 역사와 생태》(法政大學出版局, 1994), 10-11항, 326-328항.

2) 中村隆英 · 宮崎正康 편,《사료 · 태평양전쟁 피해조사보고》(東京大學出版會, 1995), 144 145항, 381항.

3) 1945년 9월 10일자《아사히신문》에〈문화 일본의 건설: 과학적 사고력을 배양〉으로 재수록됨.

4) 원자력안전위원회 미국 원자력발전소 사고조사특별위원회, 〈미국 원자력발전소 사고조사보고서(제3차)〉(1981), 27항.

5) *Ibid.*, 35항.

6) 일반적으로 기술사회학에서 '이종 기술'(heterogeneous engineering)론이 다루는 것은 이러한 특성을 갖는 계통이다. 예를 들면 J. Law, "The Olympus 320 engine:

A case study in design, development, and organizational control", *Technology and Culture*, Vol. 33, No. 3(1992), pp. 409-440 등을 참조하라.

7) 국제연구회구장문서 소장. 한자는 모두 상용한자 표기로 고쳤다(이하 동일).
여전히 기술원과 관계있는 사적을 알기 위해서는 이 문서와 함께 井上匡四郎(기술원 총재)의 옛 서고 문서와 宮本武之輔(기획원 차장)의 일기 등의 근거가 있다[이런 예의 근거를 이용한 선행 연구에는 山崎正勝, 〈우리나라에서의 제2차 대전 시기 과학기술원: 井上匡四郎 문서에 기초한 기술원의 전개 과정〉, 《도쿄 공업대학 인문 논집》 제20호, 1995, 171-182항; 大淀昇一, 《宮本武之輔과 과학기술 행정》(도카이대학출판회, 1989) 등이 있다].

8) 국책연구회 옛 서고 문서 소장.

9) 원문은 한자 가타가나이지만 한자 히라가나로 고쳤다.

10) 鎌谷親善, 〈제1차 세계대전과 공업 기술의 진흥책〉, 《화학사 연구》 제15호(1981), 13-38항 등을 참조하라.

11) 일본과학사학회 편, 《일본 과학기술사 대계5》(第一法規出版, 1964), 235항 수록.

12) *Ibid.*, 416-417항 수록.

13) 《포춘》지는 "민주적 세력에 도움을 받은 과학자들은 분노했고, 메이존슨 법안(원자력에너지 이용 법안)을 분쇄했다. 그리고 배너바 부시의 입김이 닿은 사람들도 같은 운명을 맞았다"라고 언급한다. "The great science debate", *Fortune*, June(1946).

14) V. Bush, "Science pauses", *Fortune*, May(1965). 이와 관련해 20년 전 제2차 세계대전 말기에 루스벨트 대통령에게 자문해 준 서간 기록은 완전히 같은 어조로 다음과 같이 끝맺고 있다. "개척자 정신은 지금 여전히 이 나라에 흘러넘치고 있습니다. 과학은 임무 달성의 수단이 있는 개척자에게 미답의 땅을 제공하고 있습니다. 국가로서도 개인으로서도 과학이라는 미답의 땅을 개척하는 데에 막대한 보답이 있습니다. 과학의 진보는 국가의 안전보다, 건강보다, 많은 일자리보다 높은 생활수준과 문화의 진보를 달성하는 본질적 열쇠 중 하나입니다. 그럼 이만. 배너바 부시"(1945년 7월 25일 자). Science: The Endless Frontier, A Report to the President by Vannevar Bush, Director of the Office of Scientific

Research and Development, July 1945(US Government Printing Office, 1945)에 첨부된 송달문서에 의한다. 이처럼 모든 것을 눈앞의 기초연구에서 시작한다는 방식이, 그가 목격할 수 없었던 포스트냉전기의 미국 과학기술 정책에 나타날 것인지 여부는 매우 흥미 깊은 의문이지만, 전쟁과 평화의 시기를 가리지 않는 부시의 삶을 상징한다. 과학기술을 회사 측의 특정 목표를 달성하기 위한 수단으로 자리매김시키고, 철두철미한 목표 달성도를 기준으로 과학기술을 평가하고, 회사 측 특정 목표의 효율적 달성을 도모한다는 사고회로와 행동회로에 관계하는 한, 이러한 사고회로 및 행동회로는 포스트냉전기에 강해지면 강해졌지 약해지는 일은 없다. 덧붙여 전술한 문제를 연구 · 개발하는 데 있어 여러 선형모델의 귀추 문제와 등치해 생각하면, 의미가 다른 설문을 같은 예로 생각할 수 있다는 점에서 지나치게 단순하다. 여러 가지 선형모델의 최초 표현에 대해서는 W. J. Price · L. W. Bass, "Scientific research and the innovative process", *Science*, Vol. 164, 16 May(1969), pp. 802-806를 참조하라.

15) 국책연구회, 《대동아공영권 기술체제론》(日本評論社, 1945), 109-114항. 판권의 발행일은 1945년 1월 10일이지만 서문의 날짜는 1943년 6월로 기재되어 있다(아마 간행이 늦어진 듯하다). 서문에 의하면 이 책은 대동아문제조사회 제5분과 연구회로 설치된 공영권 과학기술체제연구회의 연구 성과다. 끝부분의 연구회 경과에 의하면, 제1회 총회는 1934년 10월 26일에 개최되었다.

16) 中村靜治, 《기술론 논쟁사(上)》(靑木書店, 1975), III장.

17) 예를 들어, 당시 이화학연구소 소장 大河內正敏의 주선으로 1937년 9월에 창간된 《과학주의 공업》에 기고한 사람의 기고 내용은 이 점에 대한 증거를 풍부하게 제공한다. 게다가 전쟁 전과 후의 연속면과 불연속면을 고찰하기에는 언설 차원의 이러한 '전향'(轉向)과는 독립적으로, 대동아공영권 과학기술 체제에 의해 형성된 사회적 네트워크가 전후의 부흥과 성장에 이른바 눈에 띄지 않는 스핀오프 효과를 미쳤다는 차원을 별도로 신중하게 조사해 볼 필요가 있다. 이 점에 대해서는 M. Matsumoto, "Military research and its conversion: Naval radar development", in S. Nakayama (ed.), *A Social History of Science and Technology in Contemporary*

Japan(Trans Pacific Press, 2001), pp. 133-145를 참조하라.

18) J. D. Bernal, *The Social Function of Science*(George Routledge & Sons, 1939)
坂田昌一·星野芳郎·龍岡誠 역,《과학의 사회적 기능》(勁草書房, 1981). 버넬의 공적에
대해서는 M. Goldsmith, *Sage: A Life of J. D. Bernal*(Hutchinson & Co., 1980),
山岐正勝·奥山修平 역,《버넬의 생애》(大月書店, 1985) 등을 참조하라. 그리고 '과학의
휴머니스트'의 공적에 대해서는 G. Werskey, *The Visible College*(Allen Lane, 1978)을
참조하라.

19) 버넬, *op. cit.*, 특히 제15장 '과학과 사회 변혁', 제16장 '과학의 사회적 기능'에
의함.

20) *Impact of Science on Society*, Vol. 1(1950), Les effects de la science sur la
société, p. 1, 5.

21) 덧붙여, 17조 엔이라는 자금 투하로 인해 국가 정책에 어떤 효과가 있었는가
하는 정책 평가와 그 결과에 대한 설명의 책임이 실행되었다는 이야기는 일반
시민인 납세자에게 전해지지 않는다. 이 같은 상황에서 24조 엔의 중점적 자금
투하가 결정된 것은 어떻게 보아도 명확하지 않다.

22) http://www.sta.go.jp/shimon/cst/kihon000324.html(2000년 8월 9일)에 따름.

23)《과학의 동향》제5권, 제7호(2000), 52-57항.

24) 사회이론에서 이 점에 관한 고전적 실마리는 예를 들어, 사회과학 기초론에
몰두하는 알프레드 슈츠의 논의가 생활세계론의 문맥에서 "과학이…생활 세계에
포섭된다"고 기술하면서 사회과학 방법론의 문맥에서는 "사회과학의 개념은 소위
2차 구성물이다"라고 미묘한 차이를 껴안고 있는 것에서 간파할 수 있다. A. Schutz,
"Concept and theory formation in the social sciences", in *Collected Papers,
Vol. 1: The Problem of Social Reality*(Martinus Nijhoff, 1962), pp. 48-66; idem, "The
World of Scientific theory", *Ibid.*, pp. 245-259를 참조하라. 현대적인 실마리는
매우 복잡하게 걸쳐 있지만 억지로 일례를 들자면 무언가에 대해 가장 빨리 무슨
일인가를 구축해 보급해 버리면 나중에는 명령한 대로 한다는 마음가짐을 가지며,
그것은 소위 문명의 장을 연 야만이라는 계속적 비판 속에서 찾을 수 있다. 예를

들어, S. Woolgar, "Ontological Gerrymandering: The anatomy of social problems explanations", *Social Problems*, Vol. 32, No. 3(1985), pp. 214-227; I. Hacking, *The Social Construction of What?*(Harvard University Press, 1999) 등을 참조하라.

25) 덧붙여, 종래의 조직론에 비춰 보면 사고의 원인을 집단이나 조직 구조의 오랜 이력으로 돌아가 점검하는 것이 깊은 사회적 의미를 갖는다(4장도 참조하라). 이런 사회적 의미를 해명하는 사고 분석에 관한 최근 시도로서 M. Matsumoto, "A hidden pitfall in the pathof prewar Japanese military technology", *Transactions of the Newcomen Society for the Study of the History of Engineering and Technology*, Vol. 71, No. 2(2000), pp. 305-325를 참조하라. 또한 타이태닉호는 다른 여러 가지 집에서도 과노기 기술의 산물이었지만, 사고의 원인으로서 보다 직접적인 원인은 재료기술 및 건조기술(예를 들어 수밀구획)이었다고 생각된다.

26) 이상 타이태닉호의 해난 사고에 관한 기술은 http://www.titanicinquiry.org/ 등을 참고하라.

27) W. Fairbairn, *Useful Information for Engineers*(Longman, Green, Longman, Roberts, & Green, 4th ed., 1864), pp. 54-55.

28) P. W. J. Bartrip, "The State and the steam-boiler in nineteenth-century Britain", *International Review of Social History*, Vol. XXV, Part I(1980), pp. 77-105에서 인용함.

29) Select Committee on Steam Boiler Explosions, 1870, 부록 5, p. 588.

30) P. W. J. Bartrip, *op. cit* 에서 인용함.

31) 우주개밀사입난, 〈우수개발사업단의 경영 개혁에 관한 액션 플랜(개정판)에 대하여〉(2000년 8월 2일 자)에 첨부된 별지-1 '우주개발사업단의 경영 개혁에 관한 액션 플랜(개정판)의 골자'에 의거함.

32) 우주개발사업단, 〈H-II 로켓 8호기의 사고 원인과 H-IIA 로켓에 대한 대책에 대하여(요약판)〉(2000년 4월 14일 자), 5. 파괴 원인에 대한 고찰과 현상의 시나리오.

33) 우주개발사업단, 〈LE-7 엔진 개발 계획의 재검토에 대해〉(1989년 7월) 첨부 참고자료, A-5.

34) 계속 작성된 같은 오류에 관한 문서는 다음의 세 가지가 있다. 우주개발사업단, 〈LE-7 엔진 개발의 현상에 대하여〉(1989년 12월) 같은 첨부 참고자료; 우주개발사업단, 〈LE-7 엔진 개발 및 H-II 계획에 대하여〉(1992년 7월 4일 자); 우주개발사업단, 〈LE-7 엔진 개발의 현상〉(1992년 11월 4일 자).

35) 우주개발사업단, 〈LE-7 엔진 개발의 현상에 대하여〉(1989년 12월), 3항.

36) 우주개발사업단, 〈LE-7 엔진의 개발 과정에서 발생한 문제에 대한 우주개발사업단과 계약 기업의 대응〉(2000년 2월 1일 자).

37) History of the Nonmilitary Activities of the Occupation Force of Japan, 1945-1951, Monograph 54, Reorganization of Science and Technology in Japan, 1945-1950(1952, GHQ/SCAP를 작성한 타이프 원고)에 의거함.

38) H. Butterfield, *The Whig Interpretation of History*(G. Bell &Sons, 1931), 越智武臣他 역,《휘그사관 비판: 현대 역사학의 반성》(未來社, 1967).

39) 이 정의에는 특정 개인이나 조직의 인위적 실수만으로 환원할 수 없는 차원이 리스크 개념에 포함된다는 함의가 있다. 덧붙여 찰스 페로가 '정상 사고론'을 정식화한 이래 사회학적 리스크론은 시스템에 의해 이루어지는 결정과 결부되어 논의되는 것이 많다. 거기에는 두 가지 경향이 있다. 하나는 시스템의 결정에 귀책하는 리스크와 시스템의 결정에 귀책할 수 없는 류의 불운에 의한 재난을 구분하는 경향이고, 다른 하나는 시스템의 결정과 결부되어 귀책을 다투지 않는 이상 리스크의 정의 그 자체가 이른바 상징적 권력투쟁의 수단으로서 사회적으로 구축되는 여지를 갖는다고 보는 경향이다. 전자에 대해서는 N. Luhmann, *Soziologische Aufklärung 5*(Westdeutscher Verlag, 1990) 등을, 후자에 대해서는 U. Beck, "The anthropological shock: Chernobyl and the contours of the risk society", *Berkley Journal of Sociology*, Vol. 32(1987), pp. 153-165 등을 참조하라. '정상 사고론'에 대해서는 C. Perrow, *Normal Accidents: Living with High Risk Technologies*(Basic Books, 1984)을 참조하라.

40) Colin Macilwain, "Risk: a suitable case for analysis?", *Nature*, Vol. 380, No. 6569(7 March, 1996), pp. 10-11.

41) 대류권 오존층 파괴 문제에 대해서는 P. Thorsheim, "Circulation, sunlight, and ozone: Air pollution and science in late 19th century Britain", Paper presented at XXth International Congress of History of Science, 20-26 July(1997), Liège를, GM 표시 문제에 대해서는 M. Matsumoto · A. Sadamatsu, "The assumption and reality of experts vs laymen scheme: The extension of the two-sector model of GMO safety issues", Paper to be presented at the Annual Meeting of European Association for the Study of Science and Technology, 31 July 3 August(2002), York 등을 참조하라. 표시 문제에 그치지 않고 이 점을 둘러싼 더 많은 다양한 문제에 대해서는 도쿄 대학 대학원 사회학연구실 2001년도 조사실습보고서 〈지성 생신과 시민 참가〉(도쿄 대학 대학원 사회학연구실, 2002년 3월)를 참조하라.

42) Robert W. Kates · Jeanne X. Kasperson, "Comparative risk analysis of technological hazards(A review)", *Proceedings of the National Academy of Sciences*, Vol. 80, No. 22(1983), pp. 7027-7038.

43) 덧붙여, 자세히 살펴보면 상당수가 직접 관측할 수 있는데도 불구하고 그러한 가정 아래 이미 알려진 분포형의 성질을 일거에 실분포에 적용시키는 유형의 오류도 적지 않다. 이와 관련해 이런 단순 오류를 피했다고 해도 정량적 리스크 평가에는 어떤 가정이 필요하며, 가정을 어떻게 하느냐에 따라 리스크값이 크게 달라질 가능성은 불가피하다. 따라서 정량적 리스크 평가의 사용법은 그러한 의미에서 평가의 '허술함'[中西準子, 《환경 리스크론: 기술론으로 본 정책 제언》(岩波書店, 1995), 94항]을 인식하고, 전술한 대로 동일한 질차와 가정을 기본으로 추정한 나름 송류의 리스크의 내소를 비교해 판단 기준으로 삼는 것이 일단 필요하다. 이 점에 대해서는 石谷淸幹 · 小澤守, 〈안전 관련 사상 확률 분포 측에서 본 우리나라의 해난 통계〉, 《일본 선박용 기관 학회지》 제18권, 제3호(1983), 231-238항; 石谷淸幹 · 加藤和彦, 〈재해 규모 특성 곡선에서 위험도의 사회적 허용 한계로〉, 《안전공학》 제25권, 제1호(1986), 2-9항 등을 참조하라. 또한 공학계(및 심리학계) 리스크론을 중심으로 한 편람으로서는 현재 일본리스크연구학회 편, 《리스크학 사전》(TBS 브리태니커, 2000)이 있다.

44) P. C. Stern · H. V. Fineberg (eds.), *Understanding Risk: Informing Decisions in a Democratic Society*(National Academy Press, 1996), p. 216.

45) *Ibid.*, p. 88.

46) 역으로, 집합적 의사결정에 영향을 끼치는 익명성이 결정의 질을 높인다는 설과 저하시킨다는 양극의 설에 관한 근본적 해답은 아직 나오지 않았다. T. Postmes · M. Lea, "Social processes and group decision making: Anonymity in group decision support system", *Ergonomics*, Vol. 43, No. 8(2000), pp. 1252-1274를 참조하라. 어느 쪽이든 집합적 의사결정을 둘러싼 논의나 모델 대부분이 특정인이 아니라 균질된 익명의 누군가를 전제로 해 논의의 체계를 세운다는 사실은 뜻밖에도 이러한 현실을 표현하고 있어 흥미롭다. 합의형성연구회,《카오스 시대의 합의학》(創文社, 1994) 등을 참조하라. 한편 거대 과학기술계 내부에서도 관료제가 진전됨에 따라 과학기술계의 과학자와 기술자가 익명화하는 경향이 있지만, 오늘날까지 그 논리적 귀결이 문헌 해석의 영역을 넘어 추구되어 왔다고는 말하기 어렵다. "과학적 연구와 교육 분야에서도 대학 상설 '연구회'(기센에 있는 리비히의 실험실은 최초의 대규모 실험실이었다)의 관료 체제화는 물적 경영 수단에 대한 수요 증대 함수이고 이러한 물적 경영 수단이 국가가 특권을 부여한 지휘자의 손에 집중됨으로써 다수의 연구자와 강사는 자본주의적 경영에 의한 노동자와 마찬가지로 스스로 '생산 수단'에서 분리된다." M. Weber, "Bürokratie", *Grundriß der Sozialökonomie, III. Abteilung, Wirtschaft und Gesellschaft*[Verlag von J. C. B. Mohr (Paul Siebech), Tübingen, 1921-1922, Dritter Teil, Kap. IV, S. 650-678], 阿閉吉男 · 脇圭平 역,《관료제》(角川書店, 1958), 50항.

47) 이것은 에밀 뒤르켐 이후 사회학 전통에 유래한 사고방식이기도 하다. 지금 이 사고방식을 채용한 한 가지 이유는 계(系) 각 부분의 성능에 우열이 있는 경우, 계 전체의 성능은 열위(劣位) 부분 성능에 한하지 않고 접근한다고 알려진 경험칙이 과학 · 기술 · 사회의 경계에서도 극히 큰 현실적 의미를 갖는다고 생각되기 때문이다. 생산라인 설계라는 상황에 한결같이 등장하는 이 경험칙이 과학 · 기술 · 사회 계라는 거시적 상황에서도 상당 정도 유효하다는 것을

'역돌출부'(逆突出部, reverse salient)라는 군사적 비유를 써서 실증한 연구로서 T. P. Hughes, Networks of Power: Electrification in Western Society, 1880-1930(Johns Hopkins University Press, 1983), 市場泰男 역,《전력의 역사》(平凡社, 1996)가 있다[일역(日譯) 타이틀은 기술사 텍스트 같은 인상을 줄지 모르나 내용은 여러 비판이 제기되어 있는 것을 감안해도 기술사(技術史) 기교로 과학ㆍ기술ㆍ사회 계의 본격적 분석을 시도한 극히 도전적 것으로 일찌감치 알려졌다].

제2징 과학기술 정책의 딜레마

1) 기관 평가에 관한 인용 부분은 J. W. Gustad, "Policies and practices in faculty evaluation", *Educational Record*, 42 (July 1961), p. 203에 의거함. 평가만을 위한 개인 평가에 대해서는 형식주의적인 실태를 상징하는 다음과 같은 대화가 1950년대 말 미국에 소개되어 있다. "이 연구자의 논문은 누군가가 읽고 있군요." "물론입니다." "누가 읽고 있습니까?" "적어도 교수가 읽고 있습니다." "모든 교수가 읽는 겁니까?" "네." "당신은 읽었습니까?" "네." …"당신이 읽은 것 중 가장 기억에 남는 것은 어떤 논문입니까?" "에, 실은, 저는 전부 읽지 않았습니다. 훑어봤습니다." "훑어봤다는 건 어떤 뜻입니까?" "그러니까, 그걸 훑어보고 참고문헌을 본 뒤 요약을 읽었습니다." "다른 평가위원회의 교수노 그런 방식으로 논문을 읽습니까?" "네, 그런 것 같습니다. 훑어보는 것 같습니다." T. Caplow ㆍ R. J. McGee, *The Academic Marketplace*(Basic Books, 1958), p. 127.

2) C. P. Snow, *The Two Cultures: And a Second Look*(Cambridge University Press, 1964), 松井巻之助 역,《두 문화와 과학혁명》(みすず書房, 1967).

3) 예를 들면, A. Weber, "Prinzipielles zur Kultursoziologie(Gesellschaftsprozeß, Zivilisationsprozeß und Kulturbewegung)", *Archiv für Sozialwissenschaft und Sozialpolitik*, Bd.47(1920/1921), S. 1-49를 참조하라.

4) J. Ziman, *Public Knowledge: An Essay concerning the Social Dimension of Science*(Cambridge University Press, 1968), p. 24.

5) 白石良夫, 〈허학(虛学)의 논리〉,《학사회 회보》제817호(1997), 49-54항.

6) 예를 들어, 회사의 구성원이 n명, 입장의 수가 m개 있다면, n×m가지 이해를 허용할수록 그 자유의 정도는 크지 않다. 여기서 모든 사람은 그 입장에 따라 행동한다는 조건을 둔다. 그러면 그 조건은 우리의 직관에 비교적 잘 합치되고, 한편으로 자유를 잘 감축하는 결과를 이끄는 것으로 나타났다. 즉 이 조건에서 하나의 입장이 있다고 하면, 그 입장을 수용하는 복수의 사람들 사이의 차이는 일단 무시할 수 있기 때문에(즉, n=1과 유사하기 때문에), 입장의 수를 확실히 의미 있는 적당한 수까지 감축할 수 있다면 무리 없이 현실에 맞는 묘사를 부여할 수 있기 때문이다. 여기서 말하는 행동은 이해하는 행위까지 포함한다. 따라서 이것은 입장피구속성, 존재피구속성을 가정하는 지식사회학의 공리와 거의 동등한 가정일 수밖에 없다.

7) 역으로, 사회에서 발휘하는 특정 기능에 의해 결정된 부문을 이 문맥으로 해석하면 앞에 쓴 예시처럼 최종 생산물에 의해 저절로 범위가 정해지는 부문과 동등하다. 이 같은 해석은 원래 '명세화'(明細化, spezifizierung)에 의한 분업의 해석에서 유래한다. M. Weber, "Soziologische Grundkategorien des Wirtschaftens", in idem, *Wirtschaft und Gesellschaft*(J. C. B. Mohr, 1921-1922, Bd. 1(1976), S. 62-66], 尾高邦雄 역,《세계의 명저 베버》(中央公論社, 1975), 375항을 참조하라.

8) 이것은 전술한 대로 지식사회학의 공리와 거의 동등하다는 가성이다. 물론 소위 집단과 준거집단의 차이가 알려진 대로 항상 일대일 대응이 존재한다고는 할 수 없다.

9) 이 점에 대한 선험적 지적으로는 B. Wynne, *Rationality and Ritual: The Windscale Inquiry and Nuclear Decisions in Britain*(The British Society for the History of Science, 1982), pp. 11-14 등을 참조하라.

10) 이와 관련해 이러한 이해 방식과 단순한 이해(利害) 모델의 수용을 등치하는 것은 지나치게 성급하다. 한편 하나의 부문에 하나의 입장을 대응시키는 것은

복잡한 현실을 파악하기 위한 역시 하나의 상정일뿐이다. 이 점에 대해서는 E. Plutzer · A. Maney · R. E. O'Conner, "Ideology and elites' perceptions of the safety of new technologies", *American Journal of Political Science*, Vol. 42, No. 1(1998), pp. 190-209 등을 참조하라.

11) 그뿐 아니라 한 가지를 보면 나머지를 모두 알 수 있다. 전형적 입장이 요구하는 이해 방식의 범위 내에서 소집단 구성원이 집단 내 분위기를 참작해 무리 내에서 의논하는 관습이 유달리 중요시되는 일본 상황에 관한 한 이 같은 상정은 적잖은 현실적 의미를 가질 것이다.

12) 군 부문을 포함하는 부문 간 합의 형성에 관한 본격적인 사회과학적 연구는 특성 부분 내부의 합의 형성 연구에 비해 비교적 적은 편이다. 또한 일본 군 부문 내부의 합의 형성에 대한 사회과학적 검토로서 예를 들어, 戸部良一 · 寺本義也 · 鎌田伸一 · 杉之尾孝生 · 村井友秀 · 野中郁次郎, 《실패의 본질: 일본군의 조직론적 연구》(ダイヤモンド社, 1984) 등을 참조하라.

13) 이 구분은 과학기술로서 영위되는 지적 활동에 포함되는 측면에 대한 분할로, 앞 절에서 제시된 비실학-실학을 축으로 한 과학기술 분야의 분할과는 독립적이다. 즉 비실학 분야와 실학 분야 각각에 이 두 측면은 동등하게 인식된다.

14) 다음의 문서는 수록 대상에서 제외했다. 구 과학기술청이나 문부과학성 등 조직명만으로 해당되는 것. 설문조사 회답이나 소개 등 주장이 없는 것. 인문 · 사회과학에 편중된 것. 과학에 대해 한 마디밖에 언급하지 않은 것(일단 문서는 관련 내용이 30자를 초과하는지 여부를 기준으로 한다). 표제만 해당하는 것[법안 명 또는 '다음 차례'(次回) 예고 등]. 부문별 수집 기준은 다음과 같다. 관(官) 부문에서는 중의원 홈페이지(http://www.shugiin.go.jp)에 게재된 중의원의 의사록 중 내각총리대신과 국무대신의 발언을 이용했다. 정치가의 발언이지만 동시에 행정부를 대표하는 발언이기도 하므로 관 부문을 대표하는 것이라고 생각해도 지장이 없다고 본다. 또한 중의원으로 좁힌 것은 국회 양원에서 기본적으로 유사한 논의가 이루어지고 있기 때문에 중복을 피하기 위해서다. 구체적으로는 제151회 통상 국회 본회의와

위원회 모두의 의사록 중 '과학'이라는 말이 포함되는 내각총리대신 혹은 국무대신의 발언을 모두 수집했다. 그때 '문부과학성'과 '과학기술청'만 가리키는 것은 기계적으로 제외했다. 또 정책 평가 등에서 '과학적으로'라는 표현만 있고, 그 내용이 문서에서 특정되지 않은 것은 제외했다. 산(産) 부문에서는 '경단련'(經團連)의 주장을 이용했다. 홈페이지(http://www.keidanren.or.jp/)에서 액세스할 수 있는 문서는 주로 '경단련의 자세' '회장의 메시지' '경단련의 주장' '전자 저널' 등 네 종류이지만, 이 중에서 '경단련의 주장'에 가장 명료하게 견해가 나타나 있다. 구체적으로는 홈페이지의 검색기능을 이용해 '경단련의 주장'에서 '과학'이라는 말의 유무를 검색하여 해당되는 것을 모두 수집했다. 또한 요지와 전문 등 동일 문서로 볼 수 있는 것은 하나로 대표했다. 학(學) 부문은 일본학술회의 홈페이지(http://www.scj.go.jp/)에 게재된 공표 자료를 이용했다(기자 발표나 보고서 등을 포함한다). 반드시 모두가 명확한 의견을 갖고 있는 것은 아니지만, 대부분이 모종의 의견을 내포하고 있어 그것을 이용했다. 구체적으로는 홈페이지에 게재된 문서를 모두 수집한 후 '과학'이라는 말을 검색해 해당되는 것을 모두 수집했다. 일본어 문장과 그 영역(英譯) 등 동일 문서로 보이는 것은 하나로 대표했다. 또한 '알림' 등 의견이 없는 것은 제외했다. 민(民) 부문에서는 《아사히신문》의 사설을 이용했다. 신문의 생각을 대표하는 것은 사설이기 때문이다. 대상을 《아사히신문》으로 한 것은 그것이 대표적인 전국지 중 하나이며, 또 자료 수집이 용이했기 때문이다. 구체적으로는 도쿄 대학 종합도서관(http://www.lib.u-tokyo.ac.jp/)이 계약한 유료 서비스 DNA(Digital News Archives for Libraries, URL: http://dna.asahi.com/)를 이용했으며, 1998년 1월 1일부터 2001년 6월 30일 사이의 기사 중 헤드라인이나 본문에 '과학'이라는 말이 있고, 표제에 '사설'이라고 명기된 《아사히신문》 조간 본지 도쿄판에 게재된 기사를 수집했다. 단 조직명만으로 히트한 것은 제외했다[옴진리교 관련, 성청(省廳) 재편, 위원 인사 등].

15) 지구온난화를 예로 들면, '대량 소비에서 기인한 온난화 문제를 과학기술로 해결하자'는 주장은 선(善)으로 분류되고, '과학기술에서 기인한 온난화 문제를 과학기술 규제로 해결하자'는 주장은 악으로 분류된다.

16) 과학기술에 관한 기술이 제한되어 있을 때는 몇 가지 용어에 초점을 맞춰 분류했다. 예를 들어 '과학기술의 진흥'이라는 표현은 과학기술이 선(善)이라는 것을 강하게 시사했음을 알 수 있다.

17) 미국과학재단의 정의에 대해서는 http://www.nsf.gov/sbe/srs/seind98/ access/c4/c4s1.htm을 참조하라. 일본에서는 일찍이 과학기술청 편,《쇼와 42년판 과학기술 백서》, 부속자료, 314-315항에 이 정의가 해석되어 소개된 적이 있다.

18) 핵겨울(일부 과학자들이 주장하는, 핵전쟁 시 수많은 핵폭발로 인해 발생할 수 있는 환경파괴 현상) 예상 등은 예외에 해당한다.

19) 개개의 문제에 특화해 보면 명확히 부문 간의 차이는 존재한다(유전자 사례 등). 그러한 차이가 상쇄되어 전체적으로 한결같은 상태를 실현한다고 생각한다.

20) T. Parsons, *The Social System* (The Free Press, 1951), 佐藤勉 역, 《사회체계론》(青木書店, 1974), 336-337항.

21) 덧붙여 이 문장에는 특별히 흥미 깊은 점이 있다. 이 문장은 미국의 사회이론가가 1951년에 경계 문제와는 완전히 독립적으로 기록한 것이다. 이 사회이론가의 학설은 대체로 '현재에서는 이미 넘어섰다'고 알려져 있다[富永健一, 《행위와 사회 시스템의 이론: 구조-기능-변동 이론을 지향하며》(東京大學出版會, 1995), 226항. 이점도 한계도 포함하여 고전의 영역에 달했다는 편이 정확할지도 모른다. C. G. A. Bryant, "Review article: Who now reads Parsons?", *The Sociological Review*, Vol. 31, No. 2(1983), pp. 337-349도 참조하라]. 그럼에도 불구하고 이 같은 경계 문제 안에 상호 오해의 논점이 내재되어 있다고 본다. 즉 한결같은 빙법으로 이해되고 있는 듯한 과학·기술·사회 사이에 상호 오해가 개재된 상태를 현재 일본에서는 대략 독립적으로 성립한다고 본다.

22) 예를 들어 전기(前記)한 상태는, 지금까지의 지적 전통으로는 상부구조-하부구조론, 이데올로기론, 허위의식론 등에 의해 해결되었다.

23) 일반적으로 사회이론 영역에서 개발된 지적 전통은 결코 과학기술을 대상으로 해서 적용되지 않았다는 극히 강한 적용 규제 상태가 지금까지 이어져 왔다. 사회이론의 기초와 상관있는 듯한 지적 전통에 관한 한 규제의 방향은 적어도 세 가지로 분류할 수 있다(강한 규제 순으로 기재). 첫째, 활동으로 과학을 인식하는 관점은

갖춰져 있지만 그것을 오로지 과학자 개인의 행위에 국한하고, 사회 시스템에 이르는 과학의 여타 활동을 인식하는 관점과 교섭하지 않는 유형. 사회과학 기초론에 몰두하는 알프레드 슈츠가《논집》제1권〈과학 이론의 세계〉에서 묘사하는 과학 활동의 형체는 대체로 이 유형에 속한다. 둘째, 활동으로서 과학을 인식하는 관점과 사회 시스템을 인식하는 관점을 같은 형체로 갖추고 있지만 양자를 잇는 실질적 이론을 무시하는 유형.《직업으로서의 학문》의 모두에서 막스 베버가 염두에 둔 학문의 '외적 조건'의 특성에 관한 기술(경제적 의미의 직업으로서의 학문 상태) 등이 대체로 이 유형에 속한다. 셋째, 활동으로서 과학을 인식하는 관점과 사회 시스템을 인식하는 관점을 형체로도 실질적으로도 갖추고 있지만 양자를 잇는 이론이 애매한 결정론(예로서 과학기술결정론과 사회결정론)의 경향을 띠는 유형.《과학의 사회적 기능》에서 존 버널이 사회주의적 과학에 의한 사회 변혁을 설명할 때 염두에 둔 과학 활동의 묘사가 대체로 이 유형에 속하며,《미국의 고등 학술》에서 토머스 베블렌의 대학 기술 등도 대체로 이 유형에 속한다. 슈츠의 근거에 대해서는 A. Schutz, "The world of scientific theory", in *Collected Papers, Vol. 1: The Problem of Social Reality*(Martinus Nijhoff, 1962), pp. 245-259를 참조하라[슈츠가 논리실증주의의 흐름을 이어받은 펠릭스 카우프만의 저작을 통해 오로지 과학 이론을 인식하고 있는 것으로 보아 이 같은 적용 규제는 어느 정도 당연한 귀결일지도 모른다. 슈츠가 근거로 하는 카우프만의 저작은 F. Kaufmann, *Methodology of the Social Sciences*(Thames &Hudson, 1958)이다]. 베버의 근거에 대해서는 M. Weber, "Wissenschaft als Beruf", *Gesammelte Aufsätze zur Wissenschaftslehre*[Verlag von J. C. B. Mohr (Paul Siebech), Tubingen, 1922, S. 524-555], 尾高邦雄 역,《직업으로서의 학문》(岩波書店, 1936), 13-23항을 참조하라[이와 관련해 베버를 과학사회학의 선구자로 인식하는 시각도 있다. F. H. Tenbruck, "Max Weber und die Wissenschaftssoziologie: Zur Wiederaufnahme der Diskussion", *Zeitschrift für Soziologie*, Jg. 3, Heft 3, Juni(1974), S. 312-320를 참조하라]. 버널의 근거에 대해서는 J. D. Bernal, *The Social Function of Science*(George Routledge &Sons, 1939), 坂田昌一・星野芳郎・龍岡誠 역,《과학의 사회적 기능》(勁草書房, 1981), 376항 등을 참조하라. 베블렌의 근거에 대해서는 T. Veblen, *The Higher Learning in America:*

A Memorandum on the Conduct of Universities by Business Men(Sagamore, 1918)을 참조하라. 덧붙여, 활동으로서 과학기술을 인식하는 관점과 사회 시스템을 인식하는 관점을 형체뿐 아니라 실질적으로도 갖추고, 한편으로 양자의 연결을 과학기술 활동 고유의 모든 수준(과학자와 기술자의 행동에서 과학기술 제도까지)을 매개해 과학기술과 사회 시스템 쌍방에서 특정해 가는 유형의 논의 영역이 과학기술사회학의 논의 영역이다(4절을 참조하라).

24) 토머스의 공리는 오늘날 자기 성취적 예언이라고들 하지만 본디 집합 행위에 의한 상황 규정의 중요성을 정식화한 토머스의 사고가 발단이다. W. I. Thomas, "Situational analysis: the behavior pattern and the situation", *Publications of the American Sociological Society: Papers and Proceedings,* 22nd Annual(1927), pp. 1-13, Reprinted in Maurice Janowitz (ed.), *W. I. Thomas: On Sociological Organization and Social Personality*(The University of Chicago Press, 1966), pp. 154-167를 참조하라.

25) 사회학 전문 용어로 말하면, 자기 성취적 예언 효과가 드러나는 것을 뜻한다.

26) 바꿔 말해, 과학·기술·사회의 관계를 이해하는 여러 가지 방식은, 이해의 내용이 어느 정도 사실에 합치하는가 하는 관점에서 본 것만으로는 경계 문제 전모를 해명하는 데 도움이 되지 않는다. 행위자가 있는 정해진 방식으로 과학·기술·사회의 관계를 이해하는 것은, 과학·기술·사회의 다양한 공존 방식 효과의 관점에서 볼 필요가 있다. 즉 경계 문제는 과학·기술·사회의 관계를 행위자가 이해하는 일상 지식의 사회적 기능이라는 관점에서 바라봐야 한다. 무엇보다 일상 지식의 사회적 기능의 존재론적 분신은 일상 지식의 사회적 기능의 인식론적 분신과는 별개다. 이 점에 대해서는 J. R. Searle, *The Construction of Social Reality*(The Free Press, 1995)를 참조하라. 나아가 이 관점은 입장을 달리하는 사회의 구성원이 각각의 다양한 이해에 어느 정도 충실히 행동함으로써 과학·기술·사회의 공존 방법을 별도의 공존 방식으로 바꿀 수 있느냐는 인식의 문제라고도 할 수 있다.

27) 경계 문제를 형성하는 과학기술결정론과 사회결정론이라는 두 가지 대극적

논리 형식은 앞 절에서 본 것처럼 개개의 사실과 어느 정도 합치하는가 하는 관찰자의 눈으로 본 경험적 타당성과는 독립적이다. 동시에 경험적 타당성이 어떻든 간에 어느 한쪽의 논리 형식에서 과학·기술·사회의 관계를 이해하는 것은 특정 행동 방식을 이끄는 신념의 사회적 기능이라는 차원을 갖는다. 이것은 사회적 행위론에서 행위자에 의해 '사념화된 의미'로 불리는 것과 같은 차원이다. 생각해 보면 과학·기술·사회의 관계를 제어한다는 문맥에서 '지식의 생산'을 에워싸고 나타나는 말은 이 같은 의미에서의 신념의 사회적 기능이라는 기준으로 판단해야 하는 성질을 갖는 경우가 많다[바꿔 말하면, 경험적 타당성을 진지하게 물어 봐도 소위 어찌할 도리가 없다(즉 결론은 처음부터 결정되어 있다)는 점을 이렇다 할 이유도 없이 깨닫는 경우도 있다].

28) 이와 관련해, 과학기술결정론과 사회결정론이 모순이라는 것은 아니다. 정반대의 논리 형식이 동시에 존재해도 논리상 그다지 부적합한 것은 아니다.

29) 〈제142회 중의원 과학기술위원회 2호〉, '1998년 3월 11일 의사록'에 기록된 谷垣禎一의 발언.

30) 〈제142회 중의원 과학기술위원회 3호〉, '1998년 3월 20일 의사록'에 기록된 西澤潤一의 발언.

31) 〈제142회 중의원 과학기술위원회 3호〉, '1998년 3월 20일 의사록'에 기록된 井上義久의 발언.

32) 〈제143회 중의원 과학기술위원회 2호〉, '1998년 9월 11일 의사록'에 기록된 河村健夫의 발언.

33) 〈제143회 중의원 과학기술위원회 6호〉, '1998년 10월 19일 의사록'에 기록된 吉井英勝의 발언.

34) *Ibid.*

35) 〈제143회 중의원 과학기술위원회 2호〉, '1998년 3월 11일 의사록'에 기록된 吉井英勝의 발언.

36) *Ibid.* 위에서 언급한 과학기술결정론의 사례가 네 명이 발언한 것에 비해 사회결정론의 사례는 이처럼 한 명의 동일인이 발언한 것이지만, 이런

상황은 자리의 상황에서 유래하는 측면이 크다. 자리를 바꾸면 일변하여 역으로 사회결정론이 전체를 덮는 상황을 용이하게 관찰할 수 있기 때문이다. 예를 들어, 2000년 3월 24일에 총리가 발표한 2001년도부터 시작하는 차기 과학기술기본계획에 관한 자문 제26호를 보고 과학기술회의 정책위원회가 작성·공개한 의사록에 나오는 말이 이런 상황을 멋지게 체현한다. "기초연구비는 경비를 계산하기 위한 방식에 지나지 않는다. 강좌당 교육비와 학생 교육비 같은 학부의 예산이 계산상 산출되는 것이며, 전부 연구비로 사용되는 것은 아니다.…내 경험으로는…실제로 연구에 쓰인 금액은 연간 10만 엔뿐이었다. 기초연구비라는 것은 대학의 기초 체력을 쌓아 올리기 위한 자금으로, 그 외에 '경제적 자금'이 있다." "일본에는 오버헤드(어떤 처리를 하기 위해 들어가는 간접적인 처리 시간이나 메모리 등을 말한다)라는 시스템이 없다. 따라서 이 펀딩 구조를 바꾸는 것을 의논해야 한다. 기초연구비를 줄이고 경쟁적 자금으로 돌린다는 의견이 있지만, 현재의 기초연구비는 대학 관리 비용으로 쓰이는 것이 대부분이고 본래 있어야 할 기초연구비는 없다. 이것을 무시하고 비율 이야기만 해서는 안 된다." "과학기술을 종래의 틀로 인식하는 것은 설득력이 없다.…지금처럼 많은 자금을 투입해도 효과적인 것은 아니다.…50년 후 이와 관련한 회의석상에서 어떤 이유로 이렇게 결정했느냐는 말이 나오지 않도록 해야 한다." "약간 법률을 바꿔 지금의 대학과는 전혀 별개로, 예컨대 매니지먼트는 경제계에서, 연구자는 전 세계에서 모으고, 개인에게 자유롭게 자금을 주며, 오버헤드는 세금으로 부담하고, 그 연구 주제는 산업계에 경매로 내놓고 스폰서를 모은다는 방식으로 지금까지의 규제 밖에 두는 시도는 어떤가.…17조 엔이 사용된 방식을 조사하면 자연스럽게 답이 나오지 않을까." "과학기술 창조 건국…이라고는 해도 일단 국내에 과학기술을 존중하는 사회 환경을 양성하는 것이 시급하다. 사회적으로는 법률·경제 출신자가 기업이나 행정의 중추를 점하고 있고, 그들 중 일부는 아직까지도 서양 숭배 사고에 젖어 있어 일본 연구자가 제대로 하고 있는 것을 이해하려 하지 않는 풍조가 있다.…미국과 같은 수준이라도 모자랄 판에." 이상 과학기술회의 종합계획회합, 〈제28회 과학기술회의 종합계획회합 의사록〉(2000년 제1회)에 의거함.

37) 예를 들어, 과학기술기본계획[1996년 8월 2일 각의(閣議) 결정]이 산업의 국제경쟁력 향상과 신산업의 창출을 주창할 때 기본 인식이 있었다. "기초연구의 성과는…때로 기술 체계의 혁명적 변모와 완전히 새로운 기술 체계의 출현을 초래하고 사회에 다양한 파급 효과를 준다"(同, 3항). 역시 구 과학기술청이 과학기술기본계획의 바탕이 되는 과학기술기본법의 설명을 위해 작성한 〈21세기를 향한 '과학기술 창조 건국'을 지향하는…과학기술기본법에 대해서〉에 첨부된 참고 데이터에도 생명과학, 물질·재료, 정보·전자, 해양·지구라는 신산업 창출과 관련된 첨단기술 분야의 기초연구에 대해 미국과 비교해 전 분야에서 일본이 열세하며, 유럽과 비교해 네 분야 중 세 분야에서 일본이 열세하다는 조사 결과가 소개되어 있다.

38) 北川賢司, 《연구개발의 시스템 어프로치》(コロナ社, 1977), 4항.

39) 말할 것도 없이 상호작용이 과학·기술·사회 중 어느 것에 대해 플러스 효과를 갖는지 또는 마이너스 효과를 갖는지 작용의 수는 거듭 증가한다. 하지만 무엇이 플러스고 마이너스인지 판별하는 기준을 한 가지로 결정하는 것은 매우 곤란하기(특정 상황에서 경우에 따라 개별적으로 결정할 수밖에 없다) 때문에 여기서는 STS 상호작용의 일반형 작용 수는 셈하지 않고 고찰을 추천한다. 그것이 '적어도 48가지'라고 말한 이유다.

40) 산업기술은 여기서 말하는 상용기술과 반드시 일대일로 대응하지는 않는다. 상용기술 외에 첨단기술의 일부(후에 상용기술이 되는 첨단기술)도 포함하면서부터 산업기술이 된다.

41) 사족이지만 이것은 개인의 발명이 사회적 진공에서 행해진 것을 의미하지 않는다. 예를 들어, 에디슨은 발명가인 동시에 사업가이며 그의 많은 발명이 사회적 수요에 뿌리를 두고 있다는 것은 잘 알려져 있다(예. 월가 증권거래소 전신지시기 개량 등).

42) 물론 이러한 에디슨과 테슬라의 개인적 반목으로 환원할 수 없는 일련의 경과 배경에는 전력의 정상적인 공급 및 이용에 관한 광범위한 사회적 수요가 존재했다. 이 점에 대해서는 나이아가라 수력발전소 교류발전 채용에 의해 직류·교류 선택 논쟁이 매듭지어지기 4년 전에 쓰였다. A. R. Foote, *Economic Value of Electric*

Light and Power(Robert Clarke &Co., 1889) 등을 참조하라. 에디슨에 대해서는 여러 에디슨 문서가 간행되기 시작하여 1차 사료에 의거해 재검토가 시작되었다. 예를 들어 A. Millard, *Edison and the Business of Innovation*(Johns Hopkins University Press, 1990) 등(직류·교류 선택 논쟁에 대해서는 특히 pp. 100-110). 또한 에디슨 페이퍼는 현재 4권까지 간행되었다. R. V. Jenkins, et al. (eds.), *The Papers of Thomas A. Edison, Vol. 1: The Making of an Inventor, February 1847-June 1873*(Johns Hopkins University Press, 1989); R. A. Rosenberg, et al. (eds.), *The Papers of Thomas A. Edison, Vol. 2: From Workshop to Laboratory, June 1873-March 1876*(Johns Hopkins University Press, 1991); R. A. Rosenberg, et al. (eds.), *The Papers of Thomas A. Edison, Vol. 3: Menlo Park: The Early Years, April 1876-December 1877*(Johns Hopkins University Press, 1994); P. B. Israel, et al. (eds.), *The Papers of Thomas A. Edison, Vol. 4: The Wizard of Menlo Park, 1878*(Johns Hopkins University Press, 1998). 名和小太郎, 《기업가 에디슨》(朝日新聞社, 2001)도 참조하라. 한편 테슬라에 대해서는 갑자기 관심이 높아졌지만[예를 들어, 新戸雅章, 《초인 니콜라 테슬라》(筑摩書房, 1993) 등] 기초 사실의 사료적 근거에 불분명한 점이 많고, '어디까지나 있을 법한 가짜 같은 이야기'를 초월한 연구는 〈금후에 남겨진 문제〉[高橋雄造, 〈SCIENCE HISTORY 니콜라 테슬라〉, 《KDD 테크니컬 저널》 제6호(1991), 72항]가 있는 듯하다. 화력발전 영역에서는 당시 GE가 커티스 터빈의 특허 사용권을, 웨스팅하우스가 파슨스 터빈의 특허 사용권을 보유하고 있었고, 다른 나라(예. 일본)가 신규 진입하기는 매우 어려웠다[內田星美, 〈전기 기술의 도입괴 경착〉, 일본 과학기술 신흥 재단 편, 《산업기술의 발전과 사회식 누봉 탕책에 관한 조사 연구》(1989), 151-174항].

43) 이상의 출현 순서 기술은 STS 상호작용을 음미하기 위한 예로서 토머스 휴즈(Thoms P. Hughes)의 실증 연구를 재구성한 것이다. 덧붙여, 근대 전기기술이 사회에 출현한 과정에 대한 계몽 활동의 역할은 과학기술의 사회적 수용의 공죄(功罪) 관점에서 휴즈가 다루는 이상으로 파고들어 다뤄도 좋다. 근대 전기기술에 관한 과학기술 복합체가 성립한 후, 계몽 활동도 자기운동(自己運動)의 장을 부여받기 때문이다. 이 점에 대해서는 "Serving the Industry", Do It

Electrically(The Society for Electrical Development), Vol. VII, No. 8(1923) 등을 참조하라. 휴즈의 실증 연구에 대해서는 T. P. Hughes, *Networks of Power: Electrification in Western Society, 1880-1930*(Johns Hopkins University Press, 1983), 市場泰男 역, 《전력의 역사》(平凡社, 1996)를 참조하라. 또 파리의 전화(電化) 과정에 의거 휴즈의 실증 연구의 적용 한계를 지적한 연구로서 A. Beltran, "Du luxe au coeur du systéme: électricité et société dans la région parisienne (1880-1939)", *Annales*, 44e Année, No. 5(1989), pp. 1113-1135를 참조하라.

44) 부시(아버지) 정권 아래에서 기안된 SSC[초전도특대충돌기(超伝導特大衝突器), Superconductive Super Collider] 프로젝트의 비용 조달이 미국 본국에서 어려움을 겪자 일본을 포함한 타국의 출자를 끌어들인 단계에서조차 프로젝트의 정당성을 정면으로 위협하는 규칙 위반이라는 소리는 들리지 않고 거대 비용 때문에 방기되었다는 사실은 이 점에서 상징적이다. 덧붙여 SSC 계획 중지 후 행해진 동일한 계획에 대한 평가에서 총 비용 견적이 당초의 약 82억 달러를 크게 상회하는 105억 달러에서 130억 달러라는 규모에 달했다. A Staff Report, Subcommittee on Oversight and Investigations of the Committee on Energy and Commerce, U.S. House of Representatives, Out of Control: Lessons Learned from the SSC(December, 1994), p. 1에 의거함. 중지 직후 신문에서는 110억 달러라는 수치가 보도되었다. "Requiem for the Supercollider", *The New York Times*, October 24 (1993), E14를 참조하라.

45) 과학을 뵘바베르크(Eugen von Böhm-Bawerk) 류의 우회생산(Produktionsunweg)에 의한 '최우수품으로 간주하는' 견해는 칼 포퍼가 시사했다(덧붙이면, 포퍼의 주장은 설령 그렇더라도 과학은 인간의 경험과 다른 차원에 속한다고 하는 점에 있다). Karl R. Popper, *The Logic of Scientific Discovery*[translated from id., *Logik der Forschung*(1934), (Hutchinson, 1959)], 大內義一・森博 역, 《과학적 발견의 논리(上)》(恒星社厚生閣, 1971), 124항.

46) '보시' 이론은, 정보에 대해 梅棹忠夫가 제출한 梅棹忠夫, 《정보의 문명학》(中央公論社, 1988)을 참조하라. 포틀래치 이론의 개요는, 거대과학에 대해 名和小太郎이 제출한 名和小太郎, 〈거대과학이란 무엇인가(I)〉, 《ARC 리포트》(RS-472,

1990), 25-26항을 참조하라. '계약 기간 내 재해 및 상해 등의 보상뿐으로 만기가 되어도 배당금이 없고 부금도 못 찾는 보험' 이론을 이끄는 실증연구 시도로서, 松本三和夫, 《선박 과학기술 혁명과 산업사회: 영국과 일본의 비교사회학》(同文館, 1995), 8장을 참조하라. 각 이론에 따른 과학기술 복합체 해석의 미묘한 차이와 적용 조건을 전형적인 사례에 대응해 특정하는 과학기술사회학의 연구가 필요하다.

47) 이와 관련해, 이전에 분석한 문서 전체의 분류 불능 사례에 대해서도 관찰할 수 있는 한 의견을 기술해 두는 편이 공정할 것이다. 선악의 축에서 분류 불능으로 되어 있는 사례에는 군사 관련 문서가 두드러진다. 전체 중 극히 일부뿐이지만 여기서는 18건의 문서 중 4건의 문서가 군사 관련이다. 기초·응용 및 개발의 축에서 분류 불능이 된 사례로는 종합 과학기술회의의 조직에 관한 문서가 많다. 여기서는 종합 과학기술회의를 어떻게 기능하게 하는가가 문제가 되기 때문에 과학기술 자체의 규정이 별로 행해지지 않고, 그 결과 분류 불능이 많아진다고 생각된다. 또한 교육에 관한 문서도 많은데, 이것도 마찬가지로 어떻게 교육하는가 하는 과학기술과 직접 관계없는 사항에 논점이 놓이기 때문에 과학기술 자체 규정은 불분명한 것으로 사료된다. 과학기술결정론과 사회결정론에서 분류 불능이 된 것은 특히 경향을 읽을 수 없다.

제3장 과학기술 복합체에 대한 기대와 성과의 사회적 의미

1) 일반적으로, 거대 프로젝트에서 성공과 실패를 둘러싼 문제점에 대해 풍부한 사례를 근거로 고찰한 것으로서 P. W. G. Morris · G. H. Hough, *The Anatomy of Major Projects: A Study of the Reality of Project Management*(John Wiley &Sons Ltd., 1987), 平木俊一監 역, 《거대 프로젝트의 성공과 실패: 거대 프로젝트의 관리 사례에서 배운다》(內田老鶴圃, 1991)가 있다. 무슨 일이든 성공에 관한 이야기는

많지만 이런 문맥에서 실패에 관한 고찰은 극히 적다. 기계공학의 분야를 중심으로 한 풍부한 사례에 따른 실패에 관한 고찰로서 畑村洋太郎,《실제 설계: 실패로 배우다》(日刊工業新聞社, 1996)가 있다. 보다 사회심리학적인 측면에 주목한 실패에 관한 고찰로서는 D. Dorner, *Die Logik des Mi.lingens*(Rowohlt, 1989), 近藤駿介監 역,《사람은 왜 실패하는가》(ミオシン出版, 1999)가 있다. 정치가 집단과 행정조직과 관계있는 실패에 대해서는 船橋晴俊·角一典·湯浅陽一·水澤弘光,《'정부의 실패'의 사회학》(ハーベスト社, 2001)이 있다. 실패 후 때를 놓치지 않고 발생한 다분야횡단적 논고의 집성으로서 학술회의 총서 5《다발하는 사고로부터 무엇을 배우는가: 안전 신화에서 리스크 사상으로》(日本學術協力財團, 2001)가 있다. 멀지 않은 과거의 군사적 실패에 관한 고찰로서는 戶部良一·寺本義也·鎌田伸一·杉之尾孝生·村井友秀· 野中郁次郎,《실패의 본질: 일본군의 조직론적 연구》(ダイヤモンド社, 1984)를 참조하기 바란다.

2) 신에너지 이용 등의 촉진에 관한 특별조치법(1997년 4월 18일 법률 제73호) 제2조에 의거함. 사실 동(同) 조문 괄호 안의 내용은 신에너지를 동법(同法)의 성립 17년 전에 성립한 석유 대체 에너지의 개발 및 도입 촉진에 관한 법률(1980년 5월 30일 법률 제71호) 제2조의 석유 대체 에너지 내용에 소급해 정의하고 있다. 이와 관련한 내용은 다음과 같다. "1. 석유(원유 및 휘발유, 중유 그 밖의…각 성(省)의 장관이 그 행정 사무에 관해 내리는 명령에서 정한 석유 제품을 말한다. 이하 동일함.)를 대신해 연소용으로 제공되는 것. 2. 석유를 열원(熱源)으로 하는 열에 대신하여 사용되는 열(1의 물질의 연소에 의한 것 및 전기를 변환해 얻는 것을 제외함). 3. 석유를 열원으로 하는 열을 변환하여 얻는 동력(이하 '석유와 관련된 동력'이라고 함.)에 대신하여 사용되는 동력(열 또는 전기를 변환하여 얻어지는 것을 제외). 4. 석유와 관련된 동력을 변환하여 얻는 전기에 대신해 사용되는 전기(동력을 변환하여 얻어지는 것을 제외)."

3) BP 통계의 추산에 의하면, 1997년 시점의 채굴 가능 연수가 약 40.9년, *Oil and Gas Journal*의 추산에 의하면 1998년 시점의 채굴 가능 연수가 약 42.8년이다(동 추산에서는 1997년 시점의 채굴 가능 연수가 약 43.0년).

4) 세계 석유 소비량의 지역별 분할은 BP 통계, 세계 석유 생산량의 지역별 분할은

*Oil and Gas Journal*에 의거함.

5) 특히 덴마크와 독일의 아헨이나 프라이부르크 등 성공적인 사례에 대해서만 소개한다는 지적이 있었지만 일본변호사연합회,《독립하는 일본의 에너지 정책: 에너지 정책에 관한 조사 보고》(七つ森書館, 1999)가 일본의 대변인 같은 역할을 하고 있다. P. Gipe, *Wind Energy Comes of Age*(Wiley, 1995); *International Wind Energy Development: World Market Update*도 참조하라. 이와 관련해 풍력 터빈 시장의 경우 미국 캘리포니아 주의 실패와 대비해 덴마크의 경험을 국제 비교한 모노그래프로 R. van Est, *Winds of Change: A Comparative Study of the Politics of Wind Energy Innovation in California and Denmark*(International Books, 2000)가 있다.

6) 물론 이 이념들이 무의미했다고 말하려는 것은 아니다. 일반적으로 환경 보전, 게다가 환경의 풍요에 관한 문제군(群)과 에너지 기술 개발과 관련한 문제군의 접점에 대해 이념과 이념을 체계화한 사상이 맡은 역할은 가볍지 않다(역으로 말해, 목표로 삼아야 하는 상태와 원리, 원칙에 관한 이념과 사상 없이 기술이나 제도 설계를 추천하거나 일이 결정되어 버린 후 이러한 이념과 사상 등을 전가하면 어떻게든 된다는 류의 사고회로 및 행동회로에 따라 환경과 에너지의 접점에 관계된 치명적 사항의 기술이나 제도의 설계를 추천하는 것은 위험하기 짝이 없다). 여기서 말하고 싶은 것은 이러한 양 문제군의 접점에서 환경에 대한 배려를 주장하는 이념과 사상이 에너지 보존 기술 개발과 결부할 경우에 비해 신에너지 기술 개발과 결부할 경우가 극단적으로 적은 경향이 존재한다는 점이다.

7) 단, 이 작품은 여기서 말하는 OTEC가 아니고, 바다에 포함된 염분을 유출해 전지를 만들어 전기에너지를 창출한다는 것이었다. 작품에 등장하는 잠수함 노틸러스호의 네모 선장은 노틸러스호의 동력원에 대해 다음과 같이 말한다. "해수에는 염화나트륨이 포함되어 있습니다. 이것을 추출해 수은과 섞어 전지를 만드는 것입니다." Jules Verne, *20000 lieues sous les mers*(1870), 加藤まさし 역,《해저 2만 리》(講談社, 2000), 72항.

8) A. D'Arsonval, "Utilisation de forces naturelles", *Revue Scientifique*, Vol. 2

(1881), p. 370.

9) G. Claude, "Power from the tropical seas", *Mechanical Engineering*, Vol. 52, No. 12 (1930), pp. 1039-1044. 쥘 베른의 SF 소설의 영향을 받은 조지 클로드는 과학 사회의 유용성을 추구하기 위해 과학의 응용에 몰두한 결과 과학아카데미 회원에 선출되었고, 사회에 대해 설명해야 한다는 책임에도 매우 민감했다(예를 들어, OTEC의 개방 사이클 육상 플랜트 건설의 모습은 클로드 본인의 해설이 붙은 영화로 공개되어 있다. L'énergie thermique des mer, par J. de Cavaignac, Société Les Cimes). 한편, 해수에서 금을 유출하는 실험에 몰두해 제2차 세계대전 중에는 대독 협력 정권의 스타로서 종횡무진 활약하다가 전후 상황이 바뀌어 투옥되기도 했다. 내가 주장하는 과학기술사회학에서 보면, 이런 업적이 타인의 삶에 어떻게 연결되어 있는지 흥미 깊은 사례를 제공하고 있지만, 여기서는 OTEC 개방 사이클의 선구자로서의 측면만을 주목한다. 자서전으로 G. Claude, *Ma vie et mes inventions*(Paris, 1957)가, 그의 업적 기록으로는 C. Blondel, "Industrial science as a show: A case study of George Claude", in T. Shinn · R. Whitley (eds.), *Expository Science: Forms and Functions of Popularization, Sociology of the Sciences*, Vol. IX(D. Reidel Publishing Co., 1985), pp. 249-258이 있다.

10) J. H. Anderson · J. H. Anderson, Jr., U. S. Patent 3312054, "Sea water power plant", Filed September 27(1966), Serial No. 600287, Official Gazette, U. S. Patent Office, 837, 1-2, April 4(1967), p. 59.

11) 〈관보 자료관〉 제14066호 부록(1973년 11월 1일 자), 10항.

12) 일본 열에너지기술협회, 〈저열 낙차 발전 시스템에 관한 조사 연구〉(1977).

13) 통상산업성 공업기술원 선샤인계획 추진본부, 〈쇼와 50년도 선샤인계획 성과 보고서 개요집(종합 연구)〉(일본산업기술진흥협회, 1976), 35항.

14) 上原春男, 〈해양온도차발전의 현 상황과 기술적 과제〉, 《기계의 연구》 제29권, 제9호(1977), 1025-1031항.

15) *Ibid*.

16) 鴨川浩, 〈자원 문제 해결을 위한 해양온도차발전〉, 《경단련 월보》 제26권,

제5호(1978), 76-82항.

17) 해양과학기술센터, 〈우리나라의 해양 개발 비전과 해양 과학기술 과제에 관한 조사 보고서〉(해양과학기술센터, 1978), 68항.

18) 〈전환기에 선 에너지 정책〉, 《경단련 월보》 제18권, 제10호(1970), 28-41항; 〈석유를 중심으로 하는 에너지 정책에 관한 요망〉, 《경단련 월보》 제21권, 제1호(1973), 16-17항; 〈큰 전환기를 맞은 에너지 문제〉, 《경단련 월보》 제20권, 제5호(1972), 14-31항; 〈특집 에너지 문제〉, 《경단련 월보》 21권, 제6호(1973), 8-22항 등도 참조하라.

19) 이상, 菊池潤, 〈선샤인계획〉(實え書, 1991), 통상산업성 공업기술원 선샤인계획 추진본부 김수 · 신샤인계획 10주년 기념사업 공업기술원 실행위원회(편), 《선샤인계획 10주년의 흐름》(선샤인계획 10주년 기념사업추진간담회 발행, 일본산업기술진흥협회 제작, 1984), 45-46항.

20) Ibid. 덧붙여, 그때까지 전통적인 시험, 검정 업무 관할 기관의 독립화가 완료되었고, 새로운 연구 주제를 모색할 여지가 전총연 내부에 생긴 것도 전총연이 신에너지 기술 개발의 주관이 되는 데 기여한 힘이었다(1963년에 전기용품의 시험 업무가 (財)일본전기용품시험소(당초 (社)일본전기협회 전기용품시험소)에, 1965년에 전기계기 검정 업무가 (特)일본 전기계기검정소에 이관되었다).

21) 통상산업성 공업기술원 선샤인계획 추진본부, 〈쇼와 59년도 선샤인계획 성과 보고서 개요집(종합 연구)〉(일본산업기술진흥협회, 1985), 25-26항.

22) 전총연에서의 OTEC 개발을 위한 연구는 선샤인계획을 크게 확장해 1993년부터 빌쑥한 뉴선샤인계획의 종합 연구에 계승되지만, 그것도 1997년 논문 보고를 끝으로 종료한다. 高沢弘幸 · 天野雅継 · サムエラ__ ツカ__ナ · 田中忠良, 〈환초(環礁) 지역의 다기능형 해양온도차 에너지 이용 시스템의 연구〉, 《전자기술 종합연구소 휘보(彙報)》 제61권, 제9호(1997), 11-16항을 참조하라. 또한 후술한 대로 이 시점에서의 OTEC의 형태는 폐쇄 사이클에서 개방형 사이클로 전환한다.

23) 이러한 문제는 모두 1980년대 중반부터 지적되어 왔다. A. Beavis · R. Charler, "Site selection studies for land-based OTEC power plants", Papers presented at

the 3rd International Symposium on Wave, Tidal, OTEC, and Small Scale Hydro Energy, Brighton: 14-16 May(BHRA, 1986), pp. 217-238 등을 참조하라.

24) 해양온도차발전연구회, 〈활동경과보고서〉(1994년 9월), 26항.

25) 이와 관련해 동 정책 명령이 특정하는 열 가지 항목으로는 태양광 발전, 풍력 발전, 태양열 이용, 온도차 에너지, 폐기물 발전, 폐기물 열 이용, 폐기물 연료 제조, 전기자동차, 천연가스 법인, 연료전지 등이다. 이상 신에너지촉진법에 의한다. 사실 동 정책 명령 시행 후, 2030년을 목표로 책정된 신에너지 기술개발 전략에서 로드맵 작성 대상 분야에 OTEC는 물론 해양에너지 기술개발도 모습을 감췄다. 동 전략에서 로드맵 작성의 대상 분야가 된 것은 태양광 발전, 태양열 발전, 풍력 발전, 폐기물 발전, 열 이용, 바이오매스 에너지, 미(未)이용 에너지(히트 펌프), 천연가스 법인, 연료전지, 전기자동차, 횡단적 기술 분야(전력 계통 기술과 수소 등)다. 통상산업성 자원에너지청 석탄·신에너지부 신에너지대책과, 〈에너지 기술 전략(신에너지 분야) 책정에 관한 조사 연구〉(2000), 14-15항에 의거함. 선샤인계획도 1993년부터 에너지 보존 기술의 개발을 목적으로 한 문라이트계획 등과 합체해 뉴선샤인계획으로 재출발하지만, 그중 재생 가능 에너지 개발의 주는 태양·지열·풍력으로, OTEC는 물론 해양에너지 기술개발은 형체를 잃고 있다. http://www.ecology.or.jp/member5/agency/9805-3.html 등을 참조하라.

26) 통상산업성 공업기술원 선샤인계획 추진본부, 〈쇼와 61년도 선샤인계획 연구개발의 개황(概況)(종합 연구)〉(일본산업기술진흥협회, 1987), 2항.

27) 통상산업성 공업기술원 선샤인계획 추진본부(1985), op. cit., 25항.

28) 당연한 작동 유체의 후보 중 하나로서 상정됐다고 하는 편이 보다 정확할지 모른다.

29) ECOR(Engineering Committee on Ocean Resources), Japan Marine Science and Technology Association(Japan National Committee for ECOR), Ocean Energy Systems: Report of ECOR International Working Group(February 1989), p. 85.

30) 이상, M. J. Molina · F. S. Rowland, "Stratospheric sink for chlorofluoro methanes: Chlorine atomicanalysed destruction of ozone", *Nature*, Vol. 249, 28

June(1974), pp. 810-812; S. Chubachi, "Preliminary result of ozone observations at Syowa station from February 1982 to January 1983", *Memoirs of National Institute of Polar Research*, Special Issue, No. 34(December, 1984), pp. 13-19; J. C. Farman, B. G. Gardiner · J. D. Shanklin, "Large losses of total ozone in Antarctica reveal seasonal ClOx/NOx interaction", *Nature*, Vol. 315, 16 May(1985), pp. 207-210 등을 참조하라.

31) 쇼와 61년도 선샤인계획 위탁조사 연구성과보고서, 〈특허정보조사연구(해양온도차 전지)〉(日本産業技術振興協, 1987)에서 산정함.

32) 특허 데이터에 관한 상용 데이터베이스 파톨리스(PATOLIS) 온라인 검색에 의거함. 1971년 /월 1일부터 2001년 7월 20일 기간에 출원 · 공개된 특허 및 실용신안을 대상으로 IPC(International Patent Classification) 검색으로 OTEC에 해당하는 기술 분류(F03G7/05) 및 키워드(예를 들어, 해양온도차 · OTEC · 프레온 등) 검색 등으로 히트한 총계 40건의 특허 및 실용신안을 토대로 추출함. 특허 관계 데이터는 모두 같은 절차에 따라 추출함.

33) 물과 암모니아 혼합 유체를 작동 유체로 한 열사이클은 일반적으로 카리나사이클로 불리며, 오로지 고열 사이클 효율이 확실하다는 이유로 주목받았다. 과연 전술한 해양온도차발전연구소에서도 '암모니아 · 물 혼합매체 사이클의 시스템 설계'를 시행하여 해산하기 전년도에 다음과 같은 결과를 보고한다. "따뜻한 해수와 차가운 해수의 온도 차이를 현상보다 적게 억제할 수 있고, 적용 해역의 확대와 연간 가동 시간의 증가 등 해양온도차발전의 경제·닝과 닙시에 관한 제한을 개선할 수 있는 효과도 기대할 수 있다." 해양온도차발전연구회, 〈연구성과보고서(요약판)〉(1993년 3월), 17항.

34) 鴨川浩(1978), *op. cit.*. 선샤인계획의 가속적 추진 계획에 대해서는 〈공업기술원 소개〉(1980), 6항 등을 참조하라.

35) 梶川武信, 〈해양온도차발전 · 농도차발전〉, 《응용물리》 제50권, 제4호(1981), 415-423항. 저자는 당시 전총연 에너지부 해양에너지연구실 소속.

36) 鴨川浩, *op. cit.*, 등.

37) 中西重康, 〈냉매 문제와 냉열 발생의 효율에 대해〉,《일본기계학회기술과 사회 부문 강연 논문집》No. 99-64(1999년 11월 21일), 15-18항. 이 같은 전환 이전의 시점에서 프레온은 냉매로서 이미 널리 사회에 수용돼 있었다고 생각해도 좋다. 예를 들어, 1975년 지역냉난방협회가 발행한 팸플릿 〈지역냉난방〉의 신기술·제품 소개란에는 490kW 표준형 프론 터빈[石川島播磨重工業(株) 제조]이 채택되어 "에너지 절약의 첨병!!"이라는 평을 받았다.《지역냉난방》제6권(1975년 12월 15일 발행)을 참조하라.

38) 경로의존성은 일반적으로 미래의 상황이 과거 일련의 우연 현상이 일어나는 방향에 완만하게 의존하는 성질을 가리킨다. 기술 경로의존성의 경우, 복수의 기술이 경합하는 상황 중에 한 가지 기술이 선택되어 그 기술이 사회에 지배적 기술이 된다 해도 그 선택된 기술이 최적의 기술이라는 보장은 없다는 상태를 포함한다. 경로의존성을 인정하는 한 기술 선택의 과정에 끼어드는 '우연 요소'(historical accidents)나 '임의의 사건'(random events)에 의해 일단 특정 기술이 유리하게 되는 상황이 일어나면, 기술 본래의 성능과는 무관하게 한 가지 기술이 계속 선택되어 최종적으로 그 기술이 사회를 지배할 가능성이 높아지기 때문이다. 그 가능성이 실현된 경우, 일단 한 가지 특정 기술이 사회에 정착하고 광범위하게 보급되면, 예를 들어 그 기술이 다른 기술에 비해 성능적인 열위에 있다고 해도 성능적으로 우위에 있는 다른 기술을 사회 전체가 선택하는 상태로 이동할 수 없게 된다. 이처럼 경로의존성 개념은 일반적으로 승자를 적자(適者)로 만드는 경향이 있어, 수위 명확한 '휘그 사관'의 허구성을 함축한다. 경로의존성 개념을 최초로 정식화한 사람에 관해서는 P. A. David, "Clio and the economics of QWERTY", *American Economic Review*, Vol. 75, No. 2(1985), pp. 332-337; W. B. Arthur, "Competing technologies, increasing returns, and lock-in by historical events", *The Economic Journal*, Vol. 99, No. 394(1989), pp. 116-131를 참조하라. 기술에 관한 경로의존성 개념을 여러 사례에 적용하려고 한 시도에 관해서는 L. Magnusson · J. Ottosson (eds.), *Evolutionary Economics and Path Dependence*(Edward Elgar, 1997) 등을 참조하라.

39) 기술경영(management of technology) 분야는 이 문제에 몰두하는 더 중요한 분야의 하나지만 일반적으로 단기(혹은 리얼타임)에 걸친 기술 연관의 최적화는 한 가지 해답을 내놓기에 지나치게 복잡한 면이 많다. 이 문제를 취급하는 데 지금까지 진화의 메타포가 많이 쓰여 온 큰 이유가 이 점에 있다고 생각된다. 진화의 메타포에 대해서는 일단 G. Basalla, *The Evolution of Technology*(Cambridge University Press, 1988) 등을 참조하라. 기술 변화를 기술 · 분석 · 설명(예측)할 때의 결론과 사용된 이론적 메타포가 상호 의존하는 관계에 있는 것은 기술사(技術史)의 고전적 논쟁 쟁점 중 하나다. R. A. Buchanan, "Theory and narrative in the history of technology", *Technology and Culture*, Vol. 32(1991), pp. 365-376; J. Law, "Theory and narrative in the history of technology: response", idem, pp. 377-384; P. Scranton, "Theory and narrative in the history of technology: comment", idem, pp. 385-393; R. Fox (ed.), *Technological Change: Methods and Themes in the History of Technology*(Harwood Academic Publishers, 1996) 등을 참조하라.

40) 일본국 특허청 공개 특허 공보(A)특허개평(特許開平) 5-288481, 〈개방 사이클 해양온도차발전용 응축 장치 및 응축 방법〉(특허평4-116963), 2항.

41) W. H. Avery · C. Wu, *Renewable Energy from the Ocean: A Guide to OTEC* (Oxford University Press, 1994), pp. 210-267.

42) http://www.jca.apc.org/.gen/houann.htm에 의거함.

43) 내역별 1차 에너지 총 공급량에 관한 데이터는 자원에너지청 장관 관방 종합정책과(편), 〈종합 에너지 통계 헤이세이 12년도판〉, 371항에 의거함.

44) 사회(社會)시를 중심으로 하는 고전적 기술 보급 연구의 지적 전통[예를 들어, W. F. Ogburn, *The Social Effects of Aviation*(Houghton Mifflin Co., 1946) 등]에는 이러한 의미에 따른 기술 궤도가 부여된 바가 많았던 것에 대해, 진화경제학 및 앞서 말한 경로의존성의 논의에 관해서는 여기서 정의한 의미의 기술 궤도와 일부 겹치는 논의가 전개되고 있다. 전자에 관련된 선행 연구로는 우선 G. Dosi, "Sources, procedures, and microeconomic effects of innovation", *Journal of Economic Literature*, Vol. 26, No. 3(1988), pp. 1120-1171; N. Rosenberg, *Perspectives*

on Technology(Cambridge University Press, 1976); R. Nelson · S. G. Winter, *An Evolutionary Theory of Economic Change*(Harvard University Press, 1982); C. Freeman · L. Soete (eds.), *New Explorations in the Economics of Technical Change*(Pinter, 1990) 등을 참조하라. 후자와 관련된 선행 연구로는 P. A. David(1985), *op. cit.*; W. B. Arthur(1989), *op. cit.*; J. Ziman (ed.), *Technological Innovation As an Evolutionary Process*(Cambridge University Press, 2000) 등을 참조하라.

제4장 '지(知)의 실패'를 극복하기 위해

1) 여기서 편의상 '영역'으로 표현하고 있는 것에는 특정 분야, 부문, 문제 영역, 연구자 집단 등 여러 레벨이 포함된다. 이런 영역을 재구성하는 최소 단위는 연구자 개인이다. 여기서 상호풍부화와 상호불모화에 대해 서술하는 일은 연구자 개인의 활동을 단위로 해도 적용된다는 전제 아래 논의를 추천하고 싶다.

2) 여기서 전개하는 이종교배 사고는 松本三和夫의《과학기술사회학의 이론》(木鐸社, 1998)에서 정식화한 자기언급 · 자기조직형 과학기술사회학의 연구 프로그램에서 기인한다. 물론 특정 시도가 어느 정도 상호불모화와 거리가 있고 상호풍부화와 근접한지는 예단에 의해서가 아닌 개개의 사례에 입각해 구체적으로 판단해야 한다(가능한 일례는 다음 절에서 제시함).

3) 크란츠버그의 공적에 대해서는 *Technology and Culture*, Vol. 37, No. 3(1996), pp. 401-428를 참조하라.

4) 여기서 말하는 수평적 이종교배나 수직적 이종교배보다 일반적인 개념 규정에 대해서는 松本三和夫(1998), *op. cit.*, 3항을 참조하라.

5) 괄호 안은 해당 이론의 아이디어를 최초로 정식화하고 이론의 기초를 쌓은 인물이다. 이와 관련해 '강한 프로그램'에 대해서는 D. Bloor, *Knowledge and Social Imagery*(Routledge &Kegan Paul, 1976), 佐佐木力 · 古川安 역,《수학의

사회학》(培風館, 1985)을, '이종교배' 개념에 대해서는 J. Law, "Technology and heterogeneous engineering: The case of the Portuguese expansion", in W. E. Bijker, T. P. Hughes · T. Pinch (eds.), *The Social Construction of Technological Systems: New Direction in the Sociology and History of Technology*(The MIT Press, 1987), pp. 111-134를, '관련 사회집단' 개념에 대해서는 W. E. Bijker, T. P. Hughes · T. Pinch (eds.), *ibid.*를, '번역' 개념에 대해서는 M. Callon, "Struggles and negotiations to define what is problematic and what is not: The socio-logic of translation", in K. D. Knorr · R. Krohn · R. Whitley (eds.), *The Social Process of Scientific Investigation*(D. Reidel Publishing Co., 1980), pp. 197-219; B. Latour, "Give me a laboratory and I will raise the world", in K. Knorr Cetina · M. Mulkay (eds.), *Science Observed*(Sage, 1983), pp. 141-170 등을 참조하라.

6) STS를 Science & Technology Studies의 약어로 보는가, Science, Technology & Society의 약어로 보는가에 따라 성격이 완전히 달라진다. 전자는 여기서 말하는 엘리트 노선의 약칭으로, 후자는 대중 노선의 약칭으로 많이 쓰이기 때문이다. S. Jasanoff · G. E. Markle · J. C. Petersen · T. Pinch (eds.), *Handbook of Science and Technology Studies*(Sage, 1995)를 참조하라.

7) 학제 연구에 특유의 문제가 예상되면, 타 학제 연구의 사례보다 우선 자신의 연구에 다소라도 관여하는 학제 연구 중 하나인 지적 생산재로서의 STS에 입각해 그 내용을 명확히 해 두는 것이 순서이기 때문이기도 하다. 이 순서는 자기언급 · 자기조직형 과학기술사회학의 연구 프로그램이 이끄는 귀결 중 하나다. 자기언급 · 자기조직형 과학기술사회학의 연구 프로그램에 대해서는 松本三和夫(1999), *op. cit.*를 참조하라. 대중 노선에 대한 음미는 3절에서 취급함.

8) 여기서 모(母) 분야로의 의례적 자기언급은 굳이 모 분야에 호소하지 않아도 간단히 주장할 수 있는 논점에서 모 분야를 언급하는 의례적 작법을 가리킨다. 예를 들어, 데이비드 블루어의 실험심리학에 대한 언급, 존 로의 사회학에 대한 언급, 브뤼노 라투르의 철학에 대한 언급 등에 그 경향이 인정된다. D. Bloor, "Remember the strong program?" *Science, Technology, & Human Values*, Vol. 22, No.

3(1997), pp. 373-385; J. Law, "The Olympus 320 engine: A case study in design, development, and organizational control", *Technology and Culture*, Vol. 33, No. 3(1992), pp. 409-440; B. Latour, *Science in Action*(Harvard University Press, 1987), 川崎勝・高田紀代志 譯,《과학이 만들어지고 있을 때 인류학적 고찰》(産業圖書, 1999) 등을 참조하라. 또한 모 분야 지식의 몰자각적 운용이라는 것은 친숙한 모 분야(이과 분야인 것이 많다)의 지식을 현재의 연구 대상으로 하여 친숙하지 않은 동료나 연구 동료 및 타 분야 연구자에게 해설하는 것을 말한다. 믿을 수 있는지 없는지 이전에 각각 자각적 자기언급인지 아닌지를 판단하기 곤란한 경우가 많다. 예를 들어, 트레버 핀치의 신시사이저, 위비 바이커의 자전거, 미셸 칼롱의 전기자동차의 사례 연구에 등장하는 타 논점에 관한 어울리지 않는 상세한 각 사례의 지식은 이러한 몰자각적 운용을 생각하게 한다. T. Pinch, "The social construction of the early electronic music synthesizer", Presentation made at the seminar Emulation Playstation meets Organism, Emulation in Cultural Context held at Amsterdam-Maastricht Summer University, 2nd September 2000; W. E. Bijker, *Of Bicycles, Bakelites, and Bulbs: Toward A Theory of Sociotechnical Change*(The MIT Press, 1995); M. Callon, "The sociology of an actor-network: The case of the electric vehicle", in M. Callon, John Law · Arie Rip (eds.), *Mapping the Dynamics of Science and Technology*(MacMillan, 1986), pp. 19-34 등을 참조하라.

9) 과학전쟁에 관한 자료는 다음 인터넷 사이트에 공개되어 있다. http://members.tripod.com/ ScienceWars/;http://www.physics.nyu.edu/faculty/soka/;http://www.keele.ac.uk/depts/stt/stt/sokal.htm; 金森修,《사이언스 워즈》(東京大學出版會, 2000)도 참조하라.

10) 프린스턴 고등연구소의 인사 문제에 대해서는 L. McMillen, "The Science Wars Flare at the Institute for Advanced Study: The rejection of a Princeton professor divides scholars at the center that was once Einstein's intellectual home", at http://www.keele.ac.uk/depts/stt/stt/sokal/chron.txt 등을 참조하라.

11) 일례를 들면, 하이젠베르크의 불확정성 원리의 남용에 대해서 S. Aronovitz,

Science as Power(University of Minnesota Press, 1988)에 대한 P. R. Gross · N. Levitt, Higher Superstition: The Academic Left and Its Quarrels with Science(Johns Hopkins University Press, 1994), 3장, pp. 50-55의 비판, 상대성이론 좌표계 개념의 오해에 대해서 B. Latour, "A relativistic account of Einstein's relativity", *Social Studies of Science*, Vol. 18(1988), pp. 3-44에 대한 A. Sokal · J. Bricmont, *Fashionable Nonsense: Postmodern Intellectuals' Abuse of Science*(Picador, 1998), 田崎晴明 · 大野克嗣 · 堀茂樹 譯,《지(知)의 기만: 포스트모던 사상에서 과학의 남용》(岩波書店, 2000), 165-177항, J. Huth, "Latour's Relativity", in N. Koertge (ed.), *A House Built on Sand*(Oxford University Press, 1998), pp. 181-192의 비판, 카오스이론의 이해에 대해서 K. N. Hayles, *Chaos Bound: Orderly Disorder in Contemporary Literature and Science*(Cornell University Press, 1990)에 대한 P. R. Gross · N. Levitt(1994), *op. cit.*, 4장, pp. 98-104의 비판, 유체역학의 젠더론적 오해에 대해서 K. N. Hayles, "Gender encoding in fluid mechanics: Masculine channels and feminine flows", *Differences: A Journal of Feminist Cultural Studies*, Vol. 4(1992), pp. 16-44에 대한 P. A. Sullivan, "An engineer dissects two case studies: Hayles on fluid mechanics, and MacKenzie on statistics", in N. Koertge (ed., 1998), *op. cit.*, pp. 71-98의 비판, 기술통계학 형성기의 관련성 측도를 둘러싼 칼 피어슨(Karl Pearson)과 조지 율(George Yule)의 논쟁의 오해에 대해서 D. MacKenzie, "Statistical theory and social interests: a case study", *Social Studies of Science*, Vol. 8(1978), pp. 35-83에 대한 P. A. Sullivan(1998), *op. cit.*의 비판, 중력파 검출 실험이 해석의 오류에 대해서 H. Collins, *Changing Order*(Sage, 1985)에 대한 A. Franklin, "Avoiding the experimenters' regress", in N. Koertge (ed., 1998), *op. cit.*, pp. 151-165의 비판 등을 참조하라.

12) 존 로의 미시적 권력 현상에 대해서는 J. Law, "The manager and his power", Paper presented at the Mediaset Convention, Venice, 12th November, 1996; idem & Ingunn Moser, "Managing subjectivities and desires", *Concepts and Transformation*, Vol. 4(1999), pp. 249-279 등을 참조하라. 음의 구성주의적

연구에 대해서는 초기 신시사이저의 빈티지 기종인 모그형 신시사이저를 사례로 한 *Analog Days: The Invention and Impact of the Moog Synthesizer*를 핀치가 집필 중이라고 한다. 바이커의 민주적 기술개발론에 대해서는 W. E. Bijker, "Sociohistorical technology studies", in S. Jasanoff, et al. (eds., 1995), *op. cit.*, pp. 229-256를, 칼롱의 연구·개발과정론에 대해서는 M. Callon, P. Laredo·P. Mustar, *The Strategic Management of Research and Technology Evaluation of Programmes*(Brookings Institution Press, 1998)을 참조하라.

13) D. Bloor, "Anti-Latour", *Studies in History and Philosophy of Science*, Vol. 30, No.1(1999), pp. 81-112. 1987년은 라투르의 *Science in Action*의 원저가 간행된 시점이다. 이 책에는 지명이 없고, STS의 핵심을 다소라도 아는 사람이 보면 바로 알 수 있어서 과학지식사회학, 특히 그 기초가 되는 '강한 프로그램'이 비판받는다(같은 책 5장 등을 참조하라. 번역서의 해설은 서적을 간행 순으로 정리한 연대기를 연상케 해 견실하지만, 이론의 독자성 판별이 정확하게 독자에게 전해지기 어려운 부분이 보이는 점은 아쉽다).

14) D. Bloor(1999), *op. cit.*

15) '지적' 지도자의 역할이 근본적인 사고나 연구 프로그램을 처음으로 정식화하는 데 있다면 지적 지도자는 우편 수배, 출판 기획, 회의, 위원회 조직 등에 능력을 발휘하는 '사회조직' 지도자와는 개념적으로 구별된다. N. C. Mullins, *Theories and Theory Group in Contemporary American Sociology*(Harper & Row, 1973), pp. 27-29를 참조하라.

16) B. Latour, "One more turn after the social turn…", in E. McMullin (ed.), *The Social Dimension of Science*(University of Notre Dame Press, 1990), pp. 272-294.

17) Idem, *We Have Never Been Modern*(Harvester, 1993), p. 53. 프랑스어판의 해당 부분, idem, *Nous n'avons jamais été modernes: Essai d'anthropologie symétrique*(Éditionse La Découverte, 1991), p. 75에 이 문장은 존재하지 않는다. 이 문장을 포함하는 독립된 절이 2년 후 영어판에 새롭게 더해졌다.

18) D. Bloor(1999), *op. cit.*

19) *Ibid*. 괄호 안 내용은 나의 보충 설명이다.

20) *Ibid*.

21) D. Bloor, "Discussion: Reply to Bruno Latour", *Studies in History and Philosophy of Science*, Vol. 30, No. 1(1999), pp. 131-136.

22) B. Latour, "Discussion: For David Bloor…and beyond: A reply to David Bloor's 'Anti-Latour'", *Studies in History and Philosophy of Science*, Vol. 30, No. 1(1999), pp. 113-129.

23) *Ibid*.

24) *Ibid*.

25) D. Bloor, "Anti-Latour", *Studies in History and Philosophy of Science*, Vol. 30, No. 1(1999), pp. 81-112.

26) B. Latour, "When things strike back: A possible contribution of 'science studies' to the social sciences", *British Journal of Sociology*, Vol. 51, No. 1(2000), pp. 107-123. 정확히 말하면 전기(前記)한 블루어와의 논쟁에서 '번역' 개념에 언급된 부분은 한 군데만 존재하지만 분명 그것은 행위자 연결망 이론의 기초로서 '번역' 개념의 부정적 자기언급이 아니다(오히려 주객론에서 주-객 이원론이라는 고전적 문맥으로 쓰인다).

27) R. Whitley, "Black boxism and the sociology of science: a discussion of the major development of the field", in P. Halmos & M. Albrow (eds.), *The Sociological Review Monograph 18: The Sociology of Science*(University of Keele, 1972), pp. 61-92.

28) 과학전쟁과 완전히 독립으로, 사회적 시야가 풍부한 과학자를 원하는 방향성은 이과와 문과의 학문 연구 분야의 실행을 형성하는 하나의 요소이기도 했다. 문부과학성 과학연구비 형성적 기초연구비(대표자 長倉三郎) 헤이세이 12년도 연구성과보고서, 〈사업성 연구(feasibility study)〉(2001), 60항 등을 참조하라.

29) D. MacKenzie, *Inventing Accuracy: A Historical Sociology of Nuclear Missile Guidance*(The MIT Press, 1990), pp. 8-10. '농밀한 서술'(thick description)을 하고,

이질적 서술의 문맥을 식별하며, 수미일관한 이론을 구성하는 것이 기술사회학의 전선에 정착해 오랫동안 일의 표준 중 하나가 되려면, 이 책은 미소 냉전기에 대륙간 탄도미사일의 제어계 기술개발 과정에 관한 매우 정치한 표준 업무라고 해도 좋다. 한편 새로운 연구 프로그램의 정식화라는 관점에서 보면, 동서가 제창하는 기술구축주의(Social Constructivism of Technology의 이니셜과 저자 매켄지가 거주하는 스코틀랜드를 비꼬아 SCOT라고 줄여 부르는 말이 있다)는 기술사회학과 관련해 이미 정식화한 오래되고 수많은 선행 연구의 사고에 관한 언급 없이 새로운 연구 프로그램이라는 것을 명명할 경향이 없다고 단정할 수 없는 것은 유감이다. 이 점에 대해서는 D. Edgerton, "Tilting at paper tigers", *British Journal for the History of Science*, Vol. 26, Part 1, No. 88(1993), pp. 67-75를 참조하라.

30) 과학기술사회학의 상호작용론의 과제 정식화에 대해서는 松本三和夫(1998), *op. cit.* 3장을 참조하라. 이어서 개척 과정의 학제간 연구에서 최신 정보에 대해 언급만 하면 내용의 새로움도 담보된다고 하는 편리한 전제가 있는 경우, 그 전제가 사실에 합치하지 않아도 굳이 최신 정보를 괄호에 넣어 사실인 쪽을 선호하거나 사실을 우선하는 것에 어울리는 구상력을 예견하는 지적 재고(예를 들어 고전 이론)로 구태여 다시 돌아가 자체적으로 기초부터 이론을 다시 세운다고 한 자기언급형 사고회로의 의미는 전혀 인정되지 않을 것이다. 현대에 있어서 특유한 배경 등에 대해서는 加藤尙武, 〈과학기술과 논리〉, 加藤尙武 · 松山壽一(편), 《과학기술의 향방》(ミネルヴァ書房, 1999), 312-330항도 참조하라. 이와 관련해 D. 매켄지의 최신작[D. MacKenzie, *Mechanizing Proof*(The MIT Press, 2001)]은 많은 사람이 일상적으로 많이 접하는 컴퓨터의 신뢰성과 관련해 사회학적 고찰을 더하고 개개인의 흥미 깊은 논점에 대한 것이 포함되어 있지만, 이론의 구조에 관한 한 여기서 지적한 논점에 대폭적인 변경을 더할 필요는 없는 것 같다.

31) 이러한 것에서, 지적 소비재로서 STS는 어느 쪽인가 하면 과학과 관계없거나 (또는 과학에 변방적인) 주목받아 온 주제를 다루고 있다는 사실로 그 동일성을 확인하는 경우도 적지 않다. 지적 생산재로서의 STS도, 지적 소비재로서의 STS도, 그외 문과 학문의 작법에 의한 과학기술에 관한 연구도 모두 함께 '사회학적'으로

의미를 부여하는 경향(예를 들어, 과학전쟁 등) 때문에, 역으로 그런 주제가 '사회학적'인 방법에 의해 다뤄지고 있는가 하는 연상을 바탕으로 한 오해를 낳기 쉽다('사회학적' 부분은 '역사학적'이었다고 해도 같은 효과를 갖는다).

32) '과학·기술과 사회의 모임'에서의 스티브 풀러의 강연(2002년 1월 15일)에 의거함(강연을 들은 木原英逸의 도움을 구했다. 감사를 표한다).

33) S. Fuller, *Social Epistemology*(Indiana University Press, 1988), p. xi, 3.

34) S. Fuller, *Science*(Open University Press, 1997), 小林傳司·調麻佐志·川崎勝·平川秀幸 역,《과학이 묻는다: 사회인식론(social epistemology)》(産業圖書, 2000), 9항, 22-24항(괄호 안 내용은 나의 보충 설명임).

35) S. Fuller, *Philosophy of Science und Its Discontents*(The Guilford Press, 2nd ed., 1993), p. 28.

36) *Ibid.*, p. 216.

37) 특히 관료제 기구에 의해 학문 통제가 고전적인 완성을 이룩한 19세기 말 독일에서 학문의 자유(Lehrfreiheit) 이념이 등장했다는 역사의 야유로 돌아가 오늘날 과학철학이 처한 사회 상황을 다음과 같이 부각했을 때, 학문을 형성하는 전문지식과 일상 지식 사이의 현대적인 수직적 이종교배를 방해하는 것이 무엇인가를 부정적 자기언급을 통해 찾아낸다는 의미의 건전함을 나타내기도 한다. "문제는 연구 전체를 어떻게 추진해 가는가 하는 가닥을 잡는 책임이 연구자의 몫이 아니라 처음부터 대학 행정관이나 시스템 분석가 또는 국회의원에게 위임된다는 점이다. 이들이 지식산업의 주무자인 것이 과연 직절한지 여부를 따지지 않고 이들에 의해 학문의 가닥이 정해지는 것을 '지성'에 흠이 존재한다고 보았는데, 이것은 단지 우리의 학문이 사회에서 학문의 위치를 정하는 행위에서 얼마나 소외되어 있는지를 말할 뿐이다." *Ibid.*, pp. 209-210. 물론 이 같은 지적을 풀러가 처음 한 것은 아니다. 과학철학을 과학 연구 그 자체로 치환하며 풀러의 지적에 앞서 대략 70년 전, 보다 일반적인 문맥을 따르는 사회과학자 막스 베버가 이 같은 지적을 했다. 1장 주(46)를 참조하라.

38) 과학철학도 수평적 이종교배의 시도였던 것을 예증하는 전기로서 P. H. Shilpp

(ed.), *The Philosophy of Rudorf Carnap*(Cambridge University Press, 1963), 특히 pp. 3-84가 흥미롭다.

39) S. Fuller, *Thomas Kuhn: A Philosophical History of Our Time*(The University of Chicago Press, 2000), p. 8.

40) S. Fuller, "Why science studies has never been critical of science?: some recent lessons on how to be a helpful nuisance and a harmless radical", *Philosophy of the Social Sciences*, Vol. 30, No. 1 (2000), pp. 5-32.

41) S. Fuller, Philosophy, *Rhetoric and the End of Knowledge: The Coming of Science and Technology Studies*(The University of Wisconsin Press, 1993), 5장과 6장 등.

42) S. Fuller(The University of Chicago Press, 2000), *op. cit.*, p. 7.

43) 이상, S. Fuller(2000), in *Philosophy of the Social Sciences*, *op. cit.*에 의거함.

44) *Ibid*; S. Fuller(The University of Chicago Press, 2000), *op. cit.*, p. 418 주.

45) 이상, 풀러의 이론에 의한 자기언급 작법에 관한 비판적 음미는 졸저에 대한 다음과 같은 서평이 계기가 됐다. J. Lewis, "Book Reviews: Miwao Matsumoto, The Science-Technology-Society Interface: A Sociological Theory(Tokyo: Bokutakusha, 1998, p. 365)", *Social Science Japan Journal*, Vol. 3, No. 1(2000), pp. 130-134.

46) S. Jasanoff, *Science at the Bar: Law, Science, and Technology in America*(Harvard University Press, 1995), p. xiv.

47) *Ibid.*, p. xvi.

48) *Ibid.*, pp. 158-159.

49) S. Jasanoff, *The Fifth Branch: Science Advisers as Policymakers*(Harvard University Press, 1990), p. vii.

50) *Ibid.*, p. 61.

51) *Ibid.*, p. 64, 70, 71 등.

52) *Ibid.*, p. 62.

53) 선험적 소수자들의 예상(예를 들어, 성층권 오존층 파괴 문제에 대한 마리오 몰리나와

셔우드 롤란드의 1947년 예상, 지구온난화 문제에 대한 제임스 한센과 세르게이 레베데프의 1988년 예상, 환경호르몬 문제에 대한 레이첼 카슨의 1962년 예상)을 고려하면 '발견 또는 재발견'이라는 쪽이 옳을지도 모른다.

54) S. Jasanoff(1990), *op. cit.*, p. 71.

55) *Ibid.*, p. 78.

56) *Ibid.*, p. vii.

57) B. Wynne, "The rhetoric of consensus politics: A critical review of technology assessment", *Research Policy*, Vol. 4, No. 2(1975), pp. 108-158; idem, *Rationality and Ritual: The Windscale Inquiry and Nuclear Decision in Britain*(Monograph No. 3, British Society for the History of Science, 1982); idem, *Risk Management and Hazardous Waste: Implementation and Dialectics of Credibility*(Springer, 1987), 10장.

58) 학술심의회 학술연구체제 특별위원회 인문·사회과학 연구에 관한 실무팀, 〈인문·사회과학 연구 및 종합적 연구의 추진 방책에 대해(심의 요약)〉(2000년 11월 28일 자). 이 장에서 논증한 대로 '이른바 STS'는 일종의 통용어가 될 가능성에 이어지는 여러 가지 문제점을 안고 있지만, '이른바 STS'가 무엇을 가리키는가도, '금방이라도 반응이 일어난다'는 근거도, 이 문장에서는 서술하지 않는다. 그러므로 여기서 이 문서의 내용에 이 이상 끼어드는 것은 삼가고 싶다.

59) 林雄二郎·山田圭一,《과학의 라이프사이클》(中央公論社, 1975), 138-167항, 山田圭一·塚原修一,《과학 연구의 라이프사이클》(東京大學出版會, 1986), 44-48항 등을 참조하라. 당연히 특정 제교문 분야의 납입을 목표로 하는 연구자 집단이 설파하는 학문의 필요성은 사실에 비추어 그대로인 경우도 있고 그렇지 않은 경우도 있다[2001년 4월 26일, 〈과학기술과 사회의 모임〉에서 手塚晃(원 문부성 심의관)의 발표에 의거함. 이 발표회의 사회는 과학사가 中山茂가 맡았다. 두 분께 감사한다].

60) A. M. 카 샌더스와 P. A. 윌슨, 탈코트 파슨스의 고전적 연구 이래, 전문가들 사이에 도는 이론은 방대한 선행 연구가 쌓인 분야 중 하나며, 여기서는 그것의 극히 일부만 언급되는 것으로 그친다. 역사적으로는, 여기서 말하는 전문가와

비전문가의 관계는 의사 · 법률가 · 성직자라는 중세 이래 독립 자영 고전적 전문직 종사자로서의 전문가와 클라이언트로서의 비전문가라는 관계에서 시작한다. 본디 19세기 이후의 영국을 중심으로 건축가, 보험 관련 회계사, 약제사, 은행가, 회계사, 비서, 사진가, 인테리어 디자이너, 사서, 간호사, 부동산 감정사, 임상검사 기사, 사회복지사, 테라피스트, 경영 컨설턴트 등 실로 다양한 직업 종사자에 의해 이 관계가 모방되어 각각의 직업에 대응하여 다채로운 전문직업집단(professional association)이 형성되어 왔다. *Scientific and Learned Societies of Great Britain: A Handbook Compiled from Official Sources*(60th Edition, 1962)를 참조하라. 이를 받아들여 현대 사회가 구성된 과정을 전문직업화(professionalization)에서 찾는다는 생각은 처음이 아니며, 결국 '만인의 전문직업화'를 야유하는 논자도 나타난 지 오래다. H. L. Wilensky, "The professionalization of everyone?", *American Journal of Sociology*, Vol. LXX, No. 2(1964), pp. 137-158를 참조하라.

61) 고전적 대답에 대해 "계몽주의적 전통에 대한 회의(懷疑)"를 품으면서도 "가능한 한 이성의 유산을 구출해 내려고 모든 길을 찾아 싸웠다"는 평을 듣는다(R. Bendix, "Sociology and the distrust of reason", *American Sociological Review*, Vol. 35, No. 5(1970), pp. 831-843]. 독일 사회학자 막스 베버만큼 훌륭한 모범 사례를 보여 준 학자는 없다. 이 점에 대해서는 '주지주의적 합리론'(intellektualistische Rationalisierung)을 둘러싼 베버의 이론을 참조하라. Max Weber, *Wissenschaft als Beruf*(2. Aufl., Duncker & Humblot, 1921, 초판은 1919), 尾高邦雄 역, 《직업으로서의 학문》(岩波書店, 1936), 33-34항(pp. 593-594), 64항(p. 609) 등.

62) 이상의 내용은 http://spaceflightnow.com/challenger/timeline/ 등에 의거함. 덧붙여, 동 사이트 정보는 당시 UPI 통신사 케이프 카나베랄 지국장으로서 케네디우주센터에서 사고를 목격한 W. 하우드(W. Harwood)가 작성한 기록에 기초한다.

63) Presidential Commission on the Space Shuttle *Challenger* Accident, Report to the President by the Presidential Commission on the Space Shuttle *Challenger* Accident(Government Printing Office, 1986), Vol. I, pp. 81-82. 괄호 안

내용은 나의 보충 설명이다.

64) R. P. Feynman · R. Leighton, *What Do You Care, What Other People Think? Mr. Feynman Goes To Washington*, 大貫昌子 역,《파인만 씨, 농담도 잘하시네》(岩波書店, 1988), 147-299항. 또한 Presidential Commission on the Space Shuttle *Challenger* Accident, Report to the President by the Presidential Commission on the Space Shuttle *Challenger* Accident(Government Printing Office, 1986), Vol. II, Appendix F에도 'Personal observations on the reliability of the Shuttle'이라는 제목의 파인만의 견해가 첨부되어 있다.

65) 거대 기술 시스템일수록 요소 기술을 통합할 때 간과하거나 요소 간 조정 불량이 일어나기 쉽디. 그믹이 꺼내애실수록 책임의 소재가 불명료하기 쉽다. 경영적 판단이 기술적 판단에 우선됐다. NASA가 적잖이 발사에 대한 압력을 받고 있다 등.

66) D. Vaughan, *The Challenger Launch Decision*(The University of Chicago Press, 1996), 특히 3, 4, 5장.

67) 챌린저호의 사고에 관한 이야기에 대해서는 T. F. Gieryn, "Ingredients for a theory of science in society: O-rings, ice water, c-clamp, Richard Feynman, and the press", in T. F. Gieryn · S. E. Cozzens (eds.), *Theories of Science in Society*(Indiana University Press, 1990), pp. 67-97를 참조하라.

68) 집단이나 조직과 전문지식 실패로서의 사고 관계가 논의될 때, 사고가 미치는 영향이 집단이나 조직의 차원에서 논이되는지(예를 들어, 조직사고론), 혹은 사고에 대힌 미연의 빙시책이 십난이나 조직의 차원에서 논의되는지(예를 들어, 고신뢰성조직론), 둘 중 어느 쪽에 머무는 경우가 많다. 이러한 종래의 조직론에 비춰 보면, 다른 여타 사례에 대해서도 사고의 원인을 집단이나 조직 구조의 장기 이력으로 되돌아가 점검하는 것이 가치가 있음을 이 지적은 시사한다. 최근 이런 시행에 대해 M. Matsumoto, "A hidden pitfall in the path of prewar Japanese military technology", *Transactions of the Newcomen Society for the Study of the History of Engineering and Technology*, Vol. 71, No. 2(2000), pp. 305-

325를 참조하라. 조직 사고의 정의에 대해서는, J. Reason, *Managing the Risk of Organizational Accidents*(Ashgate Publishing Ltd., 1997), 塩見弘監 역, 高野硏一 · 佐相邦英 역,《조직 사고》(日科技連. 1999), 1-3항을 참조하라. 고신뢰성조직론에 대해서는 K. E. Weick, "Organizational culture as a source of high reliability", *California Management Review*, Vol. 29(1987), pp. 112-127; T. R. LaPorte · P. M. Consolini, "Working in practice but not in theory: Theoretical challenges of 'High Reliability Organizations'", *Journal of Public Administration and Theory*, Vol. 1, No. 1(1991), pp. 19-47 등을 참조하라.

69) 물론 여러 사항에 대해 겉모습과 내용을 구별하는 지혜를 특수한 훈련을 통해 후천적으로가 아닌 선천적 또는 경험에 의해 갖춘 사람도 있다. 이것은 여기서 말하는 전문가는 아니다. 그들은 어떤 집단에서도 드물게 보이는 촌장 같은 지혜자이며, 전문가 중에도 존재할 수 있다.

70) 나아가 지의 틈새를 비집고 과학 · 기술 · 사회의 경계에서 발생하는 일의 현상 해명, 문제 해결에는 전기(前記)한 바와 같이 각각의 현상 및 문제에 특유한 복수의 이질적 전문지식이 불가결하다. 따라서 문과와 이과를 불문하고 복수의 모 분야를 달리하는 전문가끼리 뭔가 협업을 동반하는 행위임은 논할 필요가 없을 것이다.

71) 만약 연구로서 이과와 문과의 이종교배를 권유한다면 적어도 이러한 식견과 원칙에 입각해 이종교배를 권유할 책임이 있다고 생각한다. 이종교배의 이념에서 보는 한, 이것이 학제간 연구에 관계하는 한 개인의 책임임과 동시에 새로운 지(知)를 지향하는 좋은 전문가의 사회적 책임이기도 하기 때문이다.

72) '인상관리'는 원래 심리학, 사회심리학, 사회학 등에서 대인적 상호행위 장면에서 자기제시 방법을 언급할 때 사용하는 전문용어로, 일반적으로 현실 혹은 상상의 사회적 상호작용에서 타자에 의해 포용되리라는 자신의 인상을 자기가 바라는 목적을 위해 통제하려는 의식적 · 무의식적 시도를 가리킨다. 여기서는 특정 비전문가가 다른 비전문가 및 전문가에게 직접 받는 이익이 과학 · 기술 · 사회 계 전체와 관계하는 일반적 · 보편적이라는 인상을 연출하는 것에 의해 불이익의 해소

및 이익으로의 전환을 가늠하는 경우를 염두에 두고 있다. 물론 불이익이 분명 일반적 · 보편적인 성질을 갖는 경우도 있다. 여기서 말하고자 하는 것은 그렇지 않은 경우 정말로 일반적 · 보편적인 불이익이 부당하게 배제된다는, 이른바 강도주의의 도구만으로 민원 신청이 변질되어 버려서 비전문가가 '지(知)의 실패'의 극복에 관여하는 것은 곤란하지 않을까 하는 점이다.

제5장 자기언급 · 자기조직형 제언

1) 학문에 호소하는 것과 소위 학식 경험자에게 호소하는 것은 다른 것이지만, 일을 진행하는 형식을 제공하는 편법으로서 기능적으로 거의 등가의 기능을 하는 경우가 적지 않다.

2) 과학기술사회학 이론의 구상에 대해서는 松本三和夫(1998), *op. cit.*를 참조하라.

3) 일본학술회의 · 학술의 사회적 역할 특별위원회, 〈학술의 사회적 역할〉(2000); 문부과학성 과학연구비 형성적 기초연구비(대표자 長倉三郎) 헤이세이 12년도 연구성과보고서, 〈과학과 사회 사업성 연구(feasibility study)〉(2001) 등을 참조하라.

4) 과학 · 기술 · 사회의 경계에서 발생하는 예측 불가능한 사항을 해명하고 해결하는 시도에 왜 자기언급 · 자기조직형의 행위가 요구되고, 그것이 또 어떻게 관여되는지에 대한 정의는, 松本三和夫(1989), *op. cit.*, 시장과 증상 등을 참조하라.

5) W. H. Smyth, *Industrial Management*, Mar. 211/2(1919).

6) 윌리엄 스미스의 정의는 *ibid.*에 의거함. 일반 정의는 *Oxford English Dictionary*에 의거함.

7) 생시몽을 '기술관료주의의 아버지'라고 평한 사람은 사회학자 대니얼 벨이었다. D. Bell, *The Coming of Post-Industrial Society*(Basic Books, 1973), 內田忠夫 · 嘉治元郎 · 城塚登 · 馬場修一 · 村上泰亮 · 谷嶋喬四 역,《탈공업 사회의 도래(下)》(ダイヤモンド社, 1975), 451항.

8) A. Comte, *Cours de Philosophie Positive*(Bachelier), Tome 4(1839), Tome 5(1841), Tome 6(1842). 콩트가 《실증철학강의》에서 설명한 장대한 사회학 구상은 그후 종합 사회학으로의 비판을 통해 서서히 잊혔지만, 사회학이라는 지(知)의 행위가 이처럼 기술관료주의 사상의 계보를 배경으로 생겨났다는 점은 주목할 만하다(예를 들어, 과학기술사회학과 기술관료주의의 사고가 어디에서 어떻게 구별되는지 특정하는 것은 과학기술사회학이라는 새로운 전문지식 사회에서의 위치 선정을 결정하는 데도 중요하다).

9) 세부에 대해서는 H. G. Wells, *A Modern Utopia*(Nelson & Sons, 1905)'; T. Veblen, *The Engineers and the Price System*(Huebsch, 1919), 小原敬士 역, 《기술자와 가격 체제》(未來社, 1962); J. D. Bernal, *The Social Function of Science*(George Routledge & Sons, 1939), 坂田昌一·星野芳郎·龍岡誠 역, 《과학의 사회적 기능》(勁草書房, 1981); R. Boguslaw, *The New Utopians*(Prentice-Hall, 1965), 大友立也 역, 《시스템의 생태: 조직·사회의 철학》(ダイヤモンド社, 1972); 大淀昇一, 《宮本武之輔과 과학기술 행정》(東海大學出版會, 1989) 등을 참조하라.

10) 스스로의 유용성을 사회에 어필하는 다양한 고금의 모양에 대해서는 W. H. G. Armytage, *The Rise of the Technocrats: A Social History*(Routledge & Kegan Paul, 1965), 赤木昭夫 역, 《기술관료주의의 발흥》(筑摩書房, 1972)을 참조하라.

11) 이와 관련해, 그러한 변혁이라는 의지의 배후에 눈앞의 혼란한 사회 상태에 대한 뿌리 깊은 답답한 심정이 따른다는 점에서 기술관료주의와 통한다. 즉 눈앞의 사회 상태에 대한 뿌리 깊은 답답한 심정과 구조 변혁의 의지를 기술관료주의와 공유하는 반면, 유토피아로 전환할 듯한 장대한 변혁의 청사진 제시를 삼가고 오히려 단지 인간의 구상력에 호소하여 있을 법한 변혁의 전략과 방향을 제시한다는 점에서 기술관료주의는 명료하게 한 획을 긋는다.

12) 또한 설령 편의상 과거형의 성공의 기준을 답습한다고 해도, 예를 들어, 학회가 결성되어 학회가 어떤 실적을 쌓으리라 어떻게 보증하는지, 어떤 자리가 어떻게 창출될지, 누가 어떻게 그 자리를 점유할지, 거기에서 차세대의 담당자가 어떻게 재생산될지 등등 일련의 제도 재설계와 그 운용에 대해 부정적 자기언급의 회로가 작동하지 않는다면, 그것이 구조 변혁과 아무 관계도 없는

고금동서에서 많이 볼 수 있는 기존의 구조를 전제로 한 이익 획득 운동밖에 되지 않음은 분명하다.

13) 이 점은 사회주의든 파시즘이든 자유주의든 대략 상반된 다양한 통합 형태에 봉사할 수 있는 일종의 몰정치적인 모양새를 기술관료주의가 갖는다는 사실이 웅변적으로 말해 주고 있다. 이러한 모양새의 여러 모습에 대해서는 예를 들어, F. Fischer, *Technocracy and the Politics of Expertise*(Sage, 1990), pp. 21-26 등을 참조하라.

14) A. de Tocqueville, *De la Démocratie en Amérique*(G. Gosselin, 1836-1840), 井伊玄太郎 역,《미국의 민주정치(上)》(講談社, 1972), 180항.

15) 井上達夫, 〈합의를 의심하나〉, 합의형성연구회,《카오스 시대의 합의학》(創文社, 1994), 50-70항 등. 또한 이 과제군에 응하는 입장은 때로 이용 가능한 사회이론의 상태에 의해서도 영향을 받는다. 田中成明,《법적 공간: 강제와 합의의 틈에서》, 長尾龍一 · 田中成明(편),《법이론》(東京大學出版會, 1983), 3-62항 등을 참조하라.

16) 토크빌, *op. cit.*, 283항.

17) *Ibid.*, 284항.

18) 이것을 주장하는 이들(예를 들면, 丸山眞男 · 大塚久雄 · 川島武宜)의 주장 몇 가지는 봉건유제론(封建遺制論)이라는 키워드로 대표되지만 동시에 군중심리를 원동력으로 하는 대중사회 현상에 대해 개인의 자립을 설명한 면도 무시할 수 없다.

19) 이상의 논증은 松本三和夫(1998), *op. cit.*, 2장을 참조하라.

20) 각 방법의 개요에 대해서는 덴마크기술위원회(Teknologiradet)의 홈페이지(http://www/tekno.dk/engelsk/methods/)를 참조하라. 과학기술을 둘러싼 의사결정 사전평가라는 생각 자체는 1960년대 중반 미국 연방회의의 과학 및 우주 비행에 관한 하원위원회에서 논의되었고, 1966년 10월 17일 동 위원회가 발표한 과학연구개발 소위원회보고서(나는 보지 못했다)에서 처음으로 '기술 평가'라는 전문용어가 등장했다. 그리고 1972년 10월에 기술 평가 법안이 발효되고, 1974년 1월 기술평가국(Office of Technology Assessment)이 업무를 개시한다(1995년에 기술평가국은 활동의 막을 내렸지만 최근 다시 설립의 기운이 일고 있다고 들었다. 2001년 12월

11일, 鈴木達治郎의 정보에 의거함). 1969년 11월, 일본 산업예측특별조사단이 미국을 방문했을 때 미국이 그것을 일본에 소개했다(이상, '과학·기술과 사회의 모임'에서 배포한 미메오그래프, 澤田芳郎, 〈테크놀로지어세스먼트(2) 연혁과 문제점〉 1991년 10월 22일 자에 의거함. 일본에서는 그후 기술 평가를 표방하는 예산이 편성이 어려웠는지 미국과 대조적으로 점차 게재하는 보고서가 감소되었다).

21) '기술 평가'와 마찬가지로 '합의회의'에 대한 발상도 원래는 미국의 국립보건원(National Institute of Health)이 발단이었지만, 현재 알려진 방법을 개발한 것은 1986년에 설립된 덴마크의 기술위원회로 여겨진다.

22) 이상, 〈합의회의 실천 매뉴얼〉('과학기술로의 시민 참여를 생각하는 모임', 2001년 11월), 5항. 일본에 합의회의를 소개한 것으로는 小林傳司, 〈'합의회의'라는 실험〉, 《과학》 제69권, 제3호(1999), 159-163항 등을 참조하라.

23) 기술민주주의에 대해서는 柳田博明·山吉惠子, 《기술민주주의 선언: 기술자여, 시민이라 해도》(丸善, 1996)를 참조하라.

24) 예를 들면, 과학기술진흥재단 위탁조사보고서, 〈차세대 연구 탐색 프로그램(인문·사회과학과 자연과학의 융합 편)〉(未來工學硏究所, 2001)에서 平澤幸의 지적, 〈대론: 일본은 '노벨상 대국'을 노리는 것인가〉(《朝日新聞》 2001년 12월 5일 자)에서 野依良治의 발언, 〈일본의 초대 공세 '뇌물일지도'〉(《朝日新聞》 2001년 12월 5일 자)에서 보도된 노벨상위원회의 목소리 등을 참조하라. 처음부터 문제는 목표 달성 여부와 관계없이, 그러한 목표를 한 나라의 정책 목표로서 내거는 데 대한 것이다. 그렇다면 기술관료주의로 바뀌는 회로를 단절하기 위해서는, 예를 들어 과학·기술·사회가 상호작용하는 얼개를 바꾸는 구조 변혁을 설명할 경우, 일단 무엇을 위한 구조 변혁인가라는 목표의 타당성과 구조 변혁을 실현하기 위한 근거와 뒷받침, 즉 목표 달성 수단의 타당성에 대해 부정적 자기언급이 필요하다. 어느 쪽이든 변혁의 청사진에 포함되는 목표나 목표 달성의 수단이 주어진 것은 아니고, 지금 여기에 있는 우리의 선택 자유도(自由度)를 가질 수 있다는 것을 명확히 함으로써 청사진을 눈앞의 사회 상태와 관련지어 유토피아로 바뀌는 회로를 끊는 것이 타당성에 대한 부정적 자기언급의 역할이라고 할 수 있다. 이

역할은 단지 인간의 상상력에 호소해 변혁이 있음직한 전략과 나아갈 방향을 제시한다고 하는, 앞서 서술한 자세와 부합한다.

25) 이 점의 논증에 대해서는 松本三和夫(1998), *op. cit.*, 1장을 참조하라.

26) 이 점에 대해서는 P. David, "Clio and the economic organization of science", *American Economic Review*, Vol. 88, No. 2(1998), pp. 15-21; R. Whitley, *The Intellectual and Social Organization of the Sciences*(Oxford University Press, 2nd ed., 2000); J. Ziman, "Postacademic science", 《연보 과학·기술·사회》 제9권(弘學出版, 2000), 93-113항 등을 참조하라.

27) '과학·기술과 사회의 모임'에서 Robert Kneller에게 들은 내용(2001년 10월 24일) 등에 의거함.

28) 물론 경쟁적 자금의 전부를 설계의 밑천으로 운용한다는 것은 아니다. 시험적 운용이었다고 보면, 그 일부를 그러한 설계의 밑천으로 운용한다는 것으로, 일부를 어느 정도의 비율로 어림할지 좀 더 검토해야 한다.

29) 4장 주(15)를 참조하라.

30) 이행 기준의 상세에 대해서는 일본학술회의 위원추천관리회, 〈일본학술회의 제18기 회원 선출 제도 설명서〉를 참조하라.

31) 1장에서 정식화하고 3장에서 그 함의를 검토한 역전달의 원칙은, 구조재(構造災)가 발생한 경우, 당사자가 따라야 하는 행동의 지침으로 도입되어 과학·기술·사회의 경계에서의 이유 없는 불이익과 부자유가 집중 발생하는 경우에 입각해 그러한 불이익과 부자유를 낳는 사회의 상태를 만인 앞에 여실히 드러낸다는 원칙이었다. 기술다중민주주의로 차별화한 경우, 참여형의 합의형성 방법에 나타나는 민주주의의 그림자 부분을 가능한 한 제거한다는 문맥으로 역전달의 원칙을 해석하면 문제는 어떤 제언이 가능한가에 귀착한다. 그러한 관점에서 참여형의 합의형성 방법을 바라보면, 앞 절에서 본 대로 역전달의 원칙과 관련된 문제의 당사자가 비전문가에 그치지 않고 전문가 또한 당사자가 될 수 있다는 점이 큰 의미를 갖는다. 특히 일본에서 이제까지 실시된 유일한 참여형 합의형성 방법인 합의회의의 관점에서 보면, 앞서 지적한 대로 미묘하게

관련된 쟁점에 대해 전문가가 비전문가의 질문에 대답하거나 비전문가에게 설명하는 경우, 전문가 사이에서도 견해가 분명하게 나뉘는 상황에서 극소수의 전문가가 정설이라고 하는 '겉모습'을 사용해 '겉모습'과 '내용'을 구별하지 못하는 비전문가에게 어떤 일인지 말하는 결과가 될 위험성을 어떻게 회피하는가가 중요하다.

32) 앞 장에서 정식화한 좋은 비전문가의 조건은 이 점에 효과가 있다. 특히 이 경우에서는 일상지식에 대한 부정적 자기언급으로 인상관리와 지식을 분별한다는 조건이 큰 의미를 갖는다.

33) *Ibid.*, 218-219항.

35) *Ibid.*, 205항.

36) 石谷淸幹, 〈미국 화력발전 플랜트 터빈 파열 사고〉, 《물과 불의 나날(續): 石谷淸幹 선집》(石谷淸幹 선생 회수기념 출판편집위원회, 1995), 156-157항.

37) H. T. Engerlhardt, Jr. & A. I. Caplan, "Patterns of controversy and closure: The interplay of knowledge, values, and political forces", in H. T. Engerlhardt, Jr. & A. I. Caplan (eds.), *Scientific Controversies: Case Studies in the Resolution and Closure of Disputes in Science and Technology*(Cambridge University Press, 1987), pp. 1-23 등을 참조하라.

ㄱ